ICH SEHE
IMMER DEN
MENSCHEN
VOR MIR

DAS LEBEN DES
DEUTSCHEN OFFIZIERS
WILM HOSENFELD

维尔姆·霍森费尔德传

［德］赫尔曼·芬克 著　刘泽林 译　Hermann Vinke

文化发展出版社
Cultural Development Press
·北京·

图书在版编目（CIP）数据

维尔姆·霍森费尔德传 /（德）赫尔曼·芬克著 ；刘泽林译 . -- 北京：文化发展出版社，2025.3
ISBN 978-7-5142-3879-2

Ⅰ. ①维… Ⅱ. ①赫… ②刘… Ⅲ. ①维尔姆·霍森费尔德(Wilm Hosenfeld 1895－1952) – 传记 Ⅳ. ①K835.165.2

中国国家版本馆 CIP 数据核字（2023）第 029962 号

著作权合同登记号　图字：01-2022-0216

Author:Hermann Vinke
Title:Ich sehe immer den Menschen vor mir. Das Leben des deutschen Offiziers Wilm Hosenfeld
Copyright©2015 Arche Literatur Verlag AG,Zurich-Hamburg
Chinese language edition arranged through HERCULES Business & Culture GmbH,Germany

维尔姆·霍森费尔德传

著　　者	［德］赫尔曼·芬克
译　　者	刘泽林

责任编辑：尚 蕾	责任校对：侯 娜 马 瑶
责任印制：杨 骏	封面设计：孙 靓

出版发行：文化发展出版社（北京市翠微路 2 号 邮编：100036）
发行电话：010-88275993　010-88275711
网　　址：www.wenhuafazhan.com
经　　销：全国新华书店
印　　刷：鸿博睿特（天津）印刷科技有限公司

开　　本：880mm×1230mm　1/32
字　　数：220 千字
印　　张：9
版　　次：2025 年 3 月第 1 版
印　　次：2025 年 3 月第 1 次印刷

定　　价：88.00 元
ＩＳＢＮ：978-7-5142-3879-2

◆ 如有印装质量问题，请与我社印制部联系　电话：010-88275720

目　　录

引言　我总是看到对方人性的部分·001

第一章　信仰与军营训练

1. 在黑森州的一个村庄·002
2. 第一次世界大战——"愉快地听从指挥"·007
3. 漂鸟运动成员和艺术家的女儿——一对幸福的新婚夫妇·013
4. 良师益友·019

第二章　批判的追随者

1. "我属于这个行列，我能感觉到。"·028
2. 在波兰建造战俘营·038
3. 每一处都是恐怖的景象——"不幸正撕扯着我的心"·047
4. 关于西线作战的意见分歧·057
5. 变更驻地·068
6. 犹太人区——"对我们的一纸诉状"·083
7. 体育官员和毒气防护官员——"德国国防军的体育比赛"·093
8. 宽容与慈悲——"是谁教会了我们仇恨？"·106
9. 与纳粹成员的决裂·114

第三章 同谋之罪和抵抗性救援

1. "谋杀犹太居民的血罪" · 126
2. 犹太人的命运——"为什么会沉默,为什么不去抗议?" · 135
3. 大屠杀与泛滥的恶 · 147
4. 犹太人区的起义——"我们不值得怜悯,我们都是同谋。" · 159
5. 对痛苦之人的帮助——"救援犹太人行动" · 166
6. 1944年的五旬节,最后一次回家休假
 ——"是的,和你在一起的时光太美妙了!" · 185
7. "我尽力拯救每一个可以救下的人。" · 196
8. 最大胆、最危险的救援行动——"请您坚持住!" · 215

第四章 成为苏联的战俘

1. "我一直牵挂着你们。" · 228
2. 尝试营救——"牵动神经的紧张局势" · 241
3. 一场殉难结束了——"他的死亡突然到来。" · 254

后记 迟来的荣誉——"国际义人" · 263

参考文献 · 275

致谢 · 277

引言　我总是看到对方人性的部分

> 如果这个世界上还有一个人值得被称为"人"的话,那么也请你继续相信人类,相信人性。

移民荷兰的犹太人尤利乌斯·施皮尔在1941年对另一位犹太人埃蒂·希勒苏姆这样说,两年后,希勒苏姆死于奥斯威辛集中营。[1]

1944年11月,正是第二次世界大战即将结束的时候,在波兰首都华沙发生了一个不同寻常又动人心魄的故事。在一幢大楼里,德国国防军正在此处装修新的司令部。德国上尉维尔姆·霍森费尔德(1895—1952)就在这里发现了一名波兰钢琴家瓦迪斯瓦夫·什皮尔曼(1911—2000),他每天就躲藏在屋檐下小小的阁楼里,饱受饥饿的折磨。霍森费尔德在从军之前从事着教书育人的工作,他不仅没有告发这位犹太音乐家,还为他提供了几个星期的食物,让他得以幸存。

在第二次世界大战期间,几乎没有任何一座欧洲大都市像华沙一样,被德军破坏如斯。曾经那个摩登时尚、文化繁荣的大都市现在几乎什么都没

---

[1] 尤利乌斯·施皮尔(1887—1942),德国精神分析学家、心理手迹学创始人,1939年移居荷兰。埃蒂·希勒苏姆(1914—1943),她留下的日记记录了德国占领军的反犹太人措施,以及自己精神上的成长。她是尤里乌斯·施皮尔的病人、秘书、朋友和情人。——编者注

能留下，只剩下一堆冒着烟的瓦砾。希特勒曾在秋天将波兰首都夷为平地，满目都是屠杀和肆意破坏后地狱般的景象。德国占领军由数万名士兵和安全部队成员组成，他们在无情的种族灭绝运动中基本肃清了波兰的统治阶级，并对犹太人进行了种族屠杀。

然而在他们中也有例外，比如维尔姆·霍森费尔德，但是他的生平事迹至今仍未进入公众的视野。罗曼·波兰斯基的获奖影片《钢琴家》讲述了什皮尔曼的一生，什皮尔曼也因此名扬天下，霍森费尔德在其中只出现了短短的几幕。尽管没有提及他的名字，但这位德国军官英勇救人的行为却第一次引起了人们的关注。

霍森费尔德不仅拯救了什皮尔曼，还救下了许多其他波兰公民，其中包括大量的犹太人。在那个充满杀戮的时代背景下，这位军官仿佛是黑暗中的光亮。大约有60余人在他的帮助下得以逃生。他是一位拯救者，同时在某种程度上也是一个受害者，因为他自己没能得到救助，最后死在了苏联的监狱中，至死都没有能再回到故土，见到家人。

这本传记将主人公不平凡的人生故事带进了读者的视野。这是一个交织着矛盾、巧合、令人钦佩的勇气以及沉重悲剧的故事，它表明了一点——即使在野蛮、血腥、残暴的环境下，也有可能维护和践行人道主义的良知。霍森费尔德就属于这种环境下的逆行者，他的"救援犹太人行动"也更加彰显了他作为当下和未来的榜样作用。2008年，以色列犹太屠杀纪念馆追封维尔姆·霍森费尔德为"国际义人"，这个奖项用于表彰那些冒着生命危险救助犹太人的非犹太籍人士。但他的英勇事迹还是被承认得太迟了。

霍森费尔德出生于德国黑森州的伦山区，他的战争岁月全部在波兰度过——他先是负责管理了一所波兰战俘营，之后又为国防军成员开办了一所体育学校和一所职业培训学校。二战成为他人生的转折点，在这六年的战争里，他很快就从一位希特勒的忠心拥趸转变为纳粹政府最尖刻、最敏锐的批评者之一。而从战争一开始，霍森费尔德就不顾任何官方规定和个人风险，在一切有需要的时候给予波兰人民慷慨和果决的帮助，把他们从德军的暴行中拯救出来。

大概没有其他任何一名国防军军官能像霍森费尔德那样全面地记录下二战中德军的罪行。他一直保持着写日记的习惯，并向伦山区的家乡塔劳寄去过800多封信，那里的乡村学校是他曾经教书的地方。他成为一名记录者，记录下了被占领的华沙暗无天日的生活、1943年犹太人区起义和1944年华沙起义的具体场景。其中大部分信件都是霍森费尔德写给他的妻子安娜玛丽的。安娜玛丽是一位和平主义者，在不来梅附近沃尔普斯韦德市的一个艺术家家庭长大，在战争期间一直独自抚养他们的五个孩子。

本书的重要依据就是霍森费尔德与妻子之间的若干书信以及一本独一无二的华沙日记。他的信件、笔记和日记内容曾于2004年以文献的形式出版，名为《维尔姆·霍森费尔德：我尽力拯救每一个可以救下的人——一位德国军官用日记与信件记录下的人生》。这部近1200页的巨著是德国历史学家托马斯·沃格尔受德国军事历史研究局的委托出版的，仅附录就有200多页，这部作品为研究霍森费尔德的生平打下了科学的基础。

此外，除了对获救钢琴家的妻子哈利娜·什皮尔曼的访谈以及他的儿子安杰伊·什皮尔曼提供的信息外，本书还收集到了霍森费尔德全部的来往书信以及霍森费尔德家族档案中的文件资料。此外，大量的谈话和采访，包括对霍森费尔德子女的访谈，也将素材填补得更加完整。这本传记也使安娜玛丽的信件首次得以采纳和出版，她和丈夫同样拥有着出色的写作天赋。丈夫被俘期间，她说"爸爸回家时会变成一个作家"。

本书的第一章讲述了维尔姆·霍森费尔德的信仰、家庭背景、他参与的漂鸟运动以及第一次世界大战的经历对他产生的影响。他是一名爱国者，一战结束之后，他又是一位用心的教育家。漂鸟运动是1918年霍森费尔德和妻子坠入爱河的契机，而参加漂鸟运动时期他写下的文章是他在教育上热忱之心的最好印证。

第二章记述了霍森费尔德对纳粹政权的态度变化。这位军官是那个时代洪流下的一员，和许多人一样，他最初欢迎希特勒上台，也欢迎1939年战争的打响，因为他期望这一切能给1918年的一战败局带来补偿，也能在欧洲建立新秩序。霍森费尔德不止一次听信于希特勒和戈培尔的宣传主张。而他态度的转变也非常明显，书信中的两句原文可以很好地证明——1940年初夏，国防军在西线战役中取得胜利后，霍森费尔德给妻子写信说："希特勒是个伟大的天才，他真应该亲自指挥这次行动，制订所有的战略计划，那简直太难以置信了。"而在1943年12月底，他在日记中写道："在今天，如果谁肯定了这种制度，哪怕一星半点，那也应当感到耻辱和羞愧。"

虽然霍森费尔德加入了纳粹冲锋队以及纳粹教师协会，自1935年起也是纳粹党的成员，但霍森费尔德多次不认同纳粹党的路线方针，导致自己在仕途上被排挤。他不想让自己的良心和理念被歪曲。德国占领军对波兰的所作所为让他最终觉醒了，他与纳粹政权彻底决裂。在战争期间，他的道德原则始终坚持未变。

波兰的首都是霍森费尔德人生故事的舞台。战争期间，霍森费尔德曾多次回塔芬探亲。上级每次在"回乡休假"申请书上签下的"准许"二字都让霍森费尔德一家欢欣鼓舞。如果没有得到批准，写信仍然是他们家人之间唯一的联系方式。霍森费尔德与妻儿的长期分居导致书信往来成了他们主要的通信方式，虽然这不能代替团聚，但也在他们之间建立了牢固的纽带，帮助他们度过了感情危机。

第三章主要讲述了霍森费尔德"同谋之罪"的意识以及救援犹太人的行动。几乎每天写作的习惯让他能够清醒地审视自己，并帮助他意识到自己在华沙，这座被德军占领、由德国官僚管理的城市中可以做些什么力所能及的事。霍森费尔德与波兰人民保持着密切的联系，他钦佩他们的爱国主义，并一直努力学习波兰语。信仰天主教的他尤其愿意亲近民众，但是在当时的背景下，任何对波兰百姓表达亲善的行为都是被严格禁止的。最后，霍森费尔德救下的人、设法保护过的人都对他表示了感谢，本书首次公布了这些令人动容的照片和证词。

本书第四章记录了霍森费尔德长达7年的战俘营生涯，在战俘营中的霍森费尔德还在与中风抗争。本章还讲述了霍森费尔德为了争取释放所做的努力，虽然结局并不美满。1950年，苏联军事法庭判处霍森费尔德死刑，后改判为25年监禁。

这本霍森费尔德的人生传记同样也将他和什皮尔曼的故事纳入其中。什皮尔曼在战争期间遭受的苦难直到两人相遇后才得以终结。这段故事参考了波兰斯基2002年的电影《钢琴家》和1998年德文版的什皮尔曼回忆录《钢琴家——活下来的奇迹》。1946年，二战刚刚结束，什皮尔曼自己完成的回忆录随即在波兰出版，当时书名为《一座城市的死亡》。可惜的是，他的儿子安杰伊表示，这本回忆录在什皮尔曼国外巡演期间遭到审查机构删改了：霍森费尔德的名字并没有出现在其中，相反，救人者也被描绘成了一个奥地利人。因为在当时的波兰，纳粹作为罪犯的形象将保持不变，一个德国好人不允许存在，绝无例外。

因为波兰显然没有兴趣推出新版本，1997年，当时居住在德国的安杰伊准备出版《钢琴家——活下来的奇迹》德文版。安杰伊在这本书中写明了霍森费尔德的名字和他德国人的身份，他不仅是想为他的父亲讨回公道，也是想为他的恩人讨回公道。

安杰伊邀请歌手兼作曲家沃尔夫·比尔曼为他父亲的德文版回忆录撰写了一篇全面翔实的评述。此外，安杰伊还与霍森费尔德的孩子们取得了联系，希望能出版一些霍森费尔德的家信。安娜玛丽从家乡塔劳公寓搬走后，小女儿乌塔·霍森费尔德一直珍藏着那个装满了纸张的木盒子，她把这些信件和手稿全部交给了她的长兄——医生赫尔穆特·霍森费尔德。

赫尔穆特是霍森费尔德的长子，他与安杰伊成为很好的朋友。1984年，当什皮尔曼尚在人世的时候，赫尔穆特就曾去华沙拜访过什皮尔曼一家，并让什皮尔曼带自己去看看他在"独立大道"上那栋大楼里的藏身之处，1944年的时候，什皮尔曼与霍森费尔德正是在那里相遇。1942年，什皮尔曼与父母和兄弟姐妹在华沙的一处转运枢纽被迫分离，当赫尔穆特提出还想去看看那个地方时，什皮尔曼犹豫了：与家人分离之后，他这辈子再也没有去过那里。赫尔穆特最终还是说服了他一同前往。他说："我也许有点不近人情，但我对什皮尔曼说，'您知道，我不是以游客的身份来找您的。对我来说，此次华沙之行是我作为一名德国人凭吊那些应该被铭记的地点：一处是您遇到我的父亲的地方，另一处是德国人造成悲剧的地方。'"

第一章

信仰
与军营训练

1. 在黑森州的一个村庄

1943年12月17日,维尔姆·霍森费尔德在华沙写下了一篇文章,题目为《当父亲还是个小男孩》。这篇文章是写给他的孩子的,对他来说,写作是一种对自己过往的回溯。当他回首自己人生之路时,他会感慨于命运把他从黑森—拿骚省一个宁静的小村庄推向了罪恶战争的中心。

1895年5月2日,霍森费尔德于出生于德国麦肯泽尔村,离伦山区附近的欣费尔德市不远。他在一个保守的天主教家庭中长大,是九个孩子中的第七个。他的父亲阿达尔伯特·霍森费尔德(1857—1938)来自一个农民和手工匠人家庭。霍森费尔德的外公,也就是他母亲弗里德里克(1857—1930)的父亲克里克是一位极有天赋的教师。霍森费尔德的父亲靠着自己的努力当上了麦肯泽尔乡村学校的校长。霍森费尔德的父母还同时经营着一个小型养牛场,这在当时绝不是什么罕见的事,因为一个教师的工资通常不足以养家糊口。

1899年的除夕,在这样一个跨入新世纪的日子里,阿达尔伯特·霍森费尔德夫妻俩的第九个孩子即将出生。第一次阵痛开始之前,母亲还一直在忙着农活,悉心照料着牲畜。她把谷仓里和家里其他的工作都交给了大一些的女孩们。之后,分娩将一直持续到新年的午夜。

霍森费尔德写过一篇文章回顾自己的童年,里面描述了他五岁时的记忆:除夕夜的冰天雪地中,男孩和女孩们在村子中央玩挥鞭子,也纷纷用老式前膛枪射着假子弹,好一派热闹场面。维尔姆·霍森费尔德,当时还叫维尔希姆,在最小的弟弟刚出生时就已经费心费力地帮忙照顾了。1900年1月1

日清晨，霍森费尔德家的第九个孩子在当地教堂接受了洗礼，起名鲁道夫。起初，他对这个婴儿还是小心翼翼；待到鲁道夫稍大一点的时候，霍森费尔德就喜欢逗他玩，还时不时故意惹他生气。霍森费尔德曾说过："因为他自己在成长过程中时常挨打，所以他对弟弟也会用同样的教育方法。"

霍森费尔德的父母严格地按照天主教传统来教育孩子。当时体罚是相当普遍的，在霍森费尔德家，一向由令人畏惧的父亲来实施对孩子的体罚。父亲不仅在自己的学校中拥有说一不二的权力，在家里也是同样，对待自己的孩子和班上所有的孩子一样严格。霍森费尔德在那篇文章中用第三人称来称呼自己，据此可以看出他有一颗幽默的童心。小的时候，他总希望能不回家就不回家，他更愿意待在外面，帮助同龄的男孩在森林里砍柴或在田里收割甜菜。

当父亲经过村子时，霍森费尔德和朋友们便一起躲在谷仓门内或房屋墙后。他说自己虽然在父亲教书的学校上课，但在学校里他从来没有受过优待，反而经常挨打，他和其他人一样被严厉地责骂，所以他和所有人一样害怕老师，尽管老师就是他的父亲。

在和家人一起出游或者去走亲戚的时候，阿达尔伯特对孩子们很好，表现得非常善良。回顾自己的童年，霍森费尔德试图为父亲辩护一二：可能是他生性苛刻，或者是由于自己出身农民家庭，才会让他如此严格地对待孩子，并且从不向孩子们表达自己的感情。

第一次世界大战后，霍森费尔德准备向未婚妻安娜玛丽·克鲁马赫尔求婚。1919年12月30日，他给住在沃尔普斯韦德镇的未来岳父母写了一封信，信中写道："他（霍森费尔德的父亲）担心安娜玛丽不是一个合适与乡村教师结婚的女人，当然，这只是他的想法。他太不了解我了，我的世界对他来说尤其陌生，陌生到他很难理解。他需要缓慢地与我们的生活同步，但我觉得他和我们永远不会完全同步。在他的眼中，我是一个做事总与常人不同的小男孩，还会隔三差五地做错事。"

作为一名教育家，霍森费尔德坚定地反对他父亲的教育方法，尤其是用藤条打人这一项。但霍森费尔德的父母教会了他孝顺的品德，也教给了他天主教的十诫。这些美德塑造了霍森费尔德的为人，他也用他的一生坚守着，践行着。

即使在最困难的时候，霍森费尔德仍然坚定地忠于指引他精神的信仰。因此，这也就决定了他在二战期间对波兰民众的态度：霍森费尔德并没有把波兰人看作是德国征服者的奴隶，而是把他们看作平等的人。由于他们相同的信仰，霍森费尔德觉得大多数波兰人为人处世的方式和他自己没有什么不同。

11岁的霍森费尔德从小学毕业，前去欣费尔德的拉丁学校上学。离家远了，原生家庭对他的影响也渐渐淡去，他不再全盘接受老师所做的一切。有一天，学校里的一位老师突然给他的一记耳光唤醒了他的自我意识。为了表示抗议，他进行了一段时间的罢课。

霍森费尔德很早就确定了自己的职业理想。他想追随父亲的脚步，却反对父亲的教育方法。他想做得更好，证明不体罚也能做好教育工作。在接下来的数年里，霍森费尔德一直深入地研究现代教育学方面的问题。从1910年到1913年，霍森费尔德都在弗里茨拉尔的一所预备学校学习，准备考取高校的教育学专业。在第一次世界大战爆发前一年，一所位于富尔达的天主教师范学院通过了他的入学申请。霍森费尔德也有了自己的宿舍，在那开始规划自己未来的全新生活。

在世纪之交前的德国，漂鸟运动宛如一阵风潮吸引着年轻人，它号召年轻群体以全新的方式去探索自然和环境。他们每晚围着篝火，唱着歌，轻松畅快、无拘无束地相互交流。他们想把嘈杂的工厂车间、城市里逼仄的生活环境和整个德意志帝国的实利主义全都抛在脑后。

漂鸟运动的成员将这场运动定义为一场超越政治和一般风俗的群众性活动。漂鸟运动的特点是尊崇德意志的古典传统，以创作诗歌的形式进行思想的畅游，并在日常生活中自由地发表观点。但即使是坚持独立于世俗，也难免被现实世界的动荡和混乱所影响。他们看到传统秩序，如服从性与责任感这些美德已经在新世界岌岌可危。

但实际上，这场由各种思潮组成的漂鸟运动与革命关系不大，更多的是对社会中守旧派的反叛，这些守旧派总是对年轻人指手画脚，强迫他们走自己固守的路。霍森费尔德是一位身材苗条、体格健壮、性格外向并且喜欢冒险的年轻人，他很快就感受到漂鸟运动对自己的感召，那里有很多东西吸引着他：清新的自然环境，年轻人之间开放自主的接触，他们对自由和独立精神的热忱……"扔掉紧身胸衣，为自己的生活发现新的方式"——这种进步和自由的态度就是他选择加入漂鸟运动的原因。霍森费尔德从他母亲那里继承了对情感的敏锐体察，尤其擅长感知细微的差别，他还具有观察和准确描述周围事件的天赋。此外，他还很愿意去接近、了解他人。

在漂鸟运动的影响下，霍森费尔德将自己的名字从维尔希姆改为维尔姆。这个名字比原来的更短、更好记。1913年10月，在卡塞尔市附近的迈斯纳山举行了一场影响深远的德国新青年运动会议，以此纪念莱比锡民族会战一百周年。霍森费尔德虽然没有亲自参会，但是会议通过的《迈斯纳公约》他却铭记在心，特别是其中那句话："希望新一代的德国青年出于发自内心的动力和心系大局的责任来改变自己的人生。"

这些理想与他的信仰一样，在霍森费尔德心中非常重要，成为他生命的第二支柱，但可惜的是，漂鸟运动随着时间渐渐失去了它的本来意义。他还专门写了一篇题为《德国青年运动》的长文，以纪念这一时期德国年青一代思想上的觉醒。在1921年或1922年，也就是第一次世界大战结束后，霍森费尔德才写下这篇文章。霍森费尔德选择在这个时间写作，可能是希望借此文章在战后重塑德国青年的运动精神。

在这篇文章中，他列举了漂鸟运动取得的成果。霍森费尔德写道，漂鸟运动创造了一种新的社团形式，成员聚会往往以徒步旅行的方式进行。此外，漂鸟运动还使得传统的民歌和民间舞蹈重现生机。"首先，漂鸟运动用最理想的方式培养青少年，比如建立了第一批青年旅社、促进了体育文化发展、鼓励体育中的竞争精神，等等。"其次，"漂鸟运动给两性之间的关系赋予一种新的可能,即简单、自然的灵魂伴侣"。漂鸟运动划清了自己与保守世界之间的界限:"青年一代并不想成为沉闷的容器,让老一辈的人把自己的理想和人生观教条一股脑倒入其中。年青的一代认为自己足够强大,也有足够的判断力去创造自己的青年文化。"

霍森费尔德批评大城市"对人的奴役、忙碌不安和没有灵魂"的特质,他赞扬的是"青年灵魂的内在力量",比如他们喜欢徒步远行,在大自然中静静独处,抑或探索未知的空间。漂鸟运动自我定义为一场与工业化、商业化背道而驰的运动,此时的青年运动正是反资产阶级思潮的一部分,尽管工业化与商业化给欧洲带来了超乎想象的经济繁荣,尤其是英德两国。自1870年至1871年的普法战争以来,德法两国之间的和平已持续了40年。在这一时期,德国发展成为欧洲领先的工业国家,技术、科学和医学领域都取得了令人惊叹的进步。在这种蓬勃发展的背景下,一切的一切似乎都是有可能的:铁路缩短了彼此间的距离,艺术和文化探索并扩展着自己的界限,妇女赢得了几个世纪以来被剥夺的权利……

新时代的火焰也在漂鸟运动的崇高理想中熊熊燃烧,只要目标足够伟大和崇高,人们就愿意做出牺牲,为之挺身而出,比如对祖国的爱就是这样。学校、教堂、军队和当权者已经把这份对国家的忠诚深深地植入了年轻人的灵魂。这种忠于祖国的美德和情操可以在任何时候被召唤出来。

2. 第一次世界大战——"愉快地听从指挥"

尽管"漂鸟运动对霍森费尔德的一生都产生了影响",但从时间上来看它只是霍森费尔德生活中的一个小插曲。1914年8月1日,第一次世界大战爆发,在这种时代的洪流前,所有践行新理念的可能性都被迫中断了。与19岁的霍森费尔德相仿的年轻人,就在不久前还在大肆宣扬自由和自我决断的重要性,现在也自发成群结队地冲向军营。

此时,霍森费尔德还在进行着教育学的研究,他在富尔达的专业学习仅仅完成了一半。一切都发生得非常突然,他的学业也只能提前终止。1917年11月,霍森费尔德以《战地回忆》为题写了一篇文章,此文中提到了1914年夏天全国上下对战争的积极态度和高昂情绪。"现在,战争成了唯一的口号,谁会不响应呢?"

祖国号召青年一代拿起武器,在这样的宣传下,每一个人都被吸引了。霍森费尔德的父母热切地希望他和他的弟弟马丁·霍森费尔德前去登记入伍。很快,在1914年8月21日,霍森费尔德就已经在卡塞尔的普鲁士第167步兵团报到了,这时的他穿上了灰色的军装。作为新兵的霍森费尔德很顺利地通过了基础训练。当其他人抱怨训练中的辛苦、屈辱和困难时,霍森费尔德总是毫无怨言,默默地学会了制造武器的工序。"我们的教官对这些新兵非常满意,并且我丝毫感觉不到军纪的严苛之苦,因为我们总是愉快地听从指挥,从不感到疲惫。"

由于受过高等教育,霍森费尔德从入营伊始就拥有了通往军官军衔的晋升通道,他也非常看重向军方高层的升迁。1914年11月初,霍森费尔德接到了第一次前线任务，迎接他的便是佛兰德战役中最激烈的一场战斗。在那场战斗中，德军要突破法国、英国和比利时部队在比利时伊普尔周围设置的障碍，向英吉利海峡沿岸推进，为占领巴黎扫清后路。

此次出征，火车成为霍森费尔德前往战区的交通工具，但是霍森费尔德在途中看到的景象浇灭了他对战争的热情：比利时妇女一看到德国士兵就伸出舌头，用手做了一个"割脖子的动作"。但当他行进到前线时，那份参与战斗的欣喜又回归了。"现在，我充分而深刻地感受到了对祖国的浓浓的忠诚和热爱。在感到自豪的同时，这份信念也给予了大家力量、昂扬的勇气和坚定的意志。"

第一次进攻点位于佛兰德地区，这场战斗中，士兵们的力量、勇气和毅力统统受到了考验。士兵们穿过湿滑的农田和泥泞的沟渠，在黑夜往无人区行军。在行进期间，霍森费尔德遇到了种种曲折：他惊恐地看到陌生的人影向他靠近，与前方战友失去联系，在复杂地形中迷失方向，此时的他甚至已经在"埋怨自己的无用，并想象着被俘后的耻辱了"……子弹的呼啸声让他感到恐惧。黎明时分，他看到士兵们奔跑着相互厮杀，最终纷纷倒在地上。那些士兵是他的战友还是法国人？没过多久，他就遇到了战场上的第一具尸体，这景象让他很不安。他写道："倒地的他定定地盯着灰色的天空，仿佛在永恒地注视着我。"

在佛兰德的战役中，盟军和德军双方都损失惨重。双方发生了激烈的战斗，甚至情况危急之时，双方都使用了毒气弹。随着战争的进行，最后冲突慢慢演化成阵地战。自从1914年11月初进攻比利时的朗格马克失败后，霍森费尔德的部队就驻扎在了附近的一个叫波尔卡佩勒的村庄。在那里，他和其他战友轮换交替负责最前线的守卫工作，甚至平安夜这一天也不例外。霍森费尔德在《富尔达报》上发表过一篇文章（1928年12月24日），其中描述了他是如何度过这个"被四场战争支配的圣诞节"的。1914年11月至1915年4月，霍森费尔德参加了西佛兰德地区的壕堑战，双方以守势为主。等待的过程漫长艰苦，偶尔会展开几次交火。1915年春天德军部队发起了新的攻势,以求强行突破。

1915年4月24日,霍森费尔德在一座农舍附近被弹片击伤了右腿、胸部和肩膀,被人送去了治疗站。在亚琛的马耳他驻军医院,霍森费尔德接受了几个星期的治疗,并在那里度过了自己的20岁生日。在医院里,子弹伤口愈合得很快。1915年6月底霍森费尔德又接到了新的行军命令,这一次他们行进向东,前往第二条战线,从战争伊始德国就与盟友奥匈帝国在这里并肩作战。霍森费尔德首先被派往立陶宛和拉脱维亚的库尔兰,目标是要将俄军赶出全部波罗的海城市。1915年8月,考纳斯市被德国控制。大约三个月后,俄军在德维纳河的追击行动中陷入僵局,德维纳河地处拉脱维亚里加的南部。这使得霍森费尔德在接下来的几个星期里能以相对缓和的状态部署阵地战。"我们的生活相当舒适,"他写道,"我们大部分都是年轻人,我们的内心渴望波澜。"

1916年9月,霍森费尔德在罗马尼亚锡比乌市附近坐了七天七夜的火车,最终抵达了特兰西瓦尼亚市。此时,他正平步青云——先是被任命为下士,后又被授予中士军衔,领导一个十几名士兵的小队。1916年4月,他又被授予二级铁十字勋章,以表彰他"在东部战区敌军面前所显示出的英勇气概"。

然而,在罗马尼亚,战争仍在继续。起初双方还在克制地试探,随后便加足火力,全力出击。霍森费尔德第一次与奥地利人和匈牙利人并肩作战,他们的骑兵部队制服华美、充满干劲,让霍森费尔德十分欣赏。在罗马尼亚特兰西瓦尼亚的阿尔卑斯山,军队正在向前跋涉。一开始还稍显轻松,就像一场远行之旅,但真正的战斗从1916年的9月底开始了。由于罗马尼亚军队选择撤退,霍森费尔德的部队追击到俄罗斯的喀琅施塔得附近。

这场追击战异常凶险。战场上横尸遍野,马匹在刀光剑影的战场上嘶鸣,这些凶残惊悚的景象让霍森费尔德感到慌乱惊恐。"我们希望让动物不要被痛苦折磨太久,如果有马匹重伤倒地,我们就开枪送它一程。但我不能对人这样做……"当他在这片区域巡查时,遇到了一个大腿中弹的罗马尼亚人。霍森费尔德最初以为他已经重伤不治，但他听到了伤者求救的声音。霍森费尔德给了他火柴和香烟，取来了水、一块面包和一件外套。他还没走几步，就听到那名受伤的士兵开始大声地哭了起来。"我永远不会忘记他那张美丽的脸，那双黑亮眼睛给人的震撼胜过任何语言。"

霍森费尔德向连长提议带着几个人出发去营救伤员，却遭到了拒绝。好在第二天他就得知，那名大腿被子弹射穿的罗马尼亚伤员已经得救了。在1916年的最后三个月，罗马尼亚军队自知命运已定，不得不撤离喀琅施塔得，并从特兰西瓦尼亚的阿尔卑斯山道撤退。德国人紧追不舍。在追击的过程中，霍森费尔德经常会遇到生活在特兰西瓦尼亚的德国萨克森人，他们已经在罗马尼亚生活了好几百年，但仍然保留了他们自己的语言和文化。"我从来没有想象过会到这样的一处地方，在这里居住的德国人拥有比国内更强烈的民族自豪感。"

1916年11月底，德军深入罗马尼亚南部，一路向前推进到瓦拉几亚地区。12月初，这次进军在喀尔巴阡山脚下的普洛耶什蒂镇画上句号，该镇位于罗马尼亚首都布加勒斯特以北约60公里处，这里几乎放弃了抵抗，立刻就向德国人投降了。在罗马尼亚伏尔塔瓦河的一片槐树林中，霍森费尔德度过了他战时的第三个圣诞节。在那里，树木被一排排的炮弹炸碎，地面上布满了弹坑和战壕。此时敌人正处在1500码（1372米）外。战时的第一个圣诞节那天，霍森费尔德参加了一个天主教的田间礼拜仪式。他在日记中写道："世界上没有任何一处礼拜场所能像星光灿烂的天空、黑暗的大地、寂静的森林和熊熊燃烧的火焰一样，唤醒如此强烈的虔诚之心。""在这样的环境下，在我们即将面临和已经经历的战斗、死亡和恐怖中"，一种美妙的平静已经进入了他的心里。

1917年1月底，气温骤降，寒冷难耐。"刺骨的冰风从东北吹来，持续了几天几夜。这场狂风穿透了所有防寒保暖的衣服，冻住了他们的四肢。"很多人都被冻伤了。攻占福克萨尼后，德军又开始了新一轮的阵地战。此时正值痢疾和霍乱猖獗，此时升为上士的霍森费尔德需要在医院静养四个星期，直到1917年4月底。当他身体恢复得差不多时，上级批准他回家休假三周。正巧，当时他的弟弟马丁也在麦肯泽尔。"升天节那天，这是全家人多年来第一次重聚，房子里洋溢着欢乐的氛围。但是美好的日子总是短暂，出发的日子渐渐临近。1917年6月1日，我又离开了家。"

霍森费尔德与部队行经布雷斯劳、喀琅施塔得和普洛耶什蒂等城市，行至罗马尼亚的福克沙尼市。他们来到位于喀尔巴阡山南缘的一个村子里，与那里的一支连队会合。此时正值夏季，天气温暖，战争也进入了暂停状态。这也正好让霍森费尔德可以从战争中解脱，有时间仔细地去了解这个国家。他为罗马尼亚人民的遭遇感到痛惜，通过与他们的接触，他看到了他们心中的悲伤、绝望，但却没有仇恨。他很佩服这些淳朴农民的勤劳和他们灵巧的双手。

1917年8月初，德军在罗马尼亚东北部的布科维纳地区对俄军发起了一场进攻，霍森费尔德在此次战斗中再度受伤。他左腿中弹，并且与大部队失去了联系。他竭尽全力想取出腿上的那枚子弹，却徒劳无功。他倒在地上，四肢匍匐爬到了玉米地里，所幸有两名战友发现了他。

1917年8月下旬，一列医用火车把他送回了德国格拉市。现在的他受够了战争："我像个孩子一样盼望着回家，我现在即将踏上故国的土地，我简直不敢相信自己的运气。"他的父亲也同样期盼他回来："能在医院待多久就多久。我好开心你可以脱离这枚子弹带来的生命危险。"然而，让霍森费尔德最担心是，他的腿不能像从前那般活动自如了，甚至再也无法登山远足，这对他来说宛如晴天霹雳。

大约9月底，他转到德国耶拿的德军替补部队。在耶拿的疗愈过程十分休闲。霍森费尔德利用这段时间写下了他对战争的回忆。在写作中，他关注的是记录事件，从不进行丝毫美化，也从不歌颂自己，把自己塑造成英雄。同时，他也批判性地审视战争，反思仇视和杀戮的意义。此时霍森费尔德心中仍然奔涌着高度的爱国热情，同时他也是漂鸟运动的热心支持者。在耶拿的驻军医院里，霍森费尔德认识了一群想法一致的人，并参加了图林根漂鸟运动协会的地区代表大会。在这场活动中，他遇到了奥特格·格拉夫。格拉夫是一位擅长雄辩的运动领袖，他经常毫不掩饰自己的民族主义和反犹太主义观点。霍森费尔德在之后的日记中谈道："他想把我们这些资历较深的漂鸟运动成员联合起来，组成一个德国民族血统纯正的联盟。后来格拉夫将这个由他成立的组织起名为'新德国联盟'。"

由于之前受过伤，霍森费尔德被判定为不适合战地服役，已经没有回到前线的可能了。1917年至1918年初，他都在魏玛的驻军医院度过。在那里，有一位外科医生成功地治好了他受伤腿部的神经束，他又恢复了行动能力。

1917年的圣诞节，他在医院与同样受伤的战友们一起度过，这个日子在他的记忆中久久不散。在平安夜，一位牧师对他们说，"德意志之剑还没有收敛下任何锋芒，1917年，这一年可谓是德国胜利花环上的一片崭新的荣誉铭牌。"但霍森费尔德却不这么看："……我们不喜欢这次的圣诞布道。我们都很累。不能让我们的情绪受到他人的煽动与愚弄。这样不行！"

经过昨天与那位牧师的会面，他开始审视自己的内心，他决心让自己的人生迈向一个新阶段："我意识到我曾经的生活是那样的散漫、枯燥和不自律。现在这样的生活已经结束了。对我来说，战争已经结束。今天早晨，我的心中突然听见钟声回荡，它已经三年没有在我心中敲响了。钟声向我呼唤和平，一种享受平淡生活的和平。"1918年5月，他的上级决定让他退出现役，对于他来说，一战的战争时间已经结束了；而对他的战友来说，真正的战争一直持续到1918年11月。

3. 漂鸟运动成员与艺术家的女儿—— 一对幸福的新婚夫妇

自从霍森费尔德遇到了一个深爱的女人之后，他终于有了展望未来，制订人生计划的想法，那个女人就是安娜玛丽·克鲁马赫尔。安娜玛丽对他来说可不仅仅是一次短暂的邂逅。1918年8月8日，霍森费尔德在黑森州维岑豪森的一所前殖民地学校[1]里举行的漂鸟运动会议上第一次见到了她。安娜玛丽后来半开玩笑地告诉儿子德特勒夫，他的父亲霍森费尔德一开始就表现出了质朴、忠诚的性格；他也很有冒险精神，总是喜欢讲笑话，大概也是为了取悦团体中的女孩。有一天晚上，他非常严肃地开始向安娜玛丽讲述了一战时罗马尼亚的战争，讲述他参与的战役和伤势情

约1918年，霍森费尔德身着漂鸟运动的典型服装——席勒领上衣和短裤

---

[1] 殖民地学校是培训殖民地官员和殖民者的机构。——编者注

况,这给她留下了最深刻的印象。

于是这个有着一头黑发和健美身材的未来教师深深地吸引了她,远甚于漂鸟运动团体中其他试图讨她欢心的年轻人。两人间唯一的分歧是安娜玛丽不认可霍森费尔德的民族主义态度。

1898年4月6日,安娜玛丽出生在柏林的维尔默斯多夫镇。她在沃普斯韦德的村庄长大,这个小镇在不来梅附近,那里有非常浓厚的艺术氛围。安娜玛丽有一个小她一岁的妹妹格特鲁德,两人一起经历了漂鸟运动中自由思想的思潮。她的父亲是画家兼作家卡尔·克鲁马赫尔,卡尔·克鲁马赫尔来自一个新教牧师家庭,是沃普斯韦德画家圈子里的一员,他有很多画家朋友,如奥托·莫德松、弗里茨·奥弗贝克、弗里茨·马肯森、海因里希·福格勒和汉斯·恩德。在世纪之交凭借他们的作品使这片土地闻名德国。最初是画家卡尔·芬嫩劝说卡尔·克鲁马赫尔从柏林搬来维尔默斯多夫,因为卡尔·克鲁马赫尔身为艺术和戏剧评论家,在首都难以谋生。海因里希·沃格勒为他安排了一间公寓。此后克鲁马赫尔将注意力转移到了绘画上。他的印象派画作很是畅销,也和大多数艺术家保持了友好亲密的关系,他们经常互相帮助,也一起过节。

他的一位艺术家朋友奥托·莫德松在第一任妻子去世后,与同为画家的葆拉·贝克尔结婚,二人一起去了巴黎数月,克鲁马赫尔夫妇于是便承担起了照顾莫德松的女儿埃尔斯贝特的任务。安娜玛丽和埃尔斯贝特同龄,也在同一个班级上课。

克鲁马赫尔一家在沃普斯韦德一共搬过三次家,最后在一个大农场定居下来。安娜玛丽发现那里简直就是天堂,她后来也这样说:"这片广阔的地方,我们可以自由地做任何我们喜欢的事情。这里除了我们的卧室外,还包括大厅、院子、花园、草地和小树林……有时我推着我的娃娃车穿过狭窄的暗土花园小路,地上的泥土是深褐色的。我经过香味浓郁的茉莉花丛,来到马褂木树下,那挂满树梢一簇簇沉重的金黄色花朵甚至会垂到地面上。"在那些日子里,许多客人在她父母的房子里进进出出。"……

年轻、热情的艺术家,他们演奏音乐、绘画、高谈阔论,并出言感谢我父母的好客。"当沃普斯韦德的画家们聚集在她家画画时,家里的大走廊就成了工作室;如果有时外面在下雨或是太冷了,这个走廊就成了打网球的地方。

过了一段时间,葆拉·贝克尔从巴黎度蜜月回来了,她鼓励安娜玛丽和埃尔斯贝特陪她去拜访一位老妇人,老妇人那张毁容的脸让孩子们对她又惊恐又害怕,认为她是个丑陋且邪恶的女人。女孩们很不情愿,但葆拉劝说她们一起去。"在简陋的住所里,迎接我们的是刺鼻的泥炭烟。我的心中一方面充满了恐惧,另一方面又充斥着孩子般的好奇心。我在一旁听着她们在壁炉旁的谈话。葆拉正用沃普斯韦德方言与老妇人交谈。我惊讶地看到,这个可怜的老妇人收起了自己内心的拘谨,向对面富有同情心的听众透露了她心中的苦闷。……葆拉·贝克尔这位伟大的女性和艺术家的脸庞因善良而变得美丽、深情,至今仍然让我难以忘怀。这是我最后一次见到她。"因为几个星期之后葆拉便离世了。

安娜玛丽曾接触过许多了不起的艺术家,比如克拉拉·里尔克·韦斯特霍夫和海因里希·福格勒。福格勒曾创立了一所社会主义公社,名为巴肯霍夫。巴肯霍夫吸引了许多想要尝试新的艺术形式并在一起共同生活的志同道合者。葆拉去世后,奥托·莫德松搬到了邻近的费舍尔胡德镇,并与路易丝·布雷林结婚。克鲁马赫尔家的孩子们去那里看望过他,并一直和他保持着联系。

安娜玛丽拥有天籁般的女高音歌喉,为此她也接受了歌唱训练。在松德斯豪森的一所私立学校学习英语和法语后,安娜玛丽又继续在不来梅学习社会教育学。她不仅专心学习专业知识,同时也对艺术和文学很感兴趣。她的妹妹格特鲁德也很有音乐天赋,会弹钢琴,画也画得很好,并且同时擅长制作手工。卡尔·克鲁马赫尔和他的妻子安娜(父姓布罗德科布)一直关心对孩子的培养,确保她们可以接受优质的教育,并给她们足够的自由来发展自己的能力。只要有机会,姐妹俩就会单独或与漂鸟运动团体一起去德国各地游览旅行。

在第一次见面后不久,安娜玛丽和霍森费尔德就对彼此产生了极大的好感,这份情愫使两人渐渐忘却了他们对漂鸟运动所持的不同观念。但是始终他们来自完全不同的世界:安娜玛丽属于新青年运动的进步派,具有国际视野。受到和平主义者和作家贝尔塔·冯·祖特纳的影响,她坚决反对战争。而霍森费尔德则把自己定义为漂鸟运动中民族主义的成员,但他同时反对民族主义中的反犹太观点。抛除理念上的差距,他们俩还有许多共同爱好:比如他们对艺术、文学和音乐很感兴趣,尤其是热衷户外活动。他们的小女儿乌塔·霍森费尔德是一名心理学家,她在2005年的一次演讲中提到,母亲的和平主义观念深深地吸引了父亲。"我母亲与这个自由的德国人、这个左翼的漂鸟运动拥趸简直心灵相通,他们两个人能够给对方许多建议,进行心灵上的沟通,一遍又一遍。我认为对我父亲来说,母亲是世界上的另一个他。"

霍森费尔德之前接触过许多其他女性,但一直无法寻觅到那个将携手与他度过一生的人。他向一位朋友坦言,自己从未对任何一个人完全动心。霍森费尔德与别人相处时并不总是遵循教会的规则:"就我们的天主教会而言,我仍然完全相信它的价值,但在许多事情上,我允许自己有自己的意见。我一般会按照这样的原则做事:相信上帝,但不相信教义。"在另一篇文章中,他更直接地写出了他的想法:"假如我

1920年,举办婚礼后的安娜玛丽和霍森费尔德

脑海中有坚定的想法，而且我内心的准则也证明我是正确的话，我认为没有必要遵循教会的条律。"

与安娜玛丽相识后，霍森费尔德很快就确信自己找到了最正确的那个人。很快，安娜玛丽也放下了她的沉默与矜持。经过六个月的相互了解后，他们订婚了。他们起初都在犹豫是否将婚姻的计划告知父母，因为他们知道缔结一桩婚姻要经历多少困难。霍森费尔德的父母开始时认为安娜玛丽是资产阶级家庭的女儿，不适合成为未来乡村学校教师的妻子。并且最重要的一点是，他们反对儿子与一位新教徒成婚。

1919年秋天，他们互相表白了结婚的心迹。在按照霍森费尔德的愿望在天主教堂举行婚礼之前，夫妻俩必须做出一些妥协。牧师希望新娘在未来能与丈夫塑造一个天主教的家庭环境，按照天主教的教义抚养孩子。这对她来说并不是一个容易的抉择，但安娜玛丽最终还是同意了，并且皈依了天主教信仰。霍森费尔德当时在学校里教授天主教课程，但他同时又与一名新教徒结婚，这让他也受到了很大的压力。感到担忧的还有安娜玛丽的父母，他们未来的女婿真的有能力养活一个家庭吗？在战后的最初几年里，德国全境都捉襟见肘，一位年轻教师的工资往往只够一个人生活。

1920年5月23日，安娜玛丽和霍森费尔德在不来梅的圣约翰尼斯天主教堂举行了婚礼。新娘为爱做出让步之后，他们又挡开了所有对他们走入婚姻的疑虑和反对，最终走入婚姻的殿堂。两人在婚后恩爱非常。尽管物质上并不十分宽裕，但他们是一对幸福的新婚夫妇。

很快，这两个家庭也变得亲上加亲。安娜玛丽的妹妹格特鲁德与霍森费尔德的哥哥马丁·霍森费尔德相爱了，两人也在不来梅的圣约翰尼斯教堂举办仪式。他们两人在1921年安娜玛丽和霍森费尔德的长子赫尔穆特·霍森费尔德的洗礼仪式中担任孩子的教父教母。

霍森费尔德对克鲁马赫尔家族中一贯的宽容开放的气氛印象深刻。卡尔·克鲁马赫尔的哥哥奥托是一位自然科学家，在与他的交谈中，霍森费尔德注意到他与自己的政治观点存在一些差异："他是共济会成员，也是社会民主党人，这意味着他持有一种超民族性的观点，同时他也拒绝与宗教教会扯上什么联系。这与我的民族性世界观存在差异，但我还是对他的部分观点给予赞许。"虽然两人观念不同，但奥托也没有做出任何想要影响他的尝试。"这也是与他的谈话如此愉快的原因。如果一个人遇到自己观点的对立面，那么他也需要尊重对方的想法，这样沟通才能顺畅地进行。"

4. 良师益友

尽管受到天主教家庭氛围以及当时社会中弥漫的民族性价值观的影响，霍森费尔德依然保持着一位热忱追寻者的姿态，如饥似渴地追寻、学习新理念和新知识。1912年至1913年，他已经订阅了雷克拉姆出版社万有文库的《世界群览》篇，这套读物图文并茂地报道了时下最新的技术成就以及科学研究成果。如果我们将他在20世纪20年代这十年之内读完的书、杂志和报纸列成一份长长的清单，我们会发现其中最常出现的主题包括漂鸟运动、自然与地理、德国古典主义以及第一次世界大战。除此之外，还有比如泛德意志联盟的期刊，该联盟支持战争，或者是关于犹太人问题和种族问题的研究，都零星出现在这份清单上。

进步主义教育学是霍森费尔德的倾力之处。他虽然跟随着父亲的步伐成为老师，但他力图在教育领域做出改变。他的教育宗旨为：倾尽全力，运用一切可能性；反对折磨式教育，全力培养孩子的人格。老师应当去唤醒他们的能量，将他们培养成才，这样学生才会学到更多东西。如果用纸上谈兵的方法去教孩子们机械的知识，那么这些知识就好似陈年墙灰，之后终将涠落。

霍森费尔德自己成立过一个漂鸟运动小组，并将它命名为"巢穴"，由此可以看出他对工作的一腔热诚。他在鲁道夫山租了一处旧式的屋子，每到周末或是假期，无论远近的教育家都集聚一堂，在此讨论关于学校教育的改革。后来成为现代教育重要奠基人之一的阿道夫·赖希魏因也曾参与他们的集会，他的言谈以及书信都深深地影响了霍森费尔德。

1918年5月,霍森费尔德在鲁道夫山找到了他的第一份工作,成为一名实习教师。然而,在黑森州北部离麦肯泽尔不远的小村庄,如期举行的漂鸟运动集会引起了居民巨大的惊诧。一些居民甚至牧师会八卦周围的一切琐事,唯独不关心孩子们的教育与发展。有些牧师也不喜欢这所房子成为男性与女性集体聚会的场所。在他们看来,这样做并不恰当,也不合规。仅仅几个月后霍森费尔德就不得不与漂鸟运动集会告别,与妻子搬到了格伦豪森地区斯佩萨特的一个村庄——罗斯巴赫。他的长子赫尔穆特就在那里出生。

霍森费尔德于1921年2月结束了他的实习教师生涯。在通过教师考试后,他拿到了编制,这为这个新婚小家庭暂时提供了一定的物质保障。1921年夏天,霍森费尔德在离家不远的卡塞尔市一所乡村学校担任他的第一个长期教职,虽然工作有了变化,但收入并没有大幅上升。如今,卡塞尔和罗斯巴赫这两个地区都属于法兰克福东北部施佩萨特地区的比贝格姆恩德。

霍森费尔德在卡塞尔的乡村学校推行他的改革,但这也并不一帆风顺。这所学校由几个不同年级的班级组成。他的大多数同事都理所当然地坚持着过时的教学方法:"教师是统治者、君主、专制者,学生在课堂中是没有话语权的。孩子们只不过是臣民,他们身上有一种服从的精神。他们服从于权威,不会深思熟虑,没有判断力,没有自己的观点,没有性格,而且还不诚实、博取关注、欺骗、伪装……"作为一名年轻的教育工作者,霍森费尔德继续定期记录下那些在内心深处触动他、给他带来灵感的事情,有的给他带来快乐,有的让他愤怒不已。他的记录生动又形象。在1921年11月21日的记录中,他写道:"昨天,牧师来了。他们(孩子们)是多么地乖巧,仿佛是在牧师面前虔诚又无愧于心地安静下来的祷告者。而这一切都只是面具般的伪装。我不会用棍子来进行惩戒,甚至都不会采取很多惩罚性的措施,因为这样是达不到效果的。但是,我也实施过一些惩罚,那些都起了作用,至少看起来是这样……"

不过,霍森费尔德也有非常成功的改革经历。1921年12月,他在课堂上朗诵歌德的《魔王》,并循循善诱地讲述这首诗的起源和背景时,大家都屏息静气，专注地听。孩子们理解了作者，情不自禁地说出自己喜欢这首诗。他想要让学生们多开口表达，孩子们应该讲述自己心中的想法，用自己的眼睛描述自然并感知日常生活，而不是通过一层"成人的眼镜"。

在授课过程中，他向学生展示了如何种植果树并进行嫁接。有一天，他在教室里摆放了一个工作台，孩子们可以在工作台上动手操作，这件事让他年长的同事们直摇头。他们不能也不愿意了解霍森费尔德在做什么。一次，学校董事会来到现场，突击检查了他的课，这显然是为了阻挠他教育改革的热情。霍森费尔德感觉到了他所面临的不信任。"他（学校督导员）看着很精于算计，很冷酷。他暴露出了身居高位的傲慢，尽管他想尽办法试图掩盖，但这份傲慢甚至可以从纽扣眼中溢出来。我觉得他不能用心去理解的话，至少也可以先用眼睛观察一下。"此次督导访问没有达到预期的目的，年轻的教师霍森费尔德并没有退缩，对他的教学法改革仍然充满热情。

霍森费尔德心中的榜样是瑞士教育家约翰·海因里希·裴斯泰洛齐（1746—1827）。他对裴斯泰洛齐十分钦佩，他认为裴斯泰洛齐总是心系别人福祉，并且会锲而不舍地追寻自己的目标。有一次，当

1921年5月于罗斯巴赫，霍森费尔德夫妇和他们十周大的儿子赫尔穆特

他读了一本关于裴斯泰洛齐的书后,他写下了心中的问题,"如果我们不能得到回报,我们会愿意为别人付出吗?我们会愿意为高尚的情操和深邃的思想付出多少心血?"霍森费尔德引用了裴斯泰洛齐的话来回答:"没有一种生命的力量是靠说教培养出来的,永远只有靠行动,靠爱,靠信念,靠想,靠做。"

霍森费尔德特别关注年轻人的职业教育问题。第一次世界大战之前,德国的职业教育领域已经取得了一定进展,然后由于战争又止步不前。我们今天意义上的职业学校在1920年就已经正式引入了,但是农村的职业学校建设仍然较为薄弱,甚至根本就不存在。霍森费尔德最初在卡塞尔组织了一门水果种植的夜校课程,当他意识到学生们对历史和文学也有兴趣时,他便将课程内容往这些方向进行拓展。他一直强调,现在这个时代,一定要养成不断学习的习惯。

有了鲁道夫山漂鸟运动集会的失误经验,霍森费尔德意识到,如果没有神职人员和社区代表的参与,新项目几乎没有成功开展的可能。由于夜校地点卡塞尔靠近大城市法兰克福,因此有机会可以更便捷地与志同道合的教师和漂鸟运动成员聚会交流。1923年冬天,他建立了一所多学科进修学校,每周开设一次晚间进修班,年龄在15至25岁的年轻人都可以报名参加,学生可以在经济学、历史学、公民学、德语和文学中选择自己感兴趣的方向上课。经过艰苦的准备工作,一种全民教育的模式诞生了。在社会中获得良好的反响鼓励着霍森费尔德继续走下去,他计划在另一个城市再建一个继续教育学校,让这种教育模式在黑森州得以推行扎根。

在霍森费尔德教授的课上,他会给同学们朗读一些报纸上的文章。例如有一次讲到一篇主题是"地租马克"的文章,这是1923年当局为抑制恶性通货膨胀而推出的新货币,一年后被帝国马克取代。读完报刊后他开启了富有新意的问答环节。"我想给这些同学们一些思想上的灵感,让他们的思维转换一个方向,"他在日记中这样写道,"他们整天沉浸在自己的工作中,有的一个人手工制作扫帚,有的到森林里去砍木头,还有的做工匠活,等等。

这都是需要体力的工作，而他们的精神却是闲置的。"

霍森费尔德保留有许多演讲手稿，这些手稿见证着他在教育年青一代上付出的努力。同时霍森费尔德也在手稿中号召家长参与进来，一起重视孩子的教育。霍森费尔德认为"训练心智"是新时代教育的关键概念，是思想变革的一部分。这个概念是在魏玛共和国时诞生的，魏玛共和国是德国土地上第一个民主国家。在1924年春天的一次演讲中，他谈到了"我们祖国命运的转折点"："拥有权力的旧帝国已经分崩离析了，一个具有全新力量的新国家即将崛起。让我们保持清醒迎接新时代，让我们聆听历史的齿轮转动的声音。"这段庄重的话语是霍森费尔德对魏玛共和国的高度认可，在动荡的20世纪20年代，这份魏玛共和国的民主显得更加来之不易。

在1924年春季的招生中，霍森费尔德尝试去改变家长的态度，赢得他们的信任。他希望家长们不要把校方看作敌人。他说，"教师的首要任务是鼓励孩子们，对他们展现的能力和需求做出回应。孩子做学校布置的作业时，父母不应该不耐烦，或者动辄责骂和埋怨孩子：'哦，你怎么这么笨！你不会有出息的！'诸如此类的话不会达到任何积极效果，相反，孩子的信心都被剥夺了，简直就是得不偿失。所以，对待错误要去鼓励而不要责备。"

在将近六年的时间里，卡塞尔都是霍森费尔德重要的工作地点。正是在那里，他第一次有机会将他对现代教育学和成人教育体系的信念付诸实践。从1927年春天开始，霍森费尔德在富尔达东南部的塔劳开办了自己的学校，将自己的理念得以贯彻下去。

塔劳是一个相当贫穷的农业村，约有400名居民，离他父母居住的马肯泽尔镇不远。学校的主体建筑是一栋坚固的半木结构房屋，建于1909年，紧挨着一座教堂。教师公寓位于教室楼的上面一层。教室里的学生有90名。除了霍森费尔德之外还有一位老师，他们是这所学校仅有的管理者。

随着时间的推移，一家人的生活也开始变得稳定下来，霍森费尔德愿意终身为这份工作奋斗。自此以后直到20世纪50年代，塔劳成为整个家庭的生活中心。不久后，他们的女儿阿内蒙妮在卡塞尔出生。男孩德特勒夫于

1927年出生，女儿约林德于1932年出生，五年后小女儿乌塔又出生了，均在塔劳。一共五个孩子呱呱坠地，安娜玛丽的日常生活也越来越忙碌充实，而留给她自己沉浸艺术、音乐和文学的空间已经所剩无几了。

尽管家里有一位用人帮忙，但对夫妻俩来说，家务工作常常忙得他们团团转，照顾孩子仅仅是其中一个部分。学校里有一个种植蔬菜和水果的大花园，有一个养鸡、养羊、养猪的草料棚。除了忙于教学和职业教育之外，霍森费尔德醉心于乡村生活。在空闲时间里，霍森费尔德也指导学校的合唱团，组织节日的活动。在教堂里，他是风琴师；在家里，他打理花园，并把养蜂作为自己的爱好。在大多数年份里，蜂箱里的蜂蜜产量很高，亲戚朋友都能得到他们赠送的蜂蜜。即使孩子们还没有到上学的年龄，霍森费尔德也会偶尔带他们去自己的课堂上课。这不仅减轻了妻子的工作负担，同时也放松了整个课堂气氛。约林德回忆起她早期的学校生活："我三四岁的时候，父亲有时会带我去上他的课。我可以和高年级的大姑娘们坐在一起，或者坐在父亲旁边的桌子上。桌子下面有一个装满沙子的盒子，还有小树、小房子、院子等模型。他需要这些东西重现塔劳和邻近村庄的风景。之后他再让孩子们自己进行搭建。课间休息时，我们会回母亲那里，和她一起吃早餐，然后她再让我回教室。"约林德还补充说，在音乐课上，霍森费尔德会弹吉他或钢琴，和孩子们一起练习民歌。学校有一个长笛小组，此外，还有两名学生会演奏小提琴。

回顾过去，她的哥哥德特勒夫对塔劳无忧无虑的童年赞不绝口："我们是那样地自由，环境也很优美：冬天我们经常滑雪，或者玩雪橇。夏天，我们在瓦瑟山附近的一个湖里玩水，瓦瑟山是滑翔机飞行爱好者的天堂。我们有宠物，还有一片广阔的花园。路对面是一片美丽的草地，上面长有古老的果树。"

孩子们在塔劳感到幸福和安全，但对他们的母亲来说，塔劳是一个处处透着陌生的地方。她起初一直都很难适应。先前，她刚知道丈夫要调到一个比卡塞尔还要小的地方时，感到些许沮丧。刚来到这里没多久，她发现农民们对她排斥又冷漠。他们认为一名乡村教师的妻子一定为人傲慢。安娜玛丽安慰自己，邻里之间相互熟络是需要时间的。

塔劳在许多方面都与沃普斯韦德有着天壤之别。对比以前居住的罗斯巴赫和卡塞尔，安娜玛丽在塔劳更深切地感受到黑森州的农村生活与德国北部画家诗意生活的差异。而亲人和朋友的频繁来访带给了安娜玛丽许多宽慰，他们大多是她沃普斯韦德、麦肯泽尔和富尔达的熟人。20世纪20年代，霍森费尔德家的访客留言簿总是内容丰富，包含有留下的素描、绘画和关于一起度过的时光的长篇文章。

打扫房间、做饭和烘焙的工作有时对安娜玛丽一个女人来说过于繁重，幸好孩子们很早就学会了帮助父母完成家务，可见安娜玛丽对孩子们的培养很有成效。

和丈夫在一起时，安娜玛丽总是畅所欲言，无话不谈。但霍森费尔德总是有事在身，经常不在家。他曾多次组织活动，如1929年8月的宪法纪念日活动，旨在庆祝魏玛宪法通过十周年。在那场活动的发言中，他主要谈到了德国的重建以及战争债务的沉重负担。他在最后呼吁："让我们的心永远归属于这个新的国家！"他特别注重让人们牢记战争。当他在演讲中每次谈到受伤和战死的战友时，他自己在前线的那些画面历历在目。1932年2月他在国民哀悼日的一次演讲中说："虽然那是很久以前的事了，但到了晚

1930年于塔劳，霍森费尔德和安娜玛丽与他们的孩子赫尔穆特、德特勒夫和阿内蒙妮在学校对面的花园木屋前

上，当白天忙碌的喧嚣消失后，他们又来到我们面前。有的颅顶碎裂；有的胸口被子弹打穿，几乎已经认不出身份了，脸色苍白，全身肮脏。我们无法摆脱这些在脑海中的形象，他们会一次又一次地出现，一次又一次地出现。最后我们只能唏嘘地感叹，我们幸免于此是多么不容易。"战争的画面令他难以忘怀，但这些思考目前还并没有让他彻底与战争决裂。很久之后，直到第二次世界大战中，他才开始觉醒，发现原来战争造成的种种苦难都是毫无意义的。

第二章

批判的追随者

1. "我属于这个行列,我能感觉到。"

希特勒于1933年1月30日上台,当时部分人认为希特勒只会短暂地处在权力中心,不久之后政府首脑之位会再度转让,而霍森费尔德并不这样想。1932年2月20日,霍森费尔德在人民哀悼日活动上发表演讲,他批评了当下德国人民内心的动荡不安和具有煽动作用的政治宣传。但此次权力的更迭到底意味着什么,他和身边的民众也无法估量。出于自己的天主教信仰,霍森费尔德支持德国中央党。霍森费尔德一直公开为魏玛民主发声,但在许多德国人眼里,魏玛共和国并不是一个成功的故事,比如大规模的失业就是后果之一。也许希特勒可以解决许多严峻的内政矛盾,并加速国家的经济发展——很多人都这么认为。

此外,新当权者对1920年《凡尔赛和约》的强烈反对也颇有成效,赢得了德国民众的好评。这份条约给德意志帝国带来了难以承受的负担。这项赔款必须从德国发展的浪潮中甩掉,这样德国才能再次充满希望地迎接未来。这一主张也得到了相当一部分人的支持和认同。并且对于霍森费尔德来说,他的民族主义世界观与纳粹的"血与土"[1]德国种族意识形态之间也确实存在着相似之处。纳粹党席卷全国的宣传浪潮可能也对他产生了影响,至少他没有选择作壁上观。

---

[1] "血与土"是纳粹德国的口号,他们声称民族的生存依靠血统和土地。——译注

1933年4月15日，他加入了纳粹冲锋队（SA）。霍森费尔德认为纳粹党的纲领非常接近漂鸟运动崇尚的平等思想——元首许诺过，所有德国人不论出身多么卑贱，只要参加国家社会党都可以一展宏图，为一个理想的明天出一份力。他对这个团体有归属感，因为冲锋队的一些成员也参与了第一次世界大战的前线作战。但他应该不知道这支队伍在柏林等城市对共产党人、社会民主党人和工会成员都曾进行过警棍斗殴，在会场上引发了激战。在僻静的伦山村庄，消息闭塞是在所难免的。在那里，一切都很平静，只有报纸上会有零星报道。

　　在天主教教师协会解散后，他加入了纳粹教师协会（NSLB）。而就获得的资料来看，历史学家无法确定他后来有没有退出这一协会。新统治者对教育的期望很高，宣传投入巨大。霍森费尔德坚定地希望继续担任老师的职位，他把这份工作看作是他真正的使命。但同时也有一部分现实的考虑，因为他承担着全家的责任。尽管如此，他仍然经常抨击纳粹政权牢牢控制青年教育的做法。霍森费尔德反对"青年应该由青年领导"这一原则，因为这会让人很大程度上忽略学校和家庭对孩子的影响。

　　霍森费尔德于1935年加入纳粹党。在忠于纳粹政权的人眼中，霍森费尔德在加入纳粹党前就有过不服从命令的行为，他曾在一次教师会议上表示，阿尔弗雷德·罗森贝格的《20世纪的神话》一书已经被现代科学驳倒了。罗森贝格是纳粹党的主要"喉舌"，他想用一种基于种族主义的宗教神话来取代基督教教义，从而宣扬"血与土"的价值观。作为惩罚，他们在霍森费尔德入党后剥夺了他负责职业教育的可能性，这也意味着他的收入大幅减少了。霍森费尔德认为这项禁令是一种痛苦而不公正的对待。为了继续运作塔劳的学校，他们又调来了另一名教师。

　　霍森费尔德加入纳粹党是在此次禁令之后，理由可能是他想说服自己保持忠诚，打消对国家安全运动的怀疑。然而在这次责罚之后，他无以复加地失望：他曾向纳粹党黑森地区党支部提出上诉，负责富尔达片区的党内领导于1936年11月16日答复他说，还不能聘请霍森费尔德进行"基于纳粹主义的意识形态教育"。他说："这不是对你的不信任，我希望给每个人足够的时间，让他们打消疑虑，真正接受纳粹主义。如果你自己承认，自己仍然要做一些思想斗争，我只能敬佩你的这种诚实。"

这一番强调听起来更像是一种威胁，而这位片区的纳粹党领导略去党内审核程序，直接口头驳回了。此次事件意味着他纳粹党的成员资格仅在一年后就会被取消，并很可能失去工作，牵扯到了很多切身的利害。而且他知道，从今以后自己将被组织全面监视。

渐渐地，纳粹政权华丽的仪式活动和其宣传的爱国主义改变了霍森费尔德的想法，仪式感对霍森费尔德来说是他的"弱点"，欢庆或纪念仪式会让他心潮澎湃。他也会经常参与这些活动，例如1936年9月，他作为纳粹冲锋队的突击队队长前往纽伦堡的"荣誉全国党代会"，并加入了一支约有50万名参与者的游行队伍。他的弟弟鲁道夫陪同他一起参加。在他的记录中，对党代会的描述只有寥寥数笔。相反，他专门写了一篇关于参观德国国防军武器展览的文章："我看到了很多新式现代武器，比如坦克、反坦克防御设备和空军装备。这种景象让我感到不安，如果真的用这种武器来发动战争，那后果会很严重。"

霍森费尔德很少褒奖希特勒，可能是因为他的妻子从一开始就非常不喜欢这个政治上的暴发户和新贵。希特勒充满仇恨的咆哮，他那流着口水的吼叫，扭曲的面部表情和虚假的手势，对她来说简直是深恶痛绝。但这样的激情与仪式感则是霍森费尔德的软肋。1937年11月9日，霍森费尔德和他的学生在收音机旁全神贯注地听着纪念希特勒政变14周年的庆祝活动的广播。那是为了纪念14年前，也就是1923年，希特勒试图在慕尼黑推翻魏玛共和国的行为。在日记中描述这场庆祝活动时，霍森费尔德不加批判地采用了大量纳粹主义的词汇，比如谈到了"血旗"，这是在政变期间被染上鲜血的十字标志旗；以及"鲜血授勋者"，这指的是政变参与者。在活动中，播放了由霍斯特·韦塞尔[1]创作的纳粹党党歌《霍斯特·韦塞尔之歌》，主持人宣读了牺牲的纳粹党成员的名字。"他（韦塞尔）是最后一个被宣读名字的人，整个国家都和他们一起前进！不，这些英雄没有死，他们活着。全德国都在呼唤他们的名字。我的心与他们一起前进！我属于这个行列，我能感觉到。"据他说，他的学生们也同样被"英雄死者"这种神秘、夸张的仪式感震撼。

而在战争开始很久之后，霍森费尔德才意识到，在这种鼓乐喧天、大张旗鼓的英雄崇拜背后，是一种明显的政治算计：让民众，特别是年轻人做好为当权者牺牲的准备。纳粹主义的另一种核心意识形态也一直通过宣传误导他，直到他明白那背后隐藏着怎样一种惨绝人寰的阴谋，那就是臆想日耳曼民族的优越性和其他民族、宗教的劣等性。1938年4月初，在一次学校毕业典礼上，他曾向年轻人呼吁："像你们这样的年轻人，在选择你们未来的配偶时，不要无视《血缘法》[2]。因为血缘对你后代的健康、精神倾向和性格起着决定性作用。纳粹主义让我们看到了遗传的重要性。"

霍森费尔德仅仅是因为当时的时代背景才这么说的吗？答案可能是否定的。在生物课的板书中，霍森费尔德向同学们讲解了官方宣传的种族政策及其目标：提高生育率，消除遗传缺陷，反对种族混合。霍森费尔德深入地从事民俗学研究，这正符合纳粹时代的趋势。但实际上，在很久之前霍森费尔德就已经开始做这件事了。他从中获取了很多上课的素材，比如有关这个话题的故事和传说，并试图以此来激发孩子们的兴趣。而在他的妻子安娜玛丽看来，霍森费尔德有时为了"趋炎附势"做得太过火了，这时候她就会尖锐地批评他。"她一针见血地指出了我的错误，而最近赫尔穆特，我的大儿

---

[1] 霍斯特·韦塞尔（1907—1930），德国纳粹冲锋队突击队长，被谋杀后在戈培尔的宣传下成为"烈士"。——编者注
[2] 《血缘法》全称为《保护德国血统和德国荣誉法》。——译注

子,也成为我行为的法官。这对我来说是一件好事,让我好好静下来想一想。但从另一方面来讲,我毕竟也做出了一些成效。如果她能与我合作,帮助我,而不总是评头论足,那么我会更轻松更快乐。毕竟我在村里所做的民俗工作是一项有利后人的事,这也能给我的教师工作带来更多人的认可。"

然而,他并不是一个不折不扣的纳粹党狂热支持者。他对很多决策都有不同意见、不甚满意:比如不能再以个体身份策划活动了,而只能由纳粹党指挥并包办国家教师协会的会议、冲锋队领导人会议和冲锋队内的竞赛,还有一次又一次的演讲以及游行。突然有一刻,他觉得所有的行动都效果甚微。1938年5月5日,他参加完在富尔达附近的施马瑙举行的冲锋队领导人会议后写道,"当我身处一个更大的集体中时,我总是有种感觉,我被一种孤独和疲惫牢牢抓住了。"三天后,他写道:"冲锋队体育日,富尔达。今天我参加了这个活动。从这之后,我的兴致被消磨殆尽了,我越来越觉得这些活动没有意义。"

这种格格不入的感觉困扰着他。在他的日记中我们可以看出,他的热情已经渐渐冷却下来:"我属于这个行列,我感觉到了,我一直都在这里。然而他们不愿意接受我,这才是我的命运。现在发生的一切是对我们天主教徒极大的压迫。这是逼迫我们,如果不放弃在宗教问题上的信念,我们就没办法真正融入这个集团。"

同时,霍森费尔德担忧地观察到,他们教师群体对儿童和青年教育的影响力正在下降。他指出:"我们教师目前在引导青少年方面发挥的作用是很微薄的。我前所未有地感觉到我们宛如被推进了死胡同里。"霍森费尔德的儿子赫尔穆特是希特勒青年团的青年领袖。按照纳粹的计划,希特勒青年团应该在组织上和思想上覆盖全体德国青年,其他青年组织都已经被明令禁止了。但更令他震惊的是天主教会不断受到压迫。1933年7月20日,德意志帝国和梵蒂冈之间签订了一则协约,协约中天主教会试图与纳粹政权达成一致,继续天主教会学校和修道院的运营,但希特勒并不愿意与这么大一个教会平分他在教育领域的影响力。

纳粹政权针对教会的高压政策引发了德国主教们的不满，他们纷纷写下抗议信。霍森费尔德密切关注此事。在1937年3月发表的通告《炽热的关切》中，教皇庇护十一世谴责了纳粹政权对德国天主教徒的迫害、希特勒的元首崇拜以及种族政策。而紧接着，纳粹政权在法庭上公开了近期修道院内发生的一桩道德丑闻，进行报复反击。

在纳粹教师协会的会议上，霍森费尔德发现自己步履维艰。他本应该站出来，坚定地按照自己的信念为天主教教会学校发声。1937年5月5日，在一次会议之后，他沮丧地表示："信仰天主教的教师有的离开协会，有的试图推卸责任，没有一个人勇敢地站出来为自己的教义辩护。甚至我也不例外。既然这些胆怯的人先抛弃了集体，那我为什么还要再挺身而出？"此时他已经很清楚："谎言、歪曲和诽谤是纳粹党的惯用手段，如果还达不到目的的话，还有恐吓。"

还有一次，当酒馆里播放完希特勒的演讲后，所有人都站起来高喊"元首胜利！"，只有霍森费尔德仍然示威似的默默坐着。他非常怀念曾经公开交流思想的氛围，而现在，他发现自己处于一种恐惧和不信任的气氛中。1938年2月5日，在格尔斯菲尔德举办了一场纳粹教师协会会议，他在参会后指出："我觉得有必要经常和同事们谈谈学校和教育的事情，但又和谁谈呢？我没有什么值得信任的人。我们彼此之间的同事情谊几乎不存在，没有人相信对方。甚至有时诚实地表达意见都会带来危险。"

尽管一些美好的幻想破灭了，但霍森费尔德现在并没有想到要背离纳粹政权，也没有想要与它决裂。他的情绪经常在沮丧和热情之间波动。1938年3月，希特勒将奥地利并入德意志帝国，这一做法他完全支持。于是他利用近期英雄纪念日活动的机会，向村里的居民发表讲话，传播胜利的喜悦——大德意志帝国的百年梦想就此实现了。

1938年秋天，人为激起的苏台德地区危机使霍森费尔德再次陷入深深的焦虑之中。苏台德地处捷克斯洛伐克西部边境，许多德国人居住在那里。1938年9月26日，希特勒在柏林体育场发表了一篇演讲，他以咄咄逼人的语气强调了他对苏台德地区的设想和计划。在霍森费尔德的笔记本上，他记录下了自己的忧虑："战争的危险！我们不喜欢今晚希特勒的讲话。他说话强势无礼，态度傲慢，表现欠妥。他居然还说了'民主是骗人精'这样的话，简直不配做一位代表伟大民族的政治家。他不会屈服的，我们觉得未来还会打仗。"这段文字表明，他与妻子一样都认为即将会有战争发生。人为促成的紧张局势使他突然意识到，独裁者只要一挥手就能使国家陷入战争。1938年9月27日，他写道："人民无法阻止他做下这一切，甚至不会有人关心民众的意见。而拥有议会的民主制度就会完全不同。"霍森费尔德担心自己和家人的安全，但更多的是忧心百姓的命运，这种情绪与日俱增。霍森费尔德完全知道战争的后果是什么，因为他自己经历过。"现在我们很担心局势会有变化，所以每当收音机播报新闻时，我们就一个箭步冲过去听。安娜玛丽一直意志消沉，情绪稍有变化就会掉泪。"

　　1938年9月29日的《慕尼黑协议》中，英国、法国和意大利做出妥协，将捷克斯洛伐克的苏台德地区割让给德国。得知此事，他们才松了一口气，战争的危险似乎被规避了。至少霍森费尔德对此深信不疑，他不相信会爆发一场大规模的战争。然而，谁也没有料到，希特勒对三个西方大国的让步感到无比失望，这位独裁者本想用战争证明德国国防军的打击能力。6个月后，他占领了捷克斯洛伐克的其他地区，意图展现自己的实力。

　　1938年秋天发生了一件大事，霍森费尔德的心理防线崩塌了。11月9日，纳粹突然袭击犹太商店、犹太教堂和其他犹太教机构并纵火，史称"水晶之夜"。这种暴行让霍森费尔德彻底失望，他没有想到现代社会居然会发生这样一系列血腥的暴力事件，这简直是赤裸裸的谋杀。"德国各地不断发生犹太人大屠杀。现在的帝国宛如地狱，没有法律和秩序，周围全是虚伪和谎言。"他对《先锋队员报》上持续不断的仇恨言论感到愤怒，他已经订阅了几个月，现在果断取消了这份煽动性报刊的订阅。

　　与丈夫不同，安娜玛丽预感到了情况的恶化，她看上去十分平静，但她只是表面上不显露自己的恐惧而已。她很了解丈夫，内心也对即将发生的事情有所预料。她知道，一方面，霍森费尔德在内心深处拒绝战争，但另一方面，如果祖国召唤他，那份心中对祖国的忠诚会让他再次穿上军装。在接下来漫长的战争年代中，安娜玛丽一直见证着霍森费尔德无时无刻不处于这种和平主义与爱国主义的拉扯之中。

之前1937年4月，霍森费尔德再次被征召入伍，为即将发动的战争做准备。他被上级评定为良好等级。他说："我感觉自己还是能派上用场的。"很久之前他就已经参加过防空演习；而且作为一名冲锋队小队长，他也指挥过有一定规模的编队，并且有定期演习的任务。"这还是很有趣的，"1937年4月25日他在日记中写道，"我很享受领导一个团队的感觉。"两年后，1939年6月4日，希特勒来访卡塞尔。霍森费尔德与冲锋队418分队被调来卡塞尔，支援现场的安保。这次安保行动原本是按军方标准组织的，但是后来也放松了要求。霍森费尔德从卡塞尔给大儿子赫尔穆特写了封信，此时赫尔穆特正在参加帝国劳动服务团的义务劳动[1]。信中说："当我和我同队的战友相处时，其实我是很孤独的。我经常诧异于大多数人可以在一品脱酒精的作用下立刻放弃自己的原则，摇身一变成了一个在聚会上吹捧的虚伪的人。"

1939年8月26日，在塔劳的霍森费尔德收到了要出发报到的命令，希特勒已下令动员。这天，他向妻子告别。安娜玛丽很难过，也很不舍。她的丈夫已经44岁了，她弄不明白，为什么他又要去打仗。几个小时后，霍森费尔德从富尔达的炮兵营仓库领到了他的装备，有步枪、防毒面具和随身武器。从现在起，他就是民兵营第三连的一员了。这一天，他给妻子留下了一句话："你不必为我担心。但事实确实是我们被分开了，实在是很舍不得你。"在接下来的日子里，他还会经常用书信向妻子重复这句话。此时的霍森费

---

[1] 1935年6月，纳粹德国颁布《德意志国劳动法》，明确规定凡是年满16—25周岁的德国男性，必须进入劳动服务团参加半年义务劳动。帝国劳动服务团可为德国的农业生产和市政建设提供劳力。——译注

尔德仍然相信，希特勒不会允许战争打起来的，战争是最坏的一条路了。"尽管有各种预兆，我还是不相信会有战争。我感觉希特勒此次全体动员的命令其实是一种策略，不会真的打仗的，他会抓住一切谈判的机会。"

霍森费尔德曾经进行过自我剖析，认为自己的缺点就是有时过于轻信别人。1918年5月底，在一战结束服役后不久，他曾说："在和每一个人交往时，我总是自动找出他们身上最好的特质。我认为每个人都是高尚的，我怀着最善良的心为对方塑造一个完美的形象。"他有着奇妙的天赋，能够与人为善，发现他们的闪光点，积极地认可他们。但这种天赋也有反面效果，即容易轻信别人。他也会把这种对每一个人的信任感转移到政治领域上，但之后又经常因为未能识破别人的伪装而后悔。"我太过直爽坦率，这是一个缺点，后来我也因此招致了许多不愉快、烦扰、失望和痛苦。"

1939年8月，霍森费尔德中士于富尔达

和大多数德国人一样，霍森费尔德直到第二次世界大战开始也没有意识到，希特勒从上台那一刻起就缜密地谋划了这场战争，然后第一时间将战争付诸实施。霍森费尔德中士在一战的前线中两次受伤，而这次，他被编在德国国防军的后方部门，没有在前线服役，然而他还是一直希望可以到前线作战。这一去他便踏上了战场，直到战争结束。

尽管德国方面态度越来越咄咄逼人，危险似乎近在眼前，但许多波兰人与德国人一样，根本不愿意相信战争迫在眉睫。但是波兰人还是没有想到，那位好战的政治家会不顾一切按下按钮，启动一支庞大的力量来摧毁波兰。波兰此前已经展开了针对突袭的预防措施，比如把窗户换成不透光的，防毒面具已准备妥当，部队也处于警戒状态。但是娱乐活动却照常进行：餐厅和酒吧门庭若市，管弦乐队演奏着乐曲，人们在跳舞、庆祝，甚至比往常更加兴高采烈。而在白天，一切看起来和平常没什么不同：在华沙，民众乘坐有轨电车去上班，就像一个普通工作日一样。

在波兰广播电台，音乐家们正在为下一次直播节目排练作品。1939年8月底，27岁的瓦迪斯瓦夫·什皮尔曼，一位年轻有为的钢琴家，正在工作室里顶着压力工作到深夜。疲惫不堪的他在8月的最后一天终于回到了斯维斯卡街的公寓休息，那是他父母的家。很快他倒头就进入了梦乡，直到黎明时分，远处传来了爆炸的声音。他心想这估计是最近常见的军事演习，便翻身坐起来，开始看书。突然他母亲站在门口，惊慌到几乎结结巴巴地说："快起来！战争……已经打起来了。"

2. 在波兰建造战俘营

第二次世界大战一开始，波兰便被多面围攻，陷入了步步紧逼的钳形攻势中。1939年9月1日，德国国防军各师在海军和空军的合作下，从西面对波兰发起猛攻。此时，苏军占领了波兰东部。在1939年8月23日签署的《苏德互不侵犯条约》的秘密附加议定书中，苏德双方划定了两国在中东欧和波罗的海国家的利益区域。希特勒征服世界的野心又扫清了一个障碍。在一个将受害者玩弄于股掌的游戏中，第一个受害者就是波兰。

一战结束后，霍森费尔德再也没有穿过国防军的制服。但其实他一直有一个不曾与人说过的愿望：他想成为一名带职级的军官。因为他1918年初因伤提前退役，这个愿望一直没有得到实现。

1939年秋天，在伦山区的小村庄塔劳，霍森费尔德要在这里告别妻子和孩子们，动身走向战场。也是在这座小村庄，霍森费尔德担任了12年的乡村学校校长。他的长子赫尔穆特此时正在黑森州沃格尔贝格区的基尔托夫从事帝国劳动服务，也就是"德国荣誉劳动服务"，没能回来和父亲道别。

在富尔达火车站的告别对每个人来说都痛苦非常。霍森费尔德把事业与家庭平衡得很好，不仅打理好了乡村学校的一切，而且对家庭也是悉心照料。所以安娜玛丽一般都会顺他的意，比如在服役这件事上，即便她不是百分之百支持，但还是把最终的决定权交给霍森费尔德。1939年9月10日，她在给丈夫的信中说："当火车离开时，我带着三个哭泣的孩子走回家，穿过黑暗的城市。从现在开始，我们失去了保护的力量，无助又孤单。约林德睡在我腿上。我与你的心紧紧靠近，我为自己祈祷，希望获得力量。我和我的孩子们手拉手往家走，他们深深沉浸在难过的情绪中。他们的哭泣声逐渐变得安静，这对我来说也是一个安慰。"

安娜玛丽试图分散自己的注意力，希望开始一段新生活。但这件事没那么容易，因为谁来填补丈夫走后留下的空白呢？她给丈夫写道："我们房子的每一个房间，花园里的每一条路、每一棵树、每一朵花，它们仿佛都在谈论着你，谈论你对我们的好。我从未见过一个比你更自信、更高尚、更可爱的人。所以，即使在悲伤中我也甘之如饴。"

安娜玛丽还没有把她的信写完，收音机里就传来了德军对华沙空袭的消息。通过新闻她知道现在霍森费尔德往东边行进了，但具体位置却没有说明，这让她刚刚放下的心又紧张了起来。然而更难过的是，从她的家乡沃普斯韦德那里传来了坏消息：安娜玛丽的母亲第二次中了风，正躺在不来梅的一家临终关怀病房中，生命垂危。安娜玛丽起初犹豫了几天，她放心不下孩子们。但后来还是听从了父亲迫切的请求，出发前往德国北部。

母亲的样子让她非常震惊：她的脸被病痛折磨得走了样，她的身体在与病魔激烈地斗争。安娜玛丽和妹妹格特鲁德轮流在床边看护。在母亲离世前不久，竟突然恢复了意识，认出了身边陪伴着的亲人。因此，这可以算作一场没有那么遗憾的告别。

在不来梅这座城市，安娜玛丽已经看到了战争打响的迹象。城市中的公园和广场上布满了战壕。在返回塔劳之前，她再次前往不来梅的圣约翰尼斯教堂，那是19年前他俩举办婚礼的地方。她在1939年9月23日给丈夫写了一封信，信中说："你可以想象我再度到达这里的感动，它同时给了我坚定的信念：我必须生活下去，而且要健康地生活下去。没有人知道未来会发展成什么样子。我想回家了，回到塔劳。我对你和孩子们的爱能使我坚持下去。维尔姆，请你为和平祈祷，为我们祈祷。"

但现在和平又从何谈起呢。德国国防军以强大的军事力量占领了波兰这个邻国。尽管波兰勇敢抵抗，但几周后，仍然承认败局，选择了投降。在战争年代，投降后最大的问题便是如何安置数量众多的战俘，这成了分配给霍森费尔德的任务。他被编入先遣队，他们驾驶一辆军车，行进100公里之后到达安置地——位于工业城市罗兹南部的帕比亚尼采。

一路上，德国士兵遇到了很多艰难跋涉的难民。沿途，霍森费尔德已经感受到了战争造就的苦难，波兰人民首当其冲。"……他们坐在堆满货物的马车上，驱车的是一匹匹瘦弱的马，夫妻身边总围有一群孩子。这些坐马车的人已经很让人羡慕了，剩下的其他人都是步行前往，甚至是赤着脚在走。他们已经在路上走了好几天了，食物也很匮乏。我还看到了很多抱着孩子、背着沉重包裹的母亲，她们的身后还有几个大一点的孩子在跟着走。她们中一些人拉着装得满满的手推车、婴儿车之类的东西，在车辆旋起的灰尘中沿路而行。"

在帕比亚尼采，霍森费尔德的任务是在一个废弃的工厂场地上为波兰战俘建立一个战俘收容营地。这座拥有6万居民人口的城市被战争破坏得很严重。"……到处都是被炸破的房屋和被烧毁的废墟。这些废墟上的窗洞空空如也，像眼睛被挖掉了眼珠，光溜溜的眼眶死气沉沉地望向天空。"霍森费尔德要做的第一件事是为他和他的战友找到居所。霍森费尔德带着一个班的士兵，一家一家地征用波兰百姓的房子。居民们不得不腾出地方，搬到其他房子或去其他地方寻找住处。霍森费尔德找到了一个德国商人的住所，这位商人的亲戚在战争刚开始时就去往德国上劳齐茨地区的齐陶市避难了。他向妻子报告说，他这里什么都不缺，有卧室、浴室、厨房，还有一张铺好的桌子。"要是我亲爱的、善良的、可爱的安妮米[1]也在这里就好了，还有亲爱的孩子们。"

成千上万的战俘涌入帕比亚尼采，收容下这么多人需要霍森费尔德

---

[1] 安妮米是霍森费尔德对安娜玛丽的昵称。——译注

出色的组织能力。他们中的许多人已经行进了好几天,饥肠辘辘,疲惫不堪。抵达帕比亚尼采后,首先需要进行分流,波兰军官与士兵分开,德国人与波兰人分开,犹太人与其他所有人分开。犹太人即刻被安排从事艰苦的体力劳动,比如派他们挖掘保卫帕比亚尼采这座城市的战壕。德国公民得到了释放文件,他们具有行动的自由权,平时需要在工作上简单帮忙打打下手。

"到了夜晚,仍然不断有新的群众涌入营地。这些身影从黑暗中走过来,面容憔悴,步履拖沓,穿着绿褐色的肮脏上衣,他们中的大多数都穿着同样颜色的长外套,外套长得垂到靴子上,破烂污秽不堪。他们面色疲惫而灰暗,对命运感到麻木。他们从黑暗中出现,只进入了我的视野片刻,模糊不清,朦朦胧胧,像一个幻影,随后又消失在营地的黑暗中。"

起初,这片带有仓库的宽敞工地上涌进了太多的人,简直一片混乱。统计至1939年9月底,共有超过一万名战俘分批抵达这里。霍森费尔德自告奋勇,用铁丝网和机枪子弹加强营地的安保措施,并在市中心的集市上采购了水壶和食物。很快,他和战友们便建好了一个装得下30个锅炉的大厨房,并带来马肉、牛肉、猪肉、土豆和酸菜等物资,每日三次向战俘分发食物。

"……天气变得寒冷而多雨,"霍森费尔德在1939年9月底写道,"这些可怜的波兰俘虏被德国军队的镣铐锁住了好几天。他们躺在污泥里,在寒冷中又累又饿,除了能找个地方蜷缩起来,再没有其他的愿

1939年9月,波兰战俘在前往帕比亚尼采营地的路上

望了。"

"你想象不到这些人会有多么饥饿",他给他的儿子赫尔穆特写信道,"我们正在努力让他们每个人都吃饱。囚犯们被安置在车间和其他闲置房间里。看到这些可怜的人我也很心痛,但我们对这样的苦难也无能为力。希望不会暴发流行病。"

霍森费尔德对犹太人所遭受的骚扰和虐待十分同情:"我对这种粗暴的待遇感到厌恶。"战俘们很快也发现,霍森费尔德并不是一个冷酷无情的人。"他们发现了,我是一个很有同情心的人,"霍森费尔德在给他妻子的信中说,"他们围在我身边,告诉我他们的想法和请求,我没有对任何人发过火或者对任何要求有过不满,我想尽我的全力去帮助他们。"有一次,两名寻找丈夫的年轻妇女哀求他让她们进入营地来看一看,霍森费尔德不顾规定,答应了她们,让她们从一个侧门进来了。虽然她们没有在战俘营找到她们的丈夫,但还是衷心地感激霍森费尔德的帮助。"……她们想要来拥抱我,泪水在我眼中涌动,我也想去拥抱她们,但我还是没有这样做。之后又有人来求助,想进去找人。还好很幸运,他们找到了自己的家人。"

有一天在营地外,一位波兰妇女找到霍森费尔德,她说自己一个人没办法完成家里和院子里繁重的工作,恳求霍森费尔德将她的丈夫从战俘营中释放出来。霍森费尔德让她留下她丈夫的名字:斯坦尼斯瓦夫·切乔拉。他告诉这位女士三天后再来,到时候她就可以带她的丈夫回家了。霍森费尔德遵守了他的承诺。霍森费尔德的所作所为赢得了切乔拉一家的深切感激,他们一直维持着长久而深厚的友谊。

霍森费尔德踏实、有条不紊的做事风格给上级留下了深刻印象。仅仅几个星期后,霍森费尔德就全权接管了战俘营的管理,虽然只持续了很短的时间。他欣喜地发现,当他与战俘一起清扫场地,或者一起在田里收粮食和土豆时,他们都很乐意合作。他在日记中写道:"生活战胜了战争!愿上帝保佑现在井井有条的状态能够延续!愿上帝祝福我们的劳动工作!"

霍森费尔德每天会接触到很多人,这种群体生活让他感觉很熟悉,也很舒适。霍森费尔德能与他们和谐共处，尽管他自己的身份是德国占领军的一员，但他还是很乐意为波兰群众提供帮助。与波兰民众的接触让他觉得十分亲切，他不认为这些可爱的人是他的敌人。在给小女儿乌塔回信时，他说："我有时会把一个波兰小女孩抱在怀里，这时我会想起你——我的小女儿。"有一次，一个波兰小男孩在一个广场上打开水泵，好让霍森费尔德洗掉脸上的灰尘。他给了男孩一枚硬币，让他买点他喜欢的。收到硬币后的男孩沉浸在激动的欣喜中。帕比亚尼采营地中，有一部分波兰人会说德语；如果语言不通的话，也会有德国人出来当翻译。总之，大家都能找到方式互相沟通、理解。

在帕比亚尼采教堂的礼拜仪式上，他与信徒们相处得也很融洽。"多么有趣的场面呀，我在波兰妇女中间，与她们一起跪在圣餐台前，在圣餐前齐叩首。我们用不同的语言默念'主，我为你而活'。在我们之间没有仇恨，相反，我感觉到她们是真诚地将我这个德国士兵放在心里。他们对我很好，也会为我祈祷。"在营地里，他允许战俘保留他们祈祷和做弥撒的习惯。波兰天主教徒的这种"团结、虔诚的宗教态度"深深地震撼了他，这也让他对德国人"没有信仰的、支离破碎的世界观"感到痛惜。

霍森费尔德其实清楚地知道德国国防军对每个德国士兵都下达了"亲善禁令"——禁止用友善的态度接触敌方，但他不以为意。他与波兰人民接触得越多，对他们的喜爱和敬佩也就越多："波兰可能从地图上消失，但波兰人民不会消失。我相信波兰一定会与德国达到制衡，甚至可能会在未来和谐共存。"

从今天的视角来看，霍森费尔德的慈爱之心和他对纳粹政权的支持态度非常矛盾，但这也正展现出他身上的立体性。霍森费尔德认为德军入侵波兰与一战爆发的缘由一致，但显然他对一战的理解也是完全站不住脚的：他相信德皇威廉二世一直都试图实现和平，然而自1902年以来，英国已经采取了毫不手软的包围策略，所以德国被逼无奈才不得已动手。现如今，英国宣称自己要成为波兰的保护国，但希特勒却仍然温和地对待英国，因此，他相信了希特勒的"和平主张"。但事实是，霍森费尔德对一战的起因、对希特勒意图的推断都是错误的。实际上，一战完全是由于德意志帝国为了能够扩大军备而一意孤行发动战争，入侵波兰的决定早在几个月前就已经确定了。希特勒在与将军们的秘密会议上曾说过，自己唯一担心的是，千万不要有某个混蛋在最后一刻想出一个调解计划放在他面前。

但霍森费尔德再次相信了他们的宣传，并帮忙积极呼吁。他给赫尔穆特寄了一封信，在信中他热血澎湃地说："必须破除所有内政的观念分歧，我们每个人都要做那个为自己的同胞挺身而出的人。"1939年9月底，德军在波兰的胜局已经显而易见，由此他对希特勒的钦佩之情更加强烈："从来没有一个德国政治家做出的贡献比我们的元首更突出。想想看，"他继续给儿子写道，"如果元首把今天为战争聚集的全德国的力量都投入战后的和平建设，并以发动战争的那种毅然来创造和平，那么面向我们的是一个多么伟大、幸福的未来啊。"当然，现在我们都知道，这纯粹是一厢情愿的想法，因为被希特勒动员起来的德国人的力量完全指向征服和毁灭，不是为了和平。但在当时，几乎所有德国人的想法都与霍森费尔德一样，他们信任那个领导国家的"犯罪集团"。许多人不仅心甘情愿地被洗脑，甚至一些人自己双手也沾满鲜血。而在整个战争年代，霍森费尔德从来没有允许自己暴力地对待任何一名无辜的波兰民众，他的道德信仰始终如一，这就是霍森费尔德与众不同的地方。

在一片政治宣传中，霍森费尔德沉浸在一种精神幻想里，但他忽视了查证事实的真相。但好在他没有做出任何有悖人性的事。关于能做什么或者是不能做什么，他很有主见，不会让任何人对他发号施令。什么是有所为，什么是有所不为，他在心中有着明确的准绳。他把自己的想法都忠实地记录进他的信件和日记中。其他时间霍森费尔德都用来管理帕比亚尼采战俘营以及阅读妻子的信件。妻子在信中提到了最近发生的问题：她现在生活有些拮据，甚至回一趟沃普斯韦德老家也不得不开口借钱。即使小花园和小农场可以给他们带来一部分收入，但孩子们的衣服、食物、教育……一切都要花钱。二儿子德特勒夫现在不得不扛起许多以前父亲负责的事情。"那在父亲专门为我们建造的带有阁楼的大校舍里的童年，那在花园和草地上度过的无忧无虑、宛若田园诗一般的童年，随着战争的开始就戛然而止了。母亲具有很深的艺术修养，但是却不擅长农活。所以我在家里有很多任务要帮着完成，比如饲养农场的兔子和蜜蜂。"所有这些都是德特勒夫在课业之外的额外劳动。1940年，德特勒夫进入富尔达的一所高中学习。他每天骑自行车到施马瑙，再从那里坐伦山区列车到富尔达。每日上下学的奔波让他几乎没有时间和同学们打交道。

回顾过去，德特勒夫说自己很欣赏母亲对艺术和文学的兴趣，也很喜欢家里的文艺氛围，这项天赋是安娜玛丽从她父母那继承来的。她不仅热爱文学和绘画，德特勒夫还强调了母亲的音乐天赋——"声音十分美妙动人"。但战争期间，一个人照顾一大家子，艰苦的生活逼迫她学着打理生活中柴米油盐的琐碎小事。他举例说，仅仅是烤面包这件事就是一个艰难的过程："她用两侧有围栏的小推车把面团送到村子另一头的烘焙房，在那里烤面包。每次她都是出了门好久才回到家。"据德特勒夫和他的妹妹约林德说，在战争的头几个月里，母亲完全处在一种焦虑和不知所措中：她与深爱的丈夫分离，他还经常杳无音信，不知他身在何处；同时要处理家务，关心孩子们的教育，以及做好家中大大小小的决策，这一切都由她一个人负责。而她的无措完完全全地体现于她在信中写的一句话上："我什么都搞不清楚，我不知道家里养的鸡哪些算是已经长好，可以送去宰杀了。要是这些活儿我都会做该多好。"

安娜玛丽花了一段时间才与村民热络起来，因为他们太不一样了。在她原来的观念里，大多数塔劳村民都顽固而自私，她不想与他们扯上任何关系。她在给丈夫的信中抱怨道，他们大概早已忘记了他这位校长。他不应该对塔劳人抱有任何幻想，甚至对以前教过的学生也不要抱有幻想。她觉得德国北部，也就是她老家的居民显然更加友善真诚。

随着战争一步步推进，越来越多塔劳的年轻人也被征召入伍，有些人因为失踪或战死最终也没能回到家乡。这时她的观念改变了,她对这群小伙子十分牵挂,因为当时她的长子赫尔穆特也不在身边,这份相同的感受拉近了她和村民之间的距离。最终安娜玛丽与他们达成和解,促成了友善和睦的邻里关系。

3. 每一处都是恐怖的景象——"不幸正撕扯着我的心"

在战争开始后的头几个星期，塔劳和帕比亚尼采之间的通信突然出现停滞，霍森费尔德和安娜玛丽都急切地给对方寄信，但邮件却放置在那儿好几天。1939年10月，邮政服务终于恢复了正常。安娜玛丽和霍森费尔德之间的通信十分频繁，在这些信件中，他们记录下了对彼此深厚的感情。这些信往往是情书，他用昵称"安妮米"称呼他的妻子。他们在信中表达了对拥抱的渴望，交流了对过去幸福生活的回忆。他们之间电话交谈的机会很少，最多是回国休假前，他们需要约定见面的时间和地点时才会通话。

由于他们有时只相隔两三天就会写信给对方，便会有邮件顺序错乱的问题，比如后寄的信却先到了。于是霍森费尔德给自己寄出的信件编号。他一有空闲时间就会回去奋笔疾书，而不是像其他战友们那样坐在一起放松一下，他的战友都很惊讶。通过妻子的描述，他得以及时了解家庭情况和孩子们的成长过程。她在信中不乏带有抱怨的语气，因为她无法接受分离的事实，因此霍森费尔德会一次又一次地安慰她，帮助她渡过难关。有时他也会开解她："你经常抱怨说你过得特别艰难，但我相信你所经历的一定比你描述的还要艰难百倍。因为我了解你，有些事情可能不会让其他人不安，但会让你情绪强烈地波动。要记住，神是不会把超过你承受范围的事情指示给你的。这就是为什么我深信，尽管发生了一切，我还是会再次看到一个可爱的、快乐的安妮米。你的维尔姆，他把你深深地放在心里。"

（1939年10月6日）

这些记载感情的实物对他们两人都非常重要,所以这一封封的书信和霍森费尔德的日记一起被完整地保存了下来。但有时它也是误解的来源和焦虑的触发点。比如有一次,霍森费尔德写下了一句很平常的话,他说他很喜欢把一个波兰的小女孩抱在怀里。安娜玛丽看到后,她告诫丈夫要对婚姻忠诚,不要去寻求刺激。有一次,她充满绝望地写道:"我的丈夫,这异国他乡,你到底身处何方。你也许在值岗,也许是躺在一张陌生的床上。我的眼泪流在了这张信纸上。和平快降临吧,总有一天,我的爱人会回来的!'总有一天',我的孩子都这样告诉我。一旦到那时,我心中完美的童话故事就会再度开始。"

然而,随着时间的推移,她也变得更加自信且自如,这在她的信件中也得以体现。1939年11月6日,她向丈夫讲了讲阿内蒙妮的工作打算:"她要学习护理,还准备报读额外的课程,学习打字和速记。请你告诉我你的看法,如果你的看法与我一致,那么请认认真真地给阿内蒙妮写封信。没有你的同意,我不会做任何决定。"这时她还收到了一封丈夫前段时间寄来的信,上面写着编号第38。她一遍又一遍地读着它,之后她回信道:"突然一阵轻松袭来,让我暂时忘却了与孩子、家务有关的所有烦恼,也暂时忘却了对祖国、对所有亲爱的士兵(有许多人告诉我,他们正在西边准备些什么大事情)的深深关切。我现在躺在床上,只是思念着我的爱人。我很郁闷,请告诉我,军人就是这样写信的吗?一个德国太太应该怎么做,一个德国太太必须怎么做。……告诉我,你有没有在哪里认识到漂亮女郎?在剧院里?通过社交?在电影院?在街上?你会约她们出来见面吗?她们知道你还有我们塔劳一家吗?"

安娜玛丽在她的信中很少会谈及战争,但其实她对战争有很多清晰而独到的见解。在迅速取得对波兰的胜利后,很多人都认为希特勒会满足于此,因为除波兰之外他也已经把奥地利和捷克斯洛伐克并入权力版图了,但她还是不相信战争会很快结束。她密切关注战争的动态,经常收听英国广播公司或(瑞士的)贝罗明斯特广播电台,并与其他士兵的妻子交流信息。

德特勒夫从客厅的收音机上铺设了一条电线连到厨房的喇叭，方便她在厨房也可以听到元首的演讲、转播的外国节目和音乐会。从收音机中她了解到，比利时和荷兰向德国提出了和平相处的建议，但希特勒拒绝了这一建议。她在其中一封信中提到："战争是毫无意义的。庞大的军队连续几个月面对面对峙，这种紧张的气氛让人精神疲惫。"

1939年10月8日，霍森费尔德告诉她，他的连长准备提携他为军官。但她却并不激动："如果可能的话，尽量不要被提拔为军官，那样的话你有可能被调去西线战区。我觉得，这场可怕的战争一定还会持续下去。"霍森费尔德回答说，如果他被提升为军官，他的津贴待遇会提高，而且也不一定会被调去其他地方。如果在西线也开辟战场，那他将彻底无法理解这种穷兵黩武的狂热。

就在不久前，纳粹德国颁发给安娜玛丽一枚铜制的"母亲十字勋章"，这个勋章旨在表彰品行贤良且至少生育四个子女的母亲。1939年10月18日，她对霍森费尔德写道："希特勒把我们的孩子当什么？只是当成牺牲的炮灰！我的丈夫，如果你希望我们再生一个孩子，我会无比欢乐，但它不应该现在出生在这个'光荣的'德国。我并不痛苦，因为这次战争没有让我失去任何亲人，但我听到了别人的故事，我为其他人的命运感到难过。"霍森费尔德在1939年11月10日给她回了信，他知道妻子是刚刚听了希特勒11月8日的演讲后写的这封信。这次演讲也震惊了他，他回复道："我只听了很短的时间，但我听出来了，元首希望打仗。和平的前景越发渺茫，灾难还会继续。"

1939年11月17日，安娜玛丽接待了一位她丈夫战友的来访。她期待着他可以带来一些关于波兰的新消息，但却大失所望。这名士兵大肆宣扬希特勒和纳粹主义的观点，并批驳了她的想法，想说服她，结果她愤然拒绝。也是通过这次不愉快的遭遇，安娜玛丽明确地向霍森费尔德表示了她对纳粹政权的态度。她发现那位士兵几乎把希特勒当成了神明偶像，这让她无法忍受。她问霍森费尔德是否也是这般崇拜希特勒："你对这位领导者有信心吗？那么尽管我深爱着你，我还是不能和你在这个方面达成一致。"她再一次批评霍森费尔德想晋升为军官的执着，简简单单当一名中士比升为少尉让安娜玛丽高兴得多。她觉得他应该把这种雄心壮志留给活跃的年轻士兵。"每个人的人生使命是不同的。"她说。

她态度强烈地批评了丈夫对待国防军和纳粹政权的态度："为什么你的战友们一直说你喜欢当兵？你真的希望短暂回家休假后继续在波兰做一名士兵吗？维尔姆，我不能相信，我也不想相信，你是多么狂热地站出来支持冲锋队！你就是喜欢当兵，我知道你平时既看战争相关的书，又秘密去接受预备役军官的培训。"三年多的夫妻别离令安娜玛丽很难承受，她写道："我认为这场战争毫无意义。任何不知道如何为人民保障和平的政府都不是好政府，因为和平才是人民所渴望的。"

安娜玛丽尽其所能，阻止她的儿子赫尔穆特在社会劳动服务之后也被征召入伍。她安排他于1939年的冬季学期进入哥廷根大学学习。赫尔穆特修读医学专业，在战后他成为一名儿科医生。然而，安娜玛丽只能暂时让他免服兵役。她知道，赫尔穆特也会在大学期间被两次征召入伍，因为国家有着明确的规定。赫尔穆特选择医生作为职业也算为弟弟妹妹开了一个头，因为霍森费尔德和安娜玛丽的五个孩子最后都从事了医科相关的工作。这可能是因为他们在战争的特殊状态下早早地学会了相互协助、为他人着想，这份特质促使着他们选择了这条救死扶伤的道路。

对于妻子的指控，霍森费尔德回答道，她担心的太多了。作为一名军人，他只去做了职责内的事，超过要求的他都不曾染指。他表态说："我只想告诉你，我有时会为自己是一名德国士兵而感到羞愧与羞耻。"因为他不可以向别人透露他内心的想法，所以霍森费尔德在信中长久以来都选择沉默。现在，她理解他了，原来他在所有事情上都与她心心相印。霍森费尔德周围连续发生了太多令人震惊的事件，这改变了他的态度。

在帕比亚尼采，霍森费尔德继续助人为乐。有三名波兰战俘在医务室担任助理医生，霍森费尔德经常与他们交谈，询问他们在战争中的遭遇，关心他们亲属的情况，是否有亲人失踪或离世。有一天，霍森费尔德拿到了家人从塔劳寄来的包裹，里面装着苹果和各种坚果。他也慷慨地把这些食物分给了他们。

霍森费尔德向帕比亚尼采地区的指挥官求情，说服他释放了更多的波兰战俘。一位妇女知道她可以见到丈夫和两个儿子时，激动地把20兹罗提[1]塞到霍森费尔德手里以示感谢。他连忙把钱还给她，对她说如果真的想感谢他，可以找牧师为他做一场弥撒。还有一次，有一位女士为了向霍森费尔德表示感谢，伸手拿起她的香水瓶，直接将香水喷在他身上。霍森费尔德无法拒绝，毕竟，她是出于好心。但是几天后，这股香水的味道仍然无法散去。

仅仅数十天，1939年10月底，帕比亚尼采的战俘营就解散了，一切仿佛电光石火间发生。战俘们列队行进到火车站，那里有火车把他们送往德国。因为即将开始西线战役的德军需要增加兵力，德国国内工业和农业都出现了劳动力短缺的情况。调遣这一批战俘就是为了填补这些岗位的空缺。波兰士兵被派遣去工作，而波兰军官则继续被关押。

此后，霍森费尔德中士和他的战友不用管理战俘营了，迎接他们的是全新的任务。一开始，他们接到命令，要在离帕比亚尼采约30公里的森林地区打击野生动物捕手和木材窃贼。执行任务中，霍森费尔德更深刻地体会到波兰人其实非常热心肠。有一次，他们的车开进了烂泥地，车轴以下全部沉进泥里。这时，一个农民用他的马车帮他们把车从泥泞中拉了出来。还有一次，霍森费尔德经过一个村庄，他们准备歇歇脚。刚从学校出来的孩子们突然涌向他们这群德国士兵。"当我突然站在这群欢声笑语的孩子中间时，我觉得不太适应，他们好奇地围着我们，一点也不害羞，对着我们聊个不停，以为我们能听懂他们的话。"这些和波兰人民愉快的相处经历让他产生了学

---

[1] 兹罗提是一种波兰货币。——译注

习波兰语的兴趣，他托人找来一本波兰语字典并开始学习波兰语。

现在，他的战友们被安置在一个林务员的小屋里，而霍森费尔德则回到了帕比亚尼采。自从战俘营解散后，他的时间相对充裕了，于是他把更多的精力花在了写信和日记上。霍森费尔德有时会乘坐有轨电车到附近的城市罗兹去购物，并接触了许多当地的民众。他遇到了一位波兰妇女，她向霍森费尔德寻求帮助。她告诉霍森费尔德，她的丈夫不久前被德国秘密警察逮捕。霍森费尔德为了帮助这名女士来回奔波。在奔波过程中，他了解到这绝不是一个孤立的案例，秘密警察正按照一个拟定好的通缉名单，在全国各地进行一连串的逮捕行动。很多德裔波兰人向德国秘密警察举报名单上的波兰人，用来报复曾经在他们身上发生的所谓不公正对待。此外保安局和特别行动队也对波兰知识分子采取了大规模、系统化的打压行动。1939年11月10日，霍森费尔德向他的妻子写道："无能为力的愤怒、现在一种残忍的恐怖蔓延在每个波兰小康家庭中。这根本不是为了报复，更像是他们想把知识分子消灭干净。"

霍森费尔德经历了第一波德国在波兰的种族灭绝运动，他惊愕得无以复加，那时的他还不知道在此次暴行中成千上万人已经丧命。"我原来是多么荣幸能成为一名士兵，但今天我想把灰色的制服撕成碎片。难道我们只管拿着盾牌在前面冲锋陷阵，任凭这些反人类的罪行躲在背后发生吗？"他所说的"手持盾牌的人"指的是德国国防军，当时他认为德国国防军是无辜的。但他后来还是大失所望，因为他发现事实并非如此。

虽然与波兰的战争已经结束，但暴力愈演愈烈破坏和摧残的痕迹仍在扩大。1939年11月16日，他在帕比亚尼采写道："自从我看到党卫军的暴行后，我确信，我们一定不会也不可能赢得这场战争，因为我们缺乏道义力量。如果野蛮最终取得胜利，那么以后一旦我们国家内部出现任何反对的声音，也会被这样相同的暴力镇压的。在其他国家秘密警察的地窖里上演的所有恐怖的情景，现在又在我们身边重现。"

在霍森费尔德身边，地狱般景象处处可见。他直视这些苦难，不放弃任何一次施救的机会。波兰的罗兹市拥有德意志帝国占领区内最大犹太人区。1939年11月，他在这里目睹了犹太人遭遇的暴行：所有犹太人和他们的行李一道被送往火车站，他们佩戴用于标记的六芒星臂章，甚至连儿童都必须佩戴。他们被塞进牲畜车厢里再被运走，据说是带他们去俄罗斯重新定居。霍森费尔德对德国铁路人员的粗暴感到愤慨。他写道，犹太人受到的尊重甚至还不如牲畜。一次偶然的机会，霍森费尔德听到一位军官向旁边一位德国秘密警察的官员提问，他问此次押送犹太人是不是为了重建德国工业而填补劳动力的举措。对方回答道，他不相信他们中的任何一个人能活着走出来，因为他们在押送过程中全都会被射杀。

几天后，霍森费尔德和一支先遣队来到了华沙以东50公里马佐夫舍省的小镇卡利辛，想为连队找到一处住宿的地方。但他们发现，那儿已经几乎看不见任何完整的房屋了。几周前，德国国防军在战火中几乎将整个镇子夷为废墟，并将犹太居民全部驱逐。霍森费尔德和士兵们找到了一栋空下来的牧师住宅，但那里已经有几个房间被来自波兰东部的难民住下了，他们的故乡也被占领了。霍森费尔德告诉妻子，在卡利辛，他找到了一座教堂，和牧师剖白自己的内心，也对牧师做了忏悔。那位波兰牧师听不懂德语，于是霍森费尔德的拉丁文知识便派上用场了。

由于在卡利辛没有找到合适的居所，霍森费尔德下一站又前往了温格鲁夫市，这里距离帕比亚尼采240公里。德国国防军接管了那里的波兰兵营，这处兵营在波兰战役中保存完好。这座城市呈现出一片颓唐，在废墟的败瓦和房屋的残垣之间，一支德国军乐队演奏着进行曲，时而穿插着歌剧和戏曲的旋律，许多波兰儿童和老人都在听。霍森费尔德意识到了情况的荒谬性——比起演奏进行曲的广场音乐会，居民们更迫切需要的是为即将到来的冬天准备的食物和煤炭。

在温格鲁夫的车站，霍森费尔德看着一列火车缓缓驶来，车上的难民全部来自并入德意志帝国的波兰地区。按照规定这些地区要被完全"德国化"，新命名为但泽－西普鲁士帝国行政区和瓦尔特兰帝国行政区。当地的居民全部被驱逐，为德国的定居者腾出空间。"在装得满满当当的火车上，可怜的人们拖着他们破败的行李，跌跌撞撞地跑出来，有男人，有妇女，有老人，还有很多很多的小孩子。在儿童车厢中坐着一个小女孩，几乎被背包、毯子和其他行李压得严严实实。但她是一个如此可爱、开心的孩子，有一双明亮的、快乐的、孩子气的眼睛，让我无法移开目光。"那一刻，他感到了一种强烈的无助感，他从口袋里掏出糖果给了那个孩子。

霍森费尔德把这种感受通过信件告诉了妻子。在他的日记中，他还饱含情感地记录下他看到难民时心中那种无力的愤怒：有一位妇女焦急地为她的小婴儿寻找温水喝；有一位老人问霍森费尔德，他们会去往哪里；还有一位农民告诉他，他刚刚牵着他的马车从森林里出来，就被德国人拦下了，他们给了他十分钟时间，让他把他的妻子、孩子和祖父母都叫出来，再带上最基本的行李用品。他们穷困潦倒，没有东西吃，也不知道自己会去往哪里。

温格鲁夫附近村道上的废墟

"但我却无法帮助他们,"他痛苦地写道,"不幸正撕扯着我的心。这就是元首大肆宣传的'原住民重新安置计划'的真实景象吗?在车站大楼里,拥挤的人群互相推搡,寻找避寒的地方。一个身材高大、面容憔悴的男人用严肃的眼神看着我,他瘦小的头上戴着一顶黑色毛皮帽子。他这样看着我,是通过我的制服、我的身份从而断定我是一个冷血的人,还是他认为我其实有一颗善良的心?我本想和他谈谈,但我不好意思开口,我猜想他应该是秘密警察想消灭的那些知识分子之一。""如果你不知道如何安置这些人,那为什么要把他们赶出自己的家园?"霍森费尔德这样问自己,"可以想象,他们将会终日站在寒风中,坐在包袱上,得不到任何食物,只依靠微薄的财物过活。都是因为这个制度想让这些人经历病痛、苦难、无助,最终被折磨至死。他们在战争中侥幸地生还,但为什么又要以这种残忍的方式置他们于死地。这个邪恶的计划到底从何而来,又为何而来?究竟是谁能以这种方式来对待那些活生生的人呢?"起初,他将这种苦难完完全全归咎于纳粹政权,但随后他进行了反思,写道:"其实我们都是同谋的共犯,我们都被欺骗着参与了犯罪。一种深深的负罪感烙印在我的灵魂中。"

1939年12月13日至16日期间,他写了几封信和一些篇幅较长的日记。见到难民的处境后,他不愿作壁上观。他记录下之前在火车上的见闻:他坐在火车上,行李里带了面包和奶酪,但火车上有这么多人,明显是不够分的。霍森费尔德继续与火车上的人交谈,了解了更多细节——在火车上,共有三名妇女分娩了,其中一个孕妇曾试图割腕自杀。几乎每一节车厢里都有尸体。火车源源不断,就在他交谈之际,又一列载有难民的火车抵达温格鲁夫的火车站了。"一列一列的火车会带来多少不幸呢?我遇到过许多德国士兵、铁路工人和军官,他们都对这件事充满了同情和愤慨,甚至其中有一个人说:'成为一个德国人,真是让人感到羞耻。'"

霍森费尔德将党卫军驱逐波兰人和粗暴对待犹太人的情况全部告诉了他的妻子,她非常吃惊。她担心同样的暴行也会在德国发生,因为民众会被这种错误的行为引导。"我的意思是,这种做法不是上帝的旨意,我们不能袖手旁观这场灾难，我们必须反抗。"悲愤的她走去教堂整理思绪，每当无助时她就会这样做，渴望在那里找到安慰。当听到风琴师在弥撒后演奏了亨德尔的《广板乐章》时，她再也无法压抑自己的情绪，失声痛哭。她在信中多次透露出她对战争的进展是多么地无奈又心烦意乱："他们是多么愚蠢的人，把这场战争看作是解决国家间矛盾的办法。"她开始不再相信宣传中的任何一个字。11月底，她给丈夫写了一封信，文字中可以看出她心中希望和痛苦的斗争："我感觉不久之后你就会放探亲假了，一想到这个我就充满希望；但我不相信你会彻底放下军人的身份，永远和我们生活在一起，所以这又让我陷入悲伤。你马上就要回家了，我不想让你知道我的纠结，我不能再哭泣，我不能再祈祷，我不能再怀有盼望……"

1939年12月初，一个激动人心的消息使全家人都从阴郁的情绪中解脱过来：霍森费尔德得知他即将可以回国度过圣诞假期。他告诉妻子，他马上会回塔劳陪家人们过节。一想到能与妻子和孩子们一家团聚，他便一下子沉浸在幸福之中。虽然这绝不意味着霍森费尔德所有要担忧的事情就此终结，但至少他有机会可以与家人面对面地说说话，相互陪伴，而不是仅仅靠写信互诉思念。

4. 关于西线作战的意见分歧

此次假期从圣诞节一直到新年元旦，这是1939年9月战争打响以来他的第一个回国探亲假期。对分离许久的霍森费尔德一家来说，可以称得上是久违的庆典节日了。一家人都沉浸在兴奋和激动的情绪中，把之前四个月的忧虑和艰辛都抛于脑后，甚至对战争蔓延到西线的恐惧，现在也都无暇去考虑了。如今的霍森费尔德已经46岁，不再年轻，这位曾经照顾起整个一大家子、方方面面都打理妥当的父亲终于归家了，他立刻又成为家庭的中心。但这次他在家的时间比较短暂，也许因为快乐的日子总是过得飞快，又或许是安娜玛丽的期望过高了。此时的安娜玛丽也42岁了，从1939年圣诞节前许久她就一直在期盼，急切地等待丈夫的到来。1940年1月4日，霍森费尔德的假期结束了，他要动身前往波兰。此番离别的场景让她印象太深了，后来在书信中她甚至表示这是她心中永远的伤疤。再一次要面临离别的不舍，他们两人都痛彻心扉，这一次甚至比战争开始前安娜玛丽送丈夫离开时还要痛苦。

安娜玛丽一直陪着霍森费尔德到富尔达，他们在那里的一家名为"黑森州庭院"的酒店订了一间房，休息了几个小时。凌晨两点，从富尔达开往德累斯顿的特快列车发车了。安娜玛丽写道："火车驶出车站大厅的速度特别缓慢，我一直站着，直到火车上的红灯完全消失在远处了。月台上没有人，我像是在梦中一样走下楼梯的台阶，机械地走进丑陋的烟雾缭绕的候车室，看到我们坐过的两张椅子还在那，就像我们刚刚起身离开时一样。现在是凌晨三点半。我缓缓坐下，被抛弃的失落感涌上心头，这种感觉无边无际地包裹着我……"

霍森费尔德也是同样难过。在火车上,现在的他是多么想念妻子和孩子,尤其是两个小女儿约林德和乌塔。"我在火车的过道上站了很久,盯着灰蒙蒙的窗玻璃。这种痛苦仿佛利爪在我的身上用力撕扯,但是火车载着我不断前进,不回头地前进。"火车驶向德累斯顿,他在这里住了几天舒缓心中的思绪。霍森费尔德抽空去了一次德累斯顿附近的茨温格,帮孩子们买了衣服和鞋子,他想等他回到温格鲁夫时把这些礼物寄去塔劳。因为现在德国不仅食物短缺,还有许多日常用品都变得供应不足。之后的一个晚上,他搭乘火车来到波兰东部的索科洛,从那里乘马车回到了温格鲁夫。

现在,霍森费尔德中士也已经从先遣队调回连队。他和一部分军官一起住在温格鲁夫的一栋房子里,这里之前用作教师公寓。新的一年刚开始,士兵们的实地演习和理论教学也被提上了日程,比如毒气防御课程等。由于天气严寒,又下着雪,气温低至零下20摄氏度,士兵们无法在室外坚持太久。霍森费尔德想到可以用滑雪代步,这是他从小在家里学的技能。然而要实施起来,他还缺少滑雪用的木板。

严寒的冬天让温格鲁夫居民的生活十分艰辛,尤其是那些受歧视的犹太居民,煤炭供应断了,粮食和土豆也是如此。晚上,电也被硬生生地停了。然而,德国士兵的生活却没有受到影响。饥饿的波兰小孩在四处翻找,渴望在残羹剩饭中找到一点吃的。"犹太家庭的孩子们每天都在大街上游走。一旦有任何工作或者杂活,只要能做他们就会抢着完成,只是为了能得到一点点吃的。"霍森费尔德向他的妻子描述道。还有一位年长的犹太老人也经常来找些事做,酬劳是一些口粮,当作一家子的食物。一看到德国士兵,这位犹太老人就把他的毛皮帽子从头上拿下来,敬礼说:"希特勒万岁!"这位犹太老人被士兵们称为"连队里的老约翰"。霍森费尔德经常和他聊天,有一次他请老约翰和他合了张影,并将这张照片寄给塔劳的家人。

他不仅与妻子经常写信,而且与孩子们也保持着书信来往。有一次,长女阿内蒙妮在给她父亲的信中提到波兰人是德国最可怕的敌人时,他在1940年2月29日亲切却坚定地给予她回复:"但我却很喜欢他们。他们都非常热爱自己的祖国,这很好。相反,很多德国人的暴行反而是残忍的,让人无法理解的。最近这几天我住在一个波兰家庭里,我带了一些德国的画册给他们看,画册里面有战争的照片,其中有一张照片上有一个倒下的波兰士兵。小女孩哭着说:'那个人有可能是我哥哥,我们现在还是没有他的消息,我们都不知道他究竟是活着还是已经死了。'许多士兵的家属对他们的下落一无所知,这很让人揪心。"

霍森费尔德与相当多的波兰家庭保持着联系,甚至与其中一些家庭建立了密切的友谊,这份友谊久不褪色,一直延续到整个战争结束。霍森费尔德将他的原则一以贯之,只要有机会,他就竭尽全力为波兰人民提供帮助。有一次,他成功地将一位退役的波兰军官约阿希姆·普鲁特从德国秘密警察的关押中解救出来。在先前全波兰境内的逮捕浪潮期间,普鲁特的妻子来到帕比亚尼采向霍森费尔德寻求帮助,希望可以释放她的丈夫。由于这次施救的具体经过没有详细记录,所以其他细节我们也就不得而知了。

1940年3月9日至13日期间,他到帕比亚尼采去探望几个波兰家庭。他的火车途经华沙,在华沙火车站他遇到了一大批来自被占领的波兰东部的难民。火车拥挤不堪,许多旅客不得不留在站台上。"德国军队有优先权,所以我们可以坐得很宽敞。根据规定,其他人不能和德国士兵共用一节车厢。但我们还是让很多波兰人进了车厢,特别是妇女和年轻女孩。女士尤其是

1939年圣诞节,安娜玛丽和霍森费尔德一起庆祝第一次的回乡假期

我们士兵帮助的对象,这也是绅士应该做的。"

一位年轻的波兰妇女坐在了霍森费尔德旁边,他很快与她攀谈起来。这位女士31岁,是一位颀长、苗条、金发的已婚女士。霍森费尔德在日记中提到她很漂亮,非常性感。她拿过他的帽子,戴在自己头上。"我感觉到她非常想和我靠近。但我自己长期坚持着禁欲的原则,一直保持着镇定。我到站下车时,她向我招手挥别。我想,如果我向她提出和我同游,她肯定会改变她的旅程,和我同行。"

在帕比亚尼采,他找到了惶恐失措的普鲁特一家。一方面,他们全家都对普鲁特的获释充满感激;但另一方面,一家人都愁眉不展,再次被逮捕或被驱逐的恐惧占了上风。"人们每天都生活在痛苦和漂泊不定中。生活中再没有事情能让他们一展笑颜了,他们日日面对随时被抓走的恐惧,这些痛苦没有机会与人诉说。"在帕比亚尼采,霍森费尔德目睹了一个德裔波兰官员正在殴打一个躺在地上的犹太人,对他拳打脚踢。

回到温格鲁夫后,霍森费尔德有大量的空闲时间可以沉浸在写作和阅读里,那是他最喜欢的消遣方式。在他的信中,他也经常会提及一些战友,他会描述他们的性格并做出自己的评论。他与大多数的士兵和军官都不是特别熟络,只有在很少的情况下,他才会应邀和他们去下棋或玩一轮斯卡特牌。有一次,他还在信里提到了他的一位上司:"这是一

霍森费尔德与"连队里的老约翰"

个典型的纳粹分子，对不同意见的人充满偏见，虽然常常表现得非常有礼貌，但其实却虚伪又谄媚。他对上级奉承，对下级粗暴，做事没有准则、不受约束、随心所欲。我不露声色地表达过我对他的不满，他可能也注意到了这一点。虽然之后他待我如常，但我还是能感受到有时他在针对我。"

霍森费尔德现在偶尔会用打字机来写信。练习使用这台打字机给他每天的生活带来了一些新鲜感，因为他觉得最近的生活越来越单调。他向安娜玛丽提出一个想法，希望塔劳市市长调他回来当老师，然后他就可以辞去兵役了。安娜玛丽着实没有预料到丈夫会提出这样的建议，虽然持怀疑态度，但她还是立即帮忙转交了这项申请，塔劳市市长也批准了这个请求。而在富尔达负责这件事的学校董事会却没有对这项提议表现出很大的热情，经过几周的推推拖拖，最终提议还是被回绝了。

西线战役的准备工作已经在德国如火如荼地进行着，此时霍森费尔德身处波兰东部的小城温格鲁夫，这座城市已经被白雪覆盖，他在思考着究竟战线是否还会继续扩张。1940年1月30日，希特勒在柏林首都体育馆发表了一篇讲话，讲话的内容对英国和法国发出了赤裸裸的挑衅和威胁。此次演讲过后，霍森费尔德推测德国计划在春天将对这两个邻近的国家发起一次大规模的打击，但他不敢确定："战争形势现在已经开始对我们有利了。我觉得有可能会迎来一个和平的解决方案。"1940年3月16日，他在写给岳父卡尔·克鲁马赫尔的信中说："我不相信德国会在西线发动进攻。"

1940年3月18日，希特勒和墨索里尼在布伦纳山口进行了一次会面。霍森费尔德希望现在政治上的紧张局势会让德国在谈判时有更多余地，并且他认为德国能够占上风。"对我们的人民来说，这是一个伟大的历史时刻。握在我们手中的王牌不会白白地送出去，尤其是元首更绝不会这样做。"

1940年春天，安娜玛丽将她的专注点从政治局势上转移到了塔劳的日常事务上。冬天，寒风在伦山区肆虐，气温异常低。主干道和小路都被冰雪覆盖，水管也被冻实了。这个时候交通不便，滑雪板和雪橇就派上用场了，居民们用它们把信件和包裹送到邮局。有时，当霍森费尔德所在连队的士兵回家休假时，安娜玛丽也会让他们把给霍森费尔德的邮件捎过去。由于许多德国妇女都这么做，这种以私人行程为基础的邮递运输服务逐渐完善，甚至发展成一项如火如荼的业务，后期竟与国营的"家庭邮递"和"战地邮递"分庭抗礼。1940年春天，这项"私人化服务"就被德国国防军禁止了，虽然官方命令禁止，但实际民间还在继续进行着。

1940年2月底，塔劳摆脱了霜雪的束缚，春天的使者降临大地。冰雪消融，大地也解冻了："……突然间，厚实的积雪消失了，广阔的褐色田地从零星的白色中探出头来。此外，还有一片蔚蓝色的早春天空。见到这美丽的景象，人们都快忘了，现在还是战争期间。此情此景唤醒了人们对春天的渴望，对阳光和对自由自在的渴望。"

安娜玛丽对孩子们非常骄傲，在霍森费尔德面前赞不绝口：长子赫尔穆特在法兰克福继续他的医学学业，最近成功地通过了阶段测试，而且他仍然没有被征召去服兵役。德特勒夫在学校表现得不错，特别是英语和德语这两门课程他非常拿手。年龄最小的乌塔是一个开朗、活泼的小女孩，总是喜欢开玩笑和恶作剧，有时母亲对她无计可施，只能偶尔"打屁股"小施惩戒。约林德可爱而迷人："……我经常细细观察她那张精致、小巧的脸和那双扑闪扑闪的大眼睛。"

这几个孩子一方面给母亲带来了繁重的工作，但同时他们又是她最大的心灵支柱，并总是能给她带来快乐。然而，她几乎在每封信中都抱怨霍森费尔德没有陪伴在她身边："你不知道我多么渴望你能在我身旁，"她对他坦露道，"分离给我带来的痛苦是如此难以言表。我不能再写下去了，我已经哭了太多次，已经身心俱疲了。"后来，她又在另一封信中写道："我必须赶走纠缠我的那些邪恶的黑影和梦魇，待我抹去泪水，才能在我爱人的怀抱中再次欢笑。"

然而，她现在已经不能再回避谈及政治了，因为在塔劳，越来越多的年轻人被征召加入德国国防军；同时，很多家庭也越来越频繁地收留士兵留宿。关于西线战役，大家都人心惶惶，这份动荡与不安也影响了安娜玛丽，因为这和她的丈夫息息相关。"关于西线战场准备工作的种种传闻闹得沸沸扬扬。我经常被恐惧所笼罩,僵硬地躺在床上,听到自己的心像一个大锤子不断挥舞一样,跳个不停。维尔姆,赫尔穆特,赫尔穆特,维尔姆!我几乎已经无法思考了,一个人会因为痛苦而变得迟钝!"

尽管德国国防军先前颁布了一项休假禁令,但幸运的是霍森费尔德的第二次回家之旅还是被上级批准了。他的假期从1940年3月30日开始。这次回家,他可以见证女儿约林德的重要时刻——她将在"白色星期天"首次参加圣餐仪式,这一天对天主教家庭来说无比盛大。而此次回乡,参加弟弟鲁道夫的婚礼也同样在计划之中。那年的复活节霍森费尔德也是在温格鲁夫度过的。一个如此重要的天主教节日却不能和家人在一起,这让他一直陷在悲伤的情绪中。于是他便在礼拜仪式中寻求安慰。在修道院教堂的复活节仪式上,他与波兰人民打成一片,宛如旧识。"当年轻的神职人员在管风琴上演奏《信经》乐时,我被深深地震撼了。《哈利路亚》在大堂里响起,声音是那么地欢快,那么地自由,那么地真情实感、发自内心……在唱歌的神职人员之间站着一些小女孩和年轻的妇女,她们会偷偷地看看他们精致的面孔,然后又回头看我,又羞怯地把身子埋进她们的祈祷书里。"

这次回乡,霍森费尔德先乘坐夜班火车在柏林中转,于1940年3月31日上午抵达富尔达。他在柏林错过了一趟火车,以为太晚了家人都先回家了。但令他兴奋和惊讶的是,妻子正站在火车站台上等他。他们一起驱车前往塔劳,孩子们在那里迎接他们。

安娜玛丽之前在一封长信中表达了她对这次见面的期待:"我们之间争执的时间已经过去了,我认为分离使我们变得更加成熟。我不会再患得患失了,我现在深深地确信,你是属于我的。在这种信念中我将变得强大、更加平静。我们每个人都知道对方的弱点和优点,我是这样,相信你也一样。我会把你的样子深深记在心里。我爱真实的你的一切,我为你感到骄傲。"

1940年4月中旬,霍森费尔德的休假结束了,他又回到了驻扎基地,此时西线战役已经全面展开。但当下德国国防军并没有像人们普遍期待的那样向其西欧的邻国进军,而是首先攻打了北部的丹麦和挪威。因为天气条件恶劣,开战时间数度推迟,最终于4月9日打响第一枪。由于丹麦没有进行长时间的抵抗便被打败,德国军队的兵力就集中攻打挪威。在德军占领了奥斯陆、卑尔根和特隆赫姆等重要挪威港口后,挪威人进行了数周的激烈抵抗。但他们英勇反击这一部分在德国政府的宣传中则被隐去了,因此,霍森费尔德坚定地认为,丹麦和挪威这两个国家都被德国的神速突袭打得措手不及,很快德国的目标就会指向英格兰和苏格兰。

在温格鲁夫,冬季相对轻松的生活已然过去。现在,霍森费尔德获得了新的任务,他需要提供密集充实的课程来训练新征召的班组,使他们具有作战能力。"我喜欢训练新兵,尽管每天都需要全情投入,工作量也很大。这些新兵都不是年轻人,他们大多数已经结婚了,都有自己本来的工作,所以方便管理,也没有游手好闲的。我很感动于他们的恭良顺从,我觉得他们为了能让上级满意,愿意做任何事情。"

霍森费尔德近期经常和一位指挥官在娱乐室里度过短暂的空闲时间,那位指挥官颇喜爱打牌这项娱乐。霍森费尔德牌品很好,不管是赢还是输,他都从来不会随意叫停,结束回合。1940年4月24日,霍森费尔德收到了一个让他欣喜的通知,他被提拔为中尉了,当上中尉是他多年以来的梦想。其实他早已满足了晋升条件,只是因为他在第一次世界大战中受伤而错过机会。但受伤只是暂时的,经过推选和评估他终于得以晋升。霍森费尔德预计到安娜玛丽听到消息后一定会怀有复杂的情绪,所以虽然他很有成就感,也只是在一封普通家信的末尾顺便向妻子提到了这件事,并且在这封信中也多次宽慰妻子。正如他所预感的那样,安娜玛丽在信中问道:"我到底应不应该祝贺你顺利升职呢?虽然现在的生活越来越如你心意,但你却离我们越来越远,我真的很难过。"

霍森费尔德也坦言,有些战友并不会高看他的中尉军官军衔。他在自己的日记中写道:"我注意到大家经常会在背后批评我,是我太活跃了,我要再内敛一些,不要太突出。"现在霍森费尔德已经养成了在野外练习骑马的习惯。他一边骑马,一边给马匹下达指令,骑马的过程中他还能欣赏到春暖花开的美丽自然风光。但是在郊游期间,他有些担心地注意到,他们的连队逐渐被波兰居民隔离开来。波兰居民区被他们自己用高高的铁丝网围住,增强了安保措施。同时,霍森费尔德清晰地感觉到,相比以前,越来越多的波兰人表现出敌意。许多人都希望德国会输掉战争,但德国国防军前些日子攻打丹麦和挪威时取得的胜利摧毁了这种期望。

随着德国国防军在随后几周部署的闪电战中所向披靡,波兰人心中的失望也更加强烈。1940年5月10日,德军正式开始进攻比利时、荷兰、卢森堡和法国,其目的是围攻法国,迫使法国在几周内投降。希特勒决心避免两线作战,因为1918年的两线作战曾经是德军一战失败的源头。在战胜法国后,他希望能与英国达成协议,之后就可以向苏联进军。霍森费尔德最初在评估是否会入侵比利时和荷兰等中立国家时仍有所保留:"毕竟这会成为一场生死之战。我无法停止对西线态势的思考,它像噩梦一样一直围绕着我。"但很快他就情不自禁地对闪电般的征服速度赞叹不已:"德国军队的推进速度简直让人难以置信,法国人和比利时人似乎也无心恋战。"现在希特勒对他来说仍然是一名制订战略计划的能手、一位亲自指挥行动的天才,和宣传中所描绘的一模一样。"一切都部署得井井有条!妙不可言!看我们在西线取得的功勋和成就吧!哦,哪个男儿不想成为伟大胜利的一分子呢?!"

但后来他自己浇灭了这份激动与冲劲,因为他意识到当下的环境中,冲上前线对他的家庭来说百害而无一利,因为他的妻子现在正在住院。安娜玛丽一直感到自己处于强烈的精神压力之下,这种心理负担也造成了负面的影响。安娜玛丽曾遭遇流产,由于疼痛一直间歇不断,而她的情绪又不稳定,导致状态很差,所以她不得不于1940年5月21日在富尔达做了一个手术。手术之后,她才没有再被病痛折磨。霍森费尔德曾申请过特殊情况假,希望可以陪伴妻子,但被驳回了。现在他想做的就是让妻子安心,别让她再继续忧愁下去了。"……出于对你和孩子们的担心,我冷却了对冒险的热情。我想明白了,我不需要向你证明自己,因为你早已知道责任和荣誉在我心中的分量；我同样也不需要在其他人面前证明自己。我也很期待听到战争结束的消息。"

他的妻子对德国国防军在西线战区的高歌猛进并不热心，也不激动。而且在医院里，她听到消息说西线作战时一支来自富尔达的步兵部队伤亡惨重。1940年5月23日，这是手术后医生第一次允许她下床走走。"谁还能为所谓的胜利而高兴呢！"她在病床上给丈夫写信道，"我坐在阳光照耀着的窗台前，望着开花的栗子树、丁香枝和红刺灌木，孩子们在花园里玩耍。而此时在法国和比利时，我们的德国士兵正在流血战死，每天都有成千上万鲜活的生命在战场上去世。"在这之前，安娜玛丽就已经明确地表示过她的态度。她在信中是这样评价战争进展的："我们每天都会收到战争的消息，每天晚上我们都会为士兵们祈祷，诵读祷文。我是不会为这次所谓'伟大的胜利'而高兴的。我们作为妻子和母亲永远不能忘记，有那么多人为此付出过那么多鲜血。"一方面，她可以理解霍森费尔德喜欢当兵；但另一方面，她还是有所不满。她写道："但你为你的祖国做得还不够吗？如果你是被要求的、被逼迫的，那我将试着去接受，因为这是上帝的旨意。但你是自愿的，我真的不能理解你会这样。"

霍森费尔德对自己远离核心战区深有不甘，但他也没有别的选择，因为这是上级的安排。但霍森费尔德平时不愿社交，与他们并不相熟，更不用说去和他们谈谈，希望说服他们了。"我孤独地坐在房间里，一个小伙子帮我点起了火。雨水敲击着盖在屋顶上的锌质小锅，风在房子四周发出刺耳的咆哮。我的目光越过一团灰雾，望向西方，望向西线战区，也望向你们。"

1940年5月底，他从温格鲁夫搬到了一个名叫亚杜夫的波兰小镇，那里的居民大多也是犹太人。只要从温格鲁夫出发，开往比亚韦斯托克，再往东走30公里左右就到亚杜夫了。在那里，他获得了一个连队的领导权，虽然只持续了几个星期的时间。"每天早上，我都会骑着马在连队前的田野上来一场野战演习，如果是大型战斗演习就最好不过了。"野战演习这项活动暂时让他不再纠结于西线的战事，对妻子的健康也没那么焦虑了。除了练习，他还找到了聊天的好伙伴——一位来自斯图加特的中士,霍森费尔德与他讨论艺术、沟通想法、交流赖纳·马里亚·里尔克的诗歌和保拉·莫德森–贝克尔的绘画。因为与安娜玛丽的相处,他也很熟悉这些文艺家。1940年7月初,炎热的夏天就要来了,洗澡冲凉成了霍森费尔德在空闲时间内的解暑良方。

这时,他也获悉了接下来的工作安排:霍森费尔德指挥连队的任务结束了,被分配到一个警卫连,这也就意味着他将与现役部队完全分离,霍森费尔德对此十分沮丧。现在他对留在波兰几乎毫无兴趣:"我亲爱的妻子,我想和你谈谈……我刚刚听说,我所处的警卫连马上就要调到华沙去了。到一个大城市,这也算对我的一个小小的安慰。"这一次的驻地变更影响了许多人的命运,霍森费尔德被卷入了战争的中心点。而他则成为一名见证者,他将以德国国防军军人的身份见证他们犯下20世纪最惊世骇俗的罪行——对欧洲犹太人和波兰知识分子的残忍屠杀。

5. 变更驻地

20世纪30年代恰好是瓦迪斯瓦夫·什皮尔曼在专业上大展拳脚的时期。1911年，什皮尔曼出生于波兰西里西亚地区的索斯诺维茨。琴艺高超的他被华沙的钢琴学校录取，但他选择在柏林艺术学院音乐专业继续深造，师从列昂尼德·克伊策和阿图尔·施纳贝尔。什皮尔曼不仅天赋出众，而且还相当努力勤奋。他还向弗朗茨·施雷克学习讨教，希望能更快地创作出自己的原创作品。除了古典音乐之外，他对具有法国和美国文化特色的高雅轻音乐同样很感兴趣。

1933年1月底，什皮尔曼还在欣喜地享受着德意志帝国首都的音乐生活。但由于希特勒上台后采取了一系列的反犹政策，使得这位犹太人别无选择，只能返回波兰。在肖邦音乐学院，亚历山大·米哈洛夫斯基继续教授什皮尔曼音乐技能。1935年，波兰广播电台聘请他演奏钢琴。凭借他全面的能力和即兴表演的高超技艺，他很快就声名鹊起。那时现场演出的曲目中间设有两到三分钟的中断，方便调整麦克风的位置，让歌唱演员重新站位，从而过渡到下一首艺术作品。这很考验音乐家的水平，但处理这样的停顿对这位年轻的钢琴家来说简直是易如反掌。在他演奏时，听众甚至察觉不出演出的暂停。但如果观众意识到了这一变化，也会认为什皮尔曼的处理方法天衣无缝，作品张弛有度。

很快，什皮尔曼就成了一位极受欢迎的艺术家，他常常为独唱歌手或是乐团伴奏，擅长在爵士乐、香颂和古典音乐之间行云流水地切换。在1937年的巴黎世界博览会上，什皮尔曼作为波兰音乐家代表团的一员，为国际观众带来了一曲希曼诺夫斯基的《协奏交响曲》。他的儿子安杰伊·什皮尔曼曾经介绍过他的父亲："到1939年，我父亲为一系列电影创作了音乐。此外，他还写了许多歌曲和香颂，这些旋律都享有很高的知名度。甚至在二战前，他就与世界著名的小提琴家布罗尼斯瓦夫·金佩尔、亨里克·塞伦和伊达·汉德尔合作演出。"

如果没有巡回演出的任务，什皮尔曼就住在他父母租下的华沙斯维斯卡街的一栋公寓里，他住在第三层，和他的弟弟亨里克以及两个妹妹雷吉娜和哈利娜一起同住。他的父亲喜欢在家中充满感情地演奏小提琴。对他和整个家庭来说，在这段受迫害的艰难岁月里，音乐变得越来越重要，能帮助他们摆脱窗外的暴力与苦难。

自从1939年9月底波兰投降以来，华沙的犹太人就成为德国安全警察和党卫军的待宰羔羊。很快，第一次突击检查和恣意逮捕犹太人的行动就大张旗鼓地展开了。在大街上，对犹太人殴打脸部、拳打脚踢和一系列的虐待行为随处可见。犹太人逐渐失去了应有的权利，很快夜夜实行宵禁，不允许他们在晚上上街，不允许搭乘火车，不允许拥有电话。越来越多新出台的法规和禁令像一套枷锁，全方位地限制了他们的自由、影响他们的日常生活。德国占领军也强行侵占了很多犹太人的财物和房产。在这样充满绝望的氛围中，许多人离开了祖国的首都。满街都是空荡荡的公寓和房屋，而这一步其实是德国人早早就计划好的犹太人口迁移。

在这种情况下，什皮尔曼家做出了一个重要的决定：他们选择留下来，全家都不出逃。他们的四个子女都已成年，他们想和孩子们一起尽可能再坚持坚持，因为他们预计不久之后处境便会得到改善，至少最迟只要等到美国人前来干预战争就好了。对于这一点，他们深信不疑，并热切盼望着。而也正是这一决定，让霍森费尔德与什皮尔曼的人生轨迹命中注定似的交织在一起。

1939年9月23日，什皮尔曼在波兰广播电台进行最后一次的现场钢琴表演，当时大楼旁已经有炮火擦过了。下午3时15分，波兰广播电台停止运营。什皮尔曼、亨里克、雷吉娜和哈利娜很高兴他们的父母决定留下来。难道真的要抛下熟悉的一切,他们的公寓、钢琴和家具吗?他们舍不得。

一部分原先逃到苏联控制的波兰东部地区的犹太人选择回到华沙,但他们的情况并没有得到任何改善。德国人对他们的侵犯在不断升级,比如有一条公开的指令,要求犹太人应向每个德国士兵鞠躬行礼。什皮尔曼和亨里克对这样侮辱性的命令感到异常愤怒。即使是站在远处,只要看到灰色的制服,他们就会转入一条小路,以此逃过行礼。但是什皮尔曼的父亲虽然心中同样气愤,但还是遵守了规定。他没有故意回避他们,而是带着灿烂的笑容并深鞠一躬向他们打招呼。这是一种对他们的讽刺,但几乎没有德国士兵发现。

强迫鞠躬的命令有辱人格,并且不是每个人都能像什皮尔曼的父亲那样优雅地处理过去。此外,不仅要求鞠躬,更具压迫性的是德国人颁布了一则命令,要求犹太人必须佩戴标有六芒星的白色臂章,通过这种方式来侮辱和污名化犹太人。犹太族群在波兰的意义举足轻重,几个世纪以来他们对波兰文化与艺术的塑造发挥了重要作用。这还不是灾难的全部,1939年的冬天,从波兰西部地区驶来的火车抵达了华沙,车上运送的是要进行所谓"德国化改造"的犹太人。城市里开始流传关于建立犹太人居住区的传言。在冰冷刺骨的温度中,人们挤在狭小的车厢里,没有水和食物。什皮尔曼在他的回忆录《钢琴家——活下来的奇迹》中写道:"在火车途中,只有不到一半的人能活下来,而且全身都带着严重的冻伤。另一半都是尸体,他们被冻得僵硬,'保持站姿'立在活人中间,只有在活人移动时,尸体才歪倒在地上。"

纳粹党人在波兰首都中心建立了一片约三平方公里的"华沙犹太居住区"。据纳粹党所说,这是出于卫生原则而修建的,为了隔绝传染病的扩散。这片区域被一堵高墙所包围,"好让斑疹伤寒和一些犹太人疾病不会蔓延到城市的其他地方"。从1940年夏天开始,越来越多的人被迁入这一片区域,而这里的非犹太居民也被迫搬走。一个本就人口过剩的地区现在竟入住了50多万犹太人。"黑暗的街道上涌动着许多戴着白袖章的身影，每个人都神情激动，像关在笼子里尚未适应的动物一样疯狂地来回奔跑。"起初，什皮尔曼一家可以用他们不必搬家来安慰自己，因为他们居住的街道本身就被划在犹太人区的范围内，这是这片绝望之海中少有的一个苦涩慰藉。1940年11月15日晚，犹太人区周围三米高围墙的大门突然紧闭。即刻，党卫军便接管了警卫工作，防守固若金汤，没有一个犹太人逃得出去。

时间到了1940年夏天，此时霍森费尔德准备调迁去华沙，离开之前驻守的波兰东部的雅杜夫。但是整个过程也并非一帆风顺。霍森费尔德希望可以好好缅怀一下最后在亚杜夫的时光，于是便独自骑马外出，再去看看波兰农民在明亮的月光下收割干草，这般田园景象恬淡唯美。然而在当时的情况下，夜里独自骑马外出是严格禁止的，但霍森费尔德决定无视这项规则。由于他直到深夜还没回来，他的上级发现此事并下令搜查，所幸一会儿他便回来了，搜查令也被上级收回。驻地的变更也影响了他的假期计划：原本他希望1940年7月初就回到塔劳，回到家人的身边，然而现在不得不被推迟到7月下半月，这令他的妻子非常失望。

安娜玛丽已经在信中告诉丈夫，这次在塔劳他会非常充实，因为花园里的农活在等待他一起处理。花园里种的蔬菜和水果长得很茂盛，有些已经成熟后收割完毕。"我们已经吃了很久自己种的生菜和小红萝卜了，也已经收获了几乎一整田畦的菠菜。高丽菜很快也可以摘来吃了。院子里生长着不同种类的豌豆，其中一种现在花开得很繁茂。我已经收集了四季豆的种子，也已经把马铃薯切成块种在了土里。覆盆子长势良好，草莓也开了花。蜜蜂也一直在忙碌工作，这一季全家人从蜂巢中一共收获了超过120磅的蜂蜜。"

霍森费尔德一直期待着沉浸在园艺工作里，甚至这次一回到家就开始工作了，孩子们也一起帮他。在两个星期里，他们再次享受着一家团聚的时光。但遗憾的是，一段时间以来夫妻俩并不总是琴瑟和鸣，甚至是回国休假期间也偶尔伴有摩擦和争吵。安娜玛丽有时觉得自己的担心和恐惧没有被丈夫重视。在她看来，她在战争中受到的伤害比她丈夫要大得多。她柔弱的肩膀被迫扛起很多工作，比如独自承担起五个孩子的教育和培养，并且几乎一个人打理花园和所有家务。

年龄大一点的孩子已经注意到父母之间的关系变得略显紧张。在一封信中，霍森费尔德试图向儿子赫尔穆特解释原因："母亲和我的性格不同，我们常常不能怀着轻松平静的心情相处，但这正是我们这对夫妻应该学着去做的。毕竟我们有一个大家庭，有两个超过16岁的大孩子，还有三个小不点。"然后他做了一个形象的比喻："你母亲是一匹火热的年轻骏马，当它想要摆脱羁绊时，就会一路狂奔；而我是一匹缓慢、稳定的犁马，希望尽可能跟着目标、稳定地走自己的路。"被这两种马所拉的车相互不配适，或者偶尔碰撞在一起，也是可以理解的。

安娜玛丽在丈夫回国休假后，也感受到了两人相处的摩擦："上次相处时，笼罩在我们身边的不快和阴影显而易见。于我而言，我非常爱你，甚至比之前更深。我变得更不怕为爱牺牲，也更愿与你亲密。但我清楚地看到了我们之间的不同，在这一年我们已经渐行渐远了。"在另一封信中，她写道，她有时会因为他的虚荣心而气恼，他们之间仿佛有一堵无形的墙高高耸立。

1940年8月1日，霍森费尔德正式在华沙开始工作。这座城市与波兰东部亚杜夫和温格鲁夫这两座犹太文化氛围浓重的小镇风格迥异。一年前的战争给波兰首都造成的创伤还未愈合，他看到城市里布满废墟，不免对这种无意义的破坏感到愤怒。战争后，占领国在这座维斯瓦河沿岸的大都市设立了管辖区，政府大楼、行政机构以及富丽堂皇的酒店纷纷拔地而起。德国军队主宰了华沙的街道，正暴力地实行管控。德军开着车在街上风驰电掣，波兰居民需要在路上小心翼翼，确保自己不会卷入德军的车轮之下。华沙再次恢复了活力，但只不过是一只被外国侵略者提着线舞动的木偶。

霍森费尔德震惊于自己的所见所闻，他更加频繁地在日记中倾吐心声。他现在通常会选择写信给他的儿子赫尔穆特，因为他认为相比妻子，赫尔穆特更能理解他的抱负,他们在军事方面的共同话题也更多。由于调往了华沙,他现在有很多机会结识高级军官。几位德国空军警官的果决潇洒给他留下了深刻印象。有一次,他参加了一次在历史悠久的拉齐维尔宫举办的会议,那是原来波兰国务委员会议的地点。会议结束后,他写道:"这次会议的负责人是一位空军中校。我与好几名上校、少校同台而坐,甚至还有一位空军将军坐在我旁边。在那些大人物中,我感到自己是如此渺小,他们看起来是多么自信且坚定,多么无拘无束,潇洒自如。"他知道,自己作为预备役军官和他们并不一样。在内心深处,他觉得自己与这些前线将领差了一大截。他们是真正的士兵,而自己却不是。"我主要奔波在另一个领域,但那个领域做不出什么成绩。这就是为什么我的心中总是不够潇洒,没有安全感。投入前线奋战才是大丈夫应该做的事!我要是能像之前那样重回战场该多好!"

就现在的生活而言,教师这份工作已经离他很遥远了,等待他的是一个全新的工作领域。作为警卫连的一名军官,他负责着华沙市区的军事设施和供应站的警卫巡查,比如城中的各处储油库。他很快便与士兵相处融洽,也很受欢迎。他还在适当的时候对部下恩威并施:一方面,他奖惩分明,另一方面,他也总会说一些友善的话鼓励他们。有时候,霍森费尔德也和他们一起玩一会儿斯卡特牌,尤其是在夜间巡逻,时间无处排解时。

他还被分配了一项任务,有时需要担任总指挥的"代理传令官",运用自己丰富的经验传递指示与情报。除此之外,他还参与过文件交接的工作。有一次,他将一份秘密文件放在火车的一节特别车厢中,一路运送到柏林。

一天,上级分配给霍森费尔德一个全新的任务,负责组织并监督德国士兵的体育赛事。他们需要在再次投身前线战斗前操练自己,改善身体素质与机能。而这成了霍森费尔德之后的主要工作。为了开展体育锻炼工作,占领军征用了拉森克维斯卡大街的体育场馆,这里位于华沙东南区,靠近维斯瓦河。离那里不远,有一栋带营房的建筑。那里原先是波兰士兵的军营,而如今他们已经被赶出了这栋楼,现在转为德国执勤连队的居住地。霍森费尔德起初也被安置在那里,后来他搬到了体育场馆住。

1940年8月18日,霍森费尔德在华沙第一次参加德军内部举办的体育节。参加比赛的士兵来自波兰总督府[1]内华沙、卢布林、拉多姆和克拉科夫四个大区。霍森费尔德在贵宾包厢里观看了比赛。冲锋队领袖、华沙大区的长官路德维希·菲舍尔与他握手致意。而正是费舍尔在几周后命人建造了那片华沙犹太人区。

霍森费尔德的生活还算丰富多彩:在体育场开工作会议,沿着维斯瓦河骑马,在只允许德国人进入的"俱乐部"咖啡馆听音乐会,在优雅的欧罗巴酒店吃晚餐……欧罗巴酒店位于市中心,紧临司令部。战前通常是外国使节住在这座高规格的酒店里;而现在,来这里办事的德军军官可以直接下榻在这家酒店。用霍森费尔德的话说,他们的住宿条件就像亲王伯爵一样豪华,他从未见过如此宏伟的建筑。然而,霍森费尔德并没有被繁华所迷失:"我与这些军官聊过天,他们对人生的理解是如此地外在和肤浅。享乐、面子、外界的认可和世俗意义上的成功是鞭策他们的动力。"

现在在华沙,霍森费尔德仍然保持着与波兰人民打交道的习惯。他拜访了几个月前在火车上认识的一个波兰家庭。霍森费尔德一直在留心观察他们,每天在街上他都会关注于他们的表情:"生活照常进行,但你可以在波兰人民身上感受到,捆缚住他们的枷锁是多么的沉重。对他们来说,最令人绝望的莫过于不知道什么时候能出现转机。在我看来,德国人表现得太像一个颐指气使的主人了,他们不会得到旁人的任何共情;而波兰人在其中则是可怜的仆人角色。而这种'主仆关系'正是德国统治者所强调的。"

德国占领军的傲慢和趾高气扬也与之前国防军在西线战役中的胜利有

---

[1] 波兰总督府指1939年9月波兰战役之后,被德国军队占领的波兰领土中未直接与德国合并的部分。——译注

关。很多军官都认为德国军队坚不可摧，战无不胜，但没有人预料到英国在法国战败后仍然进行了顽强的抵抗。1940年8月初，希特勒下令加强对英国海空两路的攻击，也没有达到预期的效果。从现在的局势看来，在英国强行登陆暂时是不可能的。

1940年8月底，霍森费尔德接到了一个参与电影筹备工作的任务，这部以宣传为目的的电影讲述了第二次世界大战前伏尔希尼亚地区德裔居民的命运。这次他的身份是联络官，要与一个电影团队合作，寻找合适的地点，为电影拍摄提供真实的场景。后来他又从国防军中召集了会手艺的士兵搭建电影中需要的人工场景。在连续几周里，他忙得团团转。为了这次拍摄任务，他再次动身前往波兰东部，去往瓦尔特高以及东普鲁士地区。至于他是如何得到这份工作的，从他的笔记中我们不得而知。然而我们可以猜测，是他的组织才能、交际能力和认真守纪的品质帮助他脱颖而出。

这部电影由帝国宣传部部长约瑟夫·戈培尔委托维也纳电影公司进行制作。电影的导演是古斯塔夫·乌齐茨基，他是一位德裔奥地利人，之前已经凭借一系列受欢迎的电影而享有盛名。整个电影团队中包括摄影师、摄像师和布景道具师。整个团队的第一次取景旅程持续了几天时间，他们去了马索维耶茨基、文格鲁夫和维什库夫。这次的探路不算成功，全程拍摄了许多照片，但仍然没有选中电影布景的搭建地点。导演希望可以找到一个古色古香的中心广场，可以展现历史的风貌。9月初，筛选工作继续进行。这一次，整个团队经过罗兹到达波兹南，从那里再驱车前往托恩，最后到达东普鲁士的森斯堡。罗兹离霍森费尔德熟悉的帕比亚尼采很近。团队行驶到罗兹时，他暂时请假，驱车前往帕比亚尼采。他去那里探访普鲁特一家，去看看他们的情况。普鲁特曾被德国秘密警察野蛮关押，而自那次阴影后，他们全家仍生活在惶惶不安中，害怕会被驱逐出境。

霍森费尔德在此次电影拍摄之行中结识了建筑师沃尔特·罗里格，并与他发展出了亲密的友谊。罗里格负责影片的布景工作。对于其他团队成员，他都没有过多接触，因为他们相互交流的机会很少。晚上，那些人常常会喝得酩酊大醉。最终,位于阿伦斯坦南部小镇霍热莱的一座广场被选为拍摄地点。1941年决定取景地后,这部电影在维也纳的电影制片厂拍摄,演员阵容豪华,主演包括葆拉·韦塞利、阿蒂拉·霍尔比格和卡尔·拉达茨。电影最终取名为《回家》。

这段时间内,霍森费尔德几乎每天都会给他的妻子写一封信,在信中描述他的去向以及见闻,并给她买了一串珊瑚做的十字架念珠作为纪念品。"几天来,我们一直在德国东部和波兰广阔的风景中呼啸而过。坐在飞驰的车上,我眼前的画面每时每刻都在变化,但却都大体相似:天空、乡村道路、村庄、路人、城镇……一片辽阔。"有一次他们经过了东普鲁士的鲁德赞尼镇,位于尼达湖边。在那里他遇到了一些由于盟军对柏林的空袭而逃到东普鲁士的德国人,其中大部分是带着孩子的妇女。她们自认为现在很安全,但事实上,在这样不稳定的局势中没有人能预料到未来会怎样。

1940年9月5日,霍森费尔德回到了华沙,他很高兴自己的工作能回到

1940年9月,霍森费尔德与电影团队一起穿越东普鲁士期间,他被一群孩子包围

正轨。"今天下午,我给我的小马驹套上马鞍,独自沿着维斯瓦河骑行了两个小时。河水宽阔而平静,一艘载着吊车的汽船在我身边逆流而上,鸟儿在岸边的灌木丛中婉转歌唱,人们的喧闹声已经远去。我独自与我的马沿河而行,静静沉思。"

在此次电影之旅中,他几乎每天都给妻子写信,为妻子准备了精致的旅游纪念品,并在每封信中都强调了对妻子的想念,但安娜玛丽对这个电影项目助理的角色不以为然。"我并不喜欢这份工作。我认为拍电影这种工作在战争时代简直就是浪费时间,这个任务根本不像一个富有经验的军官会去做的。我弟弟格尔德告诉我,现在法国被破坏得不成样子,我也看到了一些不来梅的照片,里面许多的房屋都被炸毁了。难道派士兵去那里做重建工作,不是比将波兰的广场改建为电影背景更正确吗?安娜玛丽认为,在这个时代,没有必要做拍摄电影这样时髦的事情。现在有很多年轻的德国女孩都被迫在地下掩体中制造弹药,而居然有些胆小怕事的人还在全世界范围内寻找电影的布景!所以,如果有战友羡慕你的这份工作,那就放弃吧,让给那个羡慕的人!"

事实上,盟军的空袭预示着接下来的战争越来越靠近。不来梅、柏林和其他城市都成了轰炸机的目标,这是对德国空袭英国的报复。从1940年9月开始,德国空军几乎不间断地对伦敦夜袭了数周,意图摧毁工业厂房,并打击民众的士气,但依然没有穿透英军的防线。

1940年9月27日,德国、意大利和日本三方签订了《三国同盟条约》,安娜玛丽问丈夫对此有何想法。他回复道:"我认为,现在美国选择避免参与其中。我发现有许多士兵被从其他地区调往波兰,我不知道这次大规模的兵力调动意味着什么。"

许多人都没想到,希特勒早就准备开辟另一条战线,对付强大的苏联。虽然苏联已经改姓更名,但此时德国人仍称它为"俄国"。霍森费尔德也没有对进攻强大的苏联抱有很高的期待,尽管他仍然认为希特勒处于强势地位,也颇为欣赏他那咄咄逼人的威胁姿态。但与此同时,霍森费尔德也经常感叹战争的悲惨后果，他绝望地发现，战争只能带来无意义的痛苦和毁灭。"每一天都有数以万计的年轻人白白丧命，每一天都会给城市制造新的破坏和灾难，战争源源不断地带来新的牺牲者。上帝沉默了，因为他发现人心不古，而且几乎每个人都心如铁石，于是上帝决定由得他们走向灭亡。历史会记录下人类自己创造的困境，历史也是胜利与仇恨的坟墓。"

霍森费尔德的夜巡范围正好就在司令部附近。仿佛是冥冥之中有股力量，牵引着霍森费尔德夜巡时一次又一次地去往华沙的无名战士墓前，那里就在司令部旁不远处。"……我在夜间哨所巡视，走到无名战士墓前的昏暗灯光下，仿佛问候兄弟一般向逝去的敌人吊唁。墓边生长着红色的花朵，在黑夜的蓝光中闪着光。不，那是花瓣上的露水，仿佛花朵被泪水打湿。这种红花脆弱易逝，它们在短暂的绽放后哀伤地枯萎。我几小时前看到它们时，还是那般耀眼明艳；但现在已经风光不再，展示着凋敝的面貌。"

这一边，德军正在为入侵苏联做准备；另一边，还有一场更加残酷野蛮的运动也在悄悄酝酿，那就是灭绝欧洲的犹太人，波兰，尤其是首都华沙是这场大屠杀的中心。1940年8月底，霍森费尔德还与那个电影摄制小组一起参观了位于华沙西北部的帕维亚克监狱，那里主要关押着政治犯，其中许多是犹太人。帕维亚克监狱由德国安全警察把守，他们以残暴著称，所以这个监狱同样也臭名昭著。酷刑和滥杀是当时监狱中的主旋律。穿过监狱的走廊，电影团队看到了一个令人震撼的场景，他们希望展现在电影中：所有囚犯，甚至包括里面的孩子，连一口面包一片肉都吃不上。苍白饥饿的身影密布于霍森费尔德的视线中，让他不由得心生怜悯。这时，一个八岁的犹太男孩告诉他，他和朋友想要一块再大一点的面包来果腹。

如果翻看1940年9月至12月的记录和信件，此时霍森费尔德没有花很多笔墨记录华沙的犹太人区。后来，经过对同时代见证者的访谈，我们了解到在这一段时间他其实仍然与很多波兰家庭保持着密切的联系，同样包括一些犹太家庭。1940年9月30日这一天，他日记中写道："……萨克斯太太的儿媳妇负责筹划他们全家的搬迁。因为按规定，所有的犹太人都被送到了犹太人区。"这一家人是他在一次火车旅行中遇到的,他说的那位儿媳妇是一位年轻犹太女子,她和丈夫汉斯·萨克斯以及他们的儿子坐在一起。和许多人一样,他们也从罗兹被驱赶了出去,带着行李拼命地想在火车上找到一个座位。霍森费尔德帮助他们找到了位置,并送给他们的儿子一把口琴。

1940年11月16日,他碰巧在友人爱德华·路克豪斯家再一次见到了这位年轻的母亲。她的丈夫现在在俄罗斯担任工程师,无法回到波兰。霍森费尔德在一封家信中写下了她的情况。上次在火车上,霍森费尔德曾经和她谈到了他的小女儿乌塔。这次在路克豪斯家偶遇,她拿出了一个娃娃递给霍森费尔德,说是送给乌塔的。他很惊讶,疑惑地看着她。"她也非常希望有一个小女儿,但她现在被迫要与丈夫离婚。她从包里拿出她丈夫的照片,哭了出来。路克豪斯将整个故事的来龙去脉告诉了我。她的父亲是奥地利人,在第一次世界大战中担任军官,曾在意大利作战,并在之后担任罗兹一所小学的校长。她的母亲是一所女子中学的校长,而她自己学的是体育专业。她的一个哥哥在华沙被杀,另一个哥哥正被关在德国的监狱中。在波兰,她父母的一切都被夺走了,一家人遭到驱逐,背井离乡。他们和年幼的孩子在一个村庄中安家,一贫如洗。一个偶然的机会,我又遇到了这个女人,了解到她一生的命运。这是一个多么悲惨的故事啊!"

路克豪斯夫妇的遭遇也同样让霍森费尔德十分难过。爱德华·路克豪斯是德国血统,但他没有归属感,并且他也没有被德军手下留情,同样遭受着波兰人的苦难。他的妻子是纯正的波兰民族,有着浓烈的爱国情感。由于全民族受到的那些压迫和剥削,她对德国人怀着一腔悲愤。路克豪斯曾是一名运动员和体育教师,对待工作十分热诚。战时,他以德裔波兰人的身份在华沙大区行政部门中的体育部找到一份工作,与霍森费尔德做了同事,在公务上与他往来密切。霍森费尔德与路克豪斯相见恨晚,一见如故。他们非常投契,他也尤其信任霍森费尔德,经常向他倾吐心声。路克豪斯对一年前德军围攻华沙的情景仍记忆犹新:在城市一处破败不堪的角落,他和妻子克里斯蒂娜以及孩子挨过了多少风险,最终得以在袭击中幸存。但现在他们每日惴惴不安，面临着一个不确定的未来。

根据历史学家托马斯·沃格尔的研究我们了解到，爱德华·路克豪斯之后被征入德国国防军。他的妻子克里斯蒂娜·路克豪斯原来是一名体育教师，她也认识安娜玛丽。后来她通过行动帮助受迫害的波兰同胞，身份上隶于波兰军队的辅助力量。她还与一支波兰地下军有着密切的联系，这支地下军队于1944年进行过一次反德起义。

战争期间，霍森费尔德还与另一个家庭建立了密切的友谊，安娜玛丽也与他们有交集。一年前，霍森费尔德帮助了几名波兰妇女，将她们的丈夫从帕比亚尼采的德国战俘营中搭救出来，佐菲亚·切乔拉就是其中之一。夫妻俩在霍森费尔德的帮助下交换了信件和包裹，并在一处他们的乡村庄园里见了面，庄园位于波兹南附近的萨姆特镇。佐菲亚的丈夫名叫斯坦尼斯瓦夫·切乔拉，他的哥哥安东尼·切乔拉是波兰地下组织的一名牧师，被德国秘密警察列入通缉名单，生命安全受到严重威胁。霍森费尔德热心地对他们推心置腹，他给出了自己的建议，尽管其中有些细节还需要进一步商榷。他给这位牧师起了个假名字"切乔齐"，后来在自己管理的体育和职业学校中雇用他为波兰语教师。

1940年11月，佐菲亚·切乔拉想帮忙把一个波兰女孩送到塔劳找份工作，她是一位年轻的服务员，去德国之后可以帮别人做做家务。安娜玛丽之前的管家辞职回家了，之后她先试图在德国找到一位新的管家来顶替工作。但是由于战争，劳动力急缺，安娜玛丽一直也没有找到下家。于是安娜玛丽请霍森费尔德在波兰帮忙留意一下。但霍森费尔德同样有心无力，因为在波兰到处流传着关于波兰工人在德国受到虐待的消息。佐菲亚最终找到了一个解决方案，她认识的一个波兰女孩愿意去塔劳工作，但最终这个计划因为德国教条的行政管理而失败了，负责审批的德国劳工局驳回了她在德国工作的申请。

在1940年11月和12月寄给塔劳的信中，霍森费尔德显得很颓废沮丧："有时我坐在桌前静静地想心事，不喜欢和人攀谈……我心里空落落的，我像一个与这里无关的陌生人一样，在城市里踱步。"在另一封信中，他写道："一大早我就和连队一起去演习了。我感到心中有一团迷雾笼罩着，我的心很乱，是那样地慌乱无措，是那样地疲惫又提不起精神。"他的情况可能也与困扰他几周的健康问题有关。霍森费尔德近期反复出现严重的头痛，并时常处在视觉障碍和语言障碍的状态下。虽然他做过详细的检查，但是仍然无法确认造成这些症状的原因。

医生建议他暂停吸烟，同样也要暂时放弃骑马。所以霍森费尔德现在经常骑自行车在镇上转悠，或者直接步行。步行放缓了他的步伐，但他却没觉得有什么不好，这让他能比其他开车从华沙穿城而过的人看到更多的东西。体检前前后后总计几个星期，但他们并没有得出任何明确的病症结论。"我觉得我看起来简直不要太健康。"他笑着说。

但事实上，周围发生的糟心事根本无助于他的身体健康。有些德裔波兰人为了让自己得到特权，不断强调自己的德国血统，这让他很不满，他在日记本上发表过观点："但其实他们的孩子根本不懂一句德语。"有两名年轻的波兰人试图阻止一名德国士兵强奸一名波兰女孩，结果却被扭送到了行刑队面前。得知这一消息，霍森费尔德立刻怒火中烧："不能细想了，否则任何继续报效祖国的忠心都会被消磨殆尽。这算什么法律，还有公理可言吗？！"最后的结局很悲伤，这两个年轻人大概被枪决了。

穿着牧师袍的安东尼·切乔拉

持续的抑郁情绪让他更加抵触继续在华沙服役，他迫切地想离开华沙，最多只愿意接受回到德国，在国内的军营里执行任务。虽然身体抱恙，但他不愿意入住军事医院，而是申请了12月下旬回家。以他的军衔，按照惯例每年可以回家两趟，但这次申请是他在1940年里的第三次假期了，之前10月份他才在塔劳待了两个星期。但由于是特殊状况，上级还是同意了他的申请。

6. 犹太人区——"对我们的一纸诉状"

两个多星期的回乡假期让霍森费尔德舒心很多，至少他的健康问题得到了缓解。在华沙的日子让他焦头烂额，针对波兰人民的暴力事件使他透不过气，但塔劳田园诗般的生活足以令他豁然开朗。他在日记中描述了某一天家庭清洗日的情景："我们都在帮忙，把一切安排得井井有条，干干净净的房子让我心情舒畅。我清洁地板，拉根晾衣绳挂衣服，密封地窖的窗户，在洗衣房里打扫卫生。安娜玛丽的手十分纤小，我就和赫尔穆特一起把太大太厚的衣服拿出来拧干净。这份工作做起来真的让人心灵平静。"

1940年12月中旬，这个时候德特勒夫和阿内蒙妮还没有到放假时间，仍然要去上学，学校的假期要到圣诞节前不久才开始。父亲为他们两人准备了早餐，让他们出发去学校。霍森费尔德写道："我很抱歉把他们两个人送进外面的冰天雪地，但我相信努力就会有收获。"约林德还记得父亲在1943年回国休假期间是怎么照顾她的："当时我在富尔达上高中，去学校的路程很漫长，需要每天步行2公里，再坐火车开18公里。父亲在家的时候是冬天，户外下着鹅毛大雪。每天6点钟我起床，穿好衣服，到厨房，那是唯一一个已经暖和起来的房间。这时父亲已经把炉子烧热，煮了牛奶，准备好了早餐。他走去外面，倒掉了烧剩的炉灰。回来之后，他对我说：'难道你今天不想待在家里吗？今天外面雪这么厚。你一定要出门吗，不能留在这里吗？'我看到他温柔体贴的样子非常感动，但还是对他说：'我也很想，但是父亲，我必须去学校。'"

这次的假期一片和谐，只有在富尔达火车站的告别依旧让人揪心。

在那里，安娜玛丽再次被分离的痛苦所淹没。霍森费尔德离开家回到华沙后，面对华沙的残酷景况，他很快又陷入了痛苦。1941年1月初，克里斯蒂娜·路克豪斯告诉霍森费尔德，在卢布林往东、她的家乡海乌姆，一共有300多名精神病院的病人被党卫军和秘密警察杀害。还有一次，霍森费尔德拜访了一位在波兰工作的德国企业家，他告诉了霍森费尔德一个骇人听闻的故事：一位年轻的波兰医生在睡梦中被一把从床上拉下来，直接驱逐到奥斯威辛。令人心痛的是，四个星期后，那位年轻的医生被杀死了。自1940年夏天以来，奥斯威辛集中营就成为波兰知识分子和反德起义者的关押点。统计至战争结束时，大约有7万人在那里遇难。1941年，奥斯威辛—比克瑙灭绝营[1]出现在了波兰的土地上。

这样的消息堆积如山，霍森费尔德听了情绪十分低落。几个星期以来，他一直都希望医生可以将他的身体状态评估为不适合服役，以此离开波兰，返回德国。"我直截了当地问医生我的身体状态怎么样"，这位神经科医生已经给他做过了几次全身检查，但并没有满足他的愿望。"他说，他认为我的身体还是可以完成后勤任务的。他还坚持要用一种特殊的仪器再给我检查一遍，我也不想搭理他了。他还想把我带到军事医院，但我拒绝了。"最终报告上给他的诊断结果是"适合在战场上执行守备任务"，这意味着霍森费尔德必须继续在华沙服役，无法借由身体原因回到家乡。"我亲爱的妻子，这不只破灭了你的希望，也使我非常沮丧，做任何事情都没有心情。但我最担心的是你，一想到你要承受与我分离的苦楚，我的心就揪住了。"

在新年的头几周，安娜玛丽寄来华沙的几封信件都笼罩着伤心的情绪，这让霍森费尔德更加担心。霍森费尔德努力寻找解决方案，但徒劳无功。这时，新的坏消息接踵而至。作为医科学生的赫尔穆特突然收到了调派

---

[1] 1941年3月，希姆莱下令在离奥斯威辛营地原址1.9英里开外再建造一个被用作灭绝营的第二分部，得名比克瑙。这里有毒气室和焚尸炉等灭绝设施。——译注

令,虽然调派令在三个月后才会生效,但这意味着安娜玛丽一直想规避的事情变成了一种必然——儿子也要上战场了。"我的孩子必须当兵了,他被迫要去面对未知的命运,迎接他的也许是死亡。"这对她来说完全难以接受。1941年1月20日,她在给丈夫的信中说:"我无法再抱有期望地祈祷了。一天来了,一眨眼又过去了,日子一天天荒芜地流逝,我已经不抱有任何期望了。我的孩子就要离开他亲爱的母亲,没有任何东西能再让我感到幸福了,我身体的力量也慢慢变得低微。还好我还能感受到他人的友善,我的亲戚朋友们,还有一位陌生的军官,他们都在力所能及地帮助我们。昨天我一直在感动地流泪。"

这封信和其他许多信一样,是她心中绝望无助的缩影。为了坚强地撑下去,照顾塔劳的一整个家庭,她不得不一次又一次地克服这种心理压力。她在信中向霍森费尔德提到的军官是她在富尔达偶然认识的一位中尉,他邀请她去看电影、去咖啡馆,显然是有意追求她。她向丈夫详细讲述了这次经过:"我们度过了一个非常愉快的下午。他讲述了法国战役的情况,他讲得跌宕起伏,很吸引人,细节也讲得很清楚。我很喜欢听他讲。他和你有一些相似之处,这也是我由衷地有种亲切感的原因。他在有些地方也很像我的弟弟格尔德。"他在告别时亲吻了安娜玛丽,"我知道,你不会吃醋的。尽管一个陌生的男人确实不应该吻我。"

霍森费尔德对妻子的信有什么反应,我们不得而知,我们仅能看到他给妻子的回信,这几行字也可以理解为他对妻子的提醒:"我希望你能重新变得活泼、坚强、勇敢,希望你能够战胜时代的逆境。"他表示理解她想摆脱禁锢的愿望,用他的话说,这样做就是去感受"新潮时代的脉搏"。

对霍森费尔德来说,尽管战争造成了家庭成员分居异地,但家庭仍然是他生活的重心,让他时时牵挂。他认为与家人这么长时间异地相处是他个人最大的败笔,这就是为什么他总是珍惜和家人在一起的时光,甚至在华沙时总是努力尝试申请假期。例如,他每次都在有纪念价值的日子给孩子们写信并送上礼物。1941年1月25日,是阿内蒙妮的17岁生日,为了给她庆贺生日,霍森费尔德写了一封信,信中说道:"我经常在街上看到波兰的孩子们,有时看到她们去上学,我会走在她们后面,听她们讲话。虽然我什么也听不懂,但我却不由自主地看着她们笑,她们真的很像我可爱的女儿。……但一想到你们过得很好,可以幸免于战争,没有经历那么多我在这里见证的波兰家庭经历的苦难,还是让我欣慰的。"

霍森费尔德经常与孩子们打交道。华沙有两所德国的国民小学,他有时会去那里帮忙。此外,他还前去拜访了几所波兰的私立学校,看看能不能让国防军中适龄的士兵前去读书。有一次,他去了一所学校准备和校长谈谈,却让校长非常慌张,那位修女校长以为他是一名德国秘密警察。他解释了自己的来意,很快就用真诚与和善让她平静下来。

霍森费尔德希望让妻子觉得对自己的生活有一定的参与感,于是他便开始详细描述他的日常经历。作为一名管理层的军官,他需要负责很多事情:"电话铃响了,原来是有一个士兵发生了意外,需要一辆救护车;有一个逃兵被逮捕了;有人打电话来这里问道,今天是公共假日,士兵们是否可以在中午12点之前放假;还有人想把德国的货币换成波兰的,问我兑换处在哪里;快递员找我要快递邮件;我被叫到军队最高行政区司令部去拿一份保密文件;一位高级政府官员从克拉科夫报告说,他这还有15名士兵想申请宿舍;一位外科医生发生了事故,需要立即派车前往;两个醉醺醺的士兵坐在酒吧里,一通乱打乱砸;宪兵通知我……"

霍森费尔德还向安娜玛丽分享了他对几部电影的评价。例如,他针对一部讲述俾斯麦的电影评论道,这部电影是世界历史的理想教材选择。"这部电影整体而言不错。但你知道我开始厌恶这些爱国主义电影的什么方面吗?是对军队、对战争的鼓吹。原来的我是多么容易被它牵动心弦呀;而现在,即使是报道战争事件的新闻片也让我无动于衷。"

霍森费尔德在日记中也写下了对电影《西线胜利》的观感,这部电影毫无创新,用的都是新闻片中已有的素材,意图美化西线战争:"这部电影没有什么值得记忆的要点,所有元素都是陈词滥调,观众早已知晓。整个电影宛如数部纪录片剪辑而成。这部电影很片面，而且出于宣传的目的，战争的残酷被直接隐去了。"原先的他对西线战斗的胜利是如此钦佩，但现在这种感受已经慢慢淡化了，他变得更加审慎，意识到自己需要再好好想清楚。此外，他也开始重新估量对希特勒的态度，逐渐疏离希特勒的观点，这从他对希特勒1941年2月24日在慕尼黑皇家啤酒屋发表演讲的反应便可以看出。

霍森费尔德不喜欢希特勒高调吹嘘自己的行为，他还将之前国家领导人的功绩全部抹去，霍森费尔德对此非常不认可，他觉得那是傲慢且不公正的。"德国人民现在被困在一件他们无法解脱的束身衣中，而这种对个人自由的束缚就是所谓'统一的大德意志帝国'的实现路径。但人们不应自欺欺人，认为这是一个理想的国家统一体。"然而，即使他在这方面洞察力很敏锐，也没有阻挡他继续相信希特勒会获得最终的胜利，并相信欧洲很快将迎来长期的和平。

有一次，他给儿子赫尔穆特写了一封信，说道："希特勒在《我的奋斗》一书中所述的计划有很多已经实现了，这让我非常错愕。"霍森费尔德预计，将来德军会将焦点放在"与苏俄的意识形态的对抗"上。此外，犹太人也成了当局的眼中钉。"在希特勒上台之后，欧洲的犹太人恐怕都要灭绝了。"这句话满含着霍森费尔德的愤慨。随着几个月的观察，他惊恐地发现，希特勒的决心绝不仅仅停留在字面上那么简单。当霍森费尔德意识到他周围的罪行是如此令人发指时，他对纳粹政权的忠诚和他心中胜利的信念动摇了。

1941年3月3日，那一天，他第一次亲眼看到了华沙的犹太人区。德国国防军在犹太人区内占有一个仓库，里面摆有床架、床垫、桌子和椅子。他此次的工作是将这些家具运到普拉加区的一所学校，那里正在建造士兵的新宿舍。在犹太人区看到的情况让霍森费尔德十分震惊："让人瞠目结舌的可怕情景历历在目，这是对我们的一纸诉状：他们的饭菜毫无油水，大部分人只能挨饿。一贫如洗的他们像蚁穴中的蚂蚁一样涌在沾满污垢的街道上，狼狈不堪。犹太人区的安全警察各个严阵以待。"

住进犹太人区的居民就与他们以前的生活话别了，现在的他们仿佛置身于一个不真实的世界，而这个世界最初仍如常运转：他们还是可以去餐馆、咖啡馆，可以有电影和戏剧表演看。那些家境殷实的犹太人仍然恣意享受自己的生活。但是未来仍不明朗，将来会发生什么，每个人的心里都没有底。什皮尔曼写道："我们都预感到会有可怕的事情发生，这仿佛一个梦魇。"什皮尔曼一家居住在"小犹太人区"，起初那里的居住条件还算能够勉强忍受。那一区有大量的知识分子和富有的资产阶级居住，"这里相对'大犹太人区'来说虱子少一些，害虫也没有那么常见。"

更残酷的情况发生在大犹太人区。在华沙北部，许多狭窄的、散发着恶臭的小巷和街道上挤满了"生活在污秽、禁锢和困苦中的可怜犹太人"。犹太人区中随处可见粗鲁的突袭和任意逮捕的情况。党卫军和秘密警察把年轻人从房子里揪出来，把他们送去建筑工地。工地上，犹太人被逼迫去做最肮脏、最危险的工作。什皮尔曼一直在躲避追捕，因为他担心自己双手的安全。腕关节万一骨折或者甚至轻微受伤，都有可能将他本就岌岌可危的钢琴生涯彻底毁灭。

在封闭的犹太人区，如何获取第一手的信息是个难题。什皮尔曼经常去拜访杰胡达·齐斯金德，皆因他总是知道很多小道消息。什皮尔曼在回忆录中写下了他的故事：齐斯金德是一位活泼的乐观主义者，经常设法将一些新闻、资料偷偷带进犹太人区。他还与波兰地下组织有联系，并为他们提供稿件。他身材高大魁梧，曾经做过看守人、车夫、商人、走私者，也做过组织的领导。齐斯金德性格乐天开朗，他经常和什皮尔曼聊天。什皮尔曼偶尔会忧郁地思虑着未来，他对犹太人区的生活感到绝望，看不到自己存在的意义。每到此时，齐斯金德就会用几句话，一下子就让他重获信心，屡试不爽。但天意弄人，这位经常鼓励他，号召他乐观起来的人在1942年冬天被枪杀了。"当时杰胡达与妻子和孩子们正在整理桌子上成堆的秘密材料，他们都被当场射杀，立刻丧命，包括他们三岁的儿子小瑟姆奇。"

仅仅几个月后，什皮尔曼一家的生活条件急转直下。钱银，珠宝，甚至他心爱的钢琴……家里所有值钱的东西都放到黑市上出售，这才将将勉强糊口。他觉得犹太人区里的每个人就像一块没有痛觉的磨刀石，为了继续生活下去，每天都必须勤快地、一刻不停地为生计奔波。但什皮尔曼也振奋起精神，他必须挣钱来维持全家的生计。"我也开始发展自己战争时期的事业。我在'现代'咖啡馆担任钢琴师，这座咖啡馆位于犹太人区的中心，位于诺沃利普基大街上。"这条街通向几条狭窄的小巷，小巷延伸至犹太人区的外墙旁，穷人、乞丐和走私者经常聚集在这附近，什皮尔曼经常能看到他们。

有一天，他看到一个孩子正在小心翼翼地从外面围墙上的一个开口爬回犹太人区，他先把拿好的货物从洞中运进去，然后再自己翻进来。突然，他被卡在墙面的凸起上，开始害怕地尖叫。顷刻间，什皮尔曼用尽全身力气拉住了这个小小的身体。然而这个时候，墙那面的一名安全警察已经意识到了这个小家伙的行为，开始拿棍子殴打他。最后什皮尔曼因为支撑不住而松了手，那个孩子直挺挺地掉落在他的手旁——那名警察打碎了他的脊柱，孩子当场死亡。

这段时间，消费能力足够且仍能负担得起各种奢侈品的有钱人进进出出"现代"咖啡馆，但是几乎没有人对什皮尔曼的音乐感兴趣。有时，他们甚至会让什皮尔曼别弹了，他们有重要的事情要讨论。没有人理解他的艺术，反而认为它嘈杂不堪。由此，什皮尔曼离开了这个不尊重他的地方，另谋出路。他找到了一家位于锡耶纳大街上的咖啡馆，那里是犹太知识分子经常光顾的地方，他们欣赏他的音乐，什皮尔曼找到了知音。

犹太画家、科学家和教育家都是那座咖啡馆的常客，正是在那里，什皮尔曼遇到了雅努什·科尔恰克。科尔恰克是著名的作家、教育家。他致力于社会福利的建设，以前曾创办过孤儿院，也曾出版过大量优秀图书。他为福利院孩子筹集物资的募捐活动为他在全社会赢得了广泛声誉。令人感动的是，科尔恰克是自愿前往犹太人区的，他决定在那里继续建设福利院的使命。然而结局令人唏嘘不已，科尔恰克与孩子们最终一起在犹太人区离开人世。"之前，我们还在锡耶纳咖啡馆相谈甚欢，当时的我们怎么也不会想到，他的生命会以如此伟大的方式，如此光辉璀璨地结束。"什皮尔曼惋惜地说。

即使在犹太人区外，波兰儿童的生活也是暗无天日，每天都忍饥挨饿。霍森费尔德的宿舍在一处军营的第一层，窗户上装有铁栅栏。一大早，孩子们就来到窗前，向他乞求两片面包吃。有时，可能他们的要求太过分了，霍森费尔德就想把小家伙们赶走。但随即，他想到了自己家的孩子，想到他们和这群孩子年龄相仿时的样子，他一下就心软了。他从面包上切下一块，给了两个女孩，他说："我实在做不到拒绝她们。"星期天外出时，他有时会带几片面包出门，这样如果有孩子向他要食物的话，可以不让他们空手而归。

霍森费尔德经常会在街边看到乞丐，每每此时，良心从不允许他只是冷漠地从他们身边走过，他一定会尽力施舍。通往国防军医院的维斯瓦桥是一个人来人往的公交枢纽，在那里，他看到一个盲人向路人求助；远处有时还蹲坐着一个脸上有可怕疤痕的小男孩；一个小孩坐在他母亲的膝盖上；还有一个人带着两个小女孩在唱教堂的赞美诗。他们每个人都在苦难中挣扎，希望得到慈悲的施舍。

1941年3月初，华沙发生了一件大事，让霍森费尔德许久无法平静。伊戈·西姆是一位波兰导演兼演员。由于他受到德国占领军高层的青睐与信任，当局要求他在华沙推出一部德语的宣传剧目。然而，他于3月7日在自己的公寓中被枪杀，据推断，凶手可能是波兰地下军的一名成员。西姆是一名公认的卖国贼。他曾参与了电影《回家》的筹备工作，负责为这部电影聘请演员，所以霍森费尔德也认识他。"结果，国防军霎时间逮捕了几百名平民作为人质，并且当局威胁说，如果肇事者在今天晚上之前不站出来自首，全体人质都将被枪杀"，霍森费尔德在暗杀发生两天后向他的妻子如是写道。委托拍摄电影项目的帝国宣传部部长戈培尔也介入了这件事，可能正是在他的命令下，最终共枪杀了21名人质。

几天后，许多军官聚在政府总部布吕尔宫里爱德华·路克豪斯的办公室内，讨论西姆的死亡事件。在场的一位中尉大放厥词，他说因谋杀知名戏剧家而被枪决惩戒的波兰人实在太少了。如果是英国人和法国人处理类似情况，他们的举措会严厉得多。霍森费尔德在他的日记中指出："他们是如此幼稚，如此不成熟。如果一个国家的管理层就任由自己蛮荒不化，那么这个国家的老百姓呢，恐怕只会处于茹毛饮血的文明水平吧，只会用野蛮的手段去消灭对方。"

1941年春天，德国屡屡表露即将进攻苏联的迹象，于是霍森费尔德仔细地记录了他周围的变化：许多部队都接到命令要求集合，同时霍森费尔德所属的营连被要求撤退。他由此推测，夏季将爆发与苏联之间的战争。"由于此次的战争预计将持续更长时间，我们希望通过与乌克兰和顿涅茨克地区的合作来保证稳定的经济基础。俄罗斯仍然是我们的一个巨大威胁，他们一直无视与我们签署的合同协议，不向我们提供货品，并且正在重组陆军，旗帜鲜明地对抗我们。"此次霍森费尔德也完全相信了德国当局的宣传。但事实上，苏联既没有意图对德国构成威胁，也没有去违反条约的规定。相反，是德国方面没有提供承诺过的工业产品。

现在有种种迹象表明，德苏之间会掀起一番战乱，东线战役即将开始。在此时，霍森费尔德迎来了一件大事，他受命兼任华沙城市司令部的体育官员。除了原先要负责的警卫工作和各种组织任务外，策划、组织、管理体育活动现在也正式划归他的责任范围。

电影《回家》的拍摄仍在继续，此时他得知维也纳电影公司已经按计划搭好了布景。然而，当拍摄终于要开始时，突然天地回暖，土地解冻，风景如画的雪地全景一下子全融化了。演员和整个摄制组不得不无功而返，在一个镜头都没有拍摄的情况下离开了。此次意外造成了超过10万帝国马克的损失。

1941年3月，霍森费尔德得知了一个好消息，在下半月他还有一次回国休假的机会。前些日子来自家乡塔劳的消息让霍森费尔德不用提心吊胆:他的妻子已经恢复了平静。但是她仍然面临着艰巨的挑战,两个女儿约林德和乌塔都发了高烧,这让她们的母亲又多了许多个不眠之夜。有时,安娜玛丽渴望回到沃普斯韦德,回到那无忧无虑的童年。"生命如此奇妙,工作实在是提不起我的兴趣。我想再次变成一个小女孩,光着腿跑过草地,躺在阳光下,梦想着以后的生活。晚上坐在大人们中间,听着音乐和诗歌。"

但她身边的现实却与回忆中的童年大不相同。在1941年3月7日的一封家信中,她向霍森费尔德描述了一位塔劳老人的葬礼,这位老人在村里很受尊敬:"人们唱歌祈祷,亲属们默默抽泣,在一片宁静中,我可以听到不间断的隆隆炮声。这些朴素的、简单的劳动人民,他们是骨骼粗大的农民,我想把这个场景、把他们画下来!我已经和他们一起生活了14年,但在他们中间我还觉得自己是多么陌生又脆弱。"

7. 体育官员和毒气防护官员——"德国国防军的体育比赛"

1941年的春天，安娜玛丽心情尤其愉悦。尽管这时的她还不能完全将战争抛于脑后，因为有一段时间，大街小巷都是关于德国国防军在北非和巴尔干地区取得成功的特别报道，这让安娜玛丽无法充耳不闻。尽管如此，她还是自己享受着大自然的花开花落。她告诉丈夫："在户外工作给我带来了很多乐趣"，她一直向他汇报园艺工作的情况，"……鸟儿在鸣叫，女儿和我一起在外面玩，天空碧蓝，阳光明媚，一切都透露出一种无限的祥和。果树长出了厚厚的芽，灌木丛中都蒙起了一片浓密的绿色。"

安娜玛丽如常定期寄信给华沙，信中她还描述了孩子们对她玩的恶作剧，以及小家伙们互相之间的打打闹闹。1941年5月，她的父亲卡尔·克鲁马赫尔来到塔劳看望她，并在那里住了三个星期。为此安娜玛丽聘请了一名管家安娜，有了她的协助，安娜玛丽可以轻松一些。这位艺术家很喜欢给孩子们讲老家沃普斯韦德的故事，丰富了孩子们闲暇时光的精神娱乐生活。塔劳的邻居们也会邀请他去自己家朗读他的文字作品，他很高兴。但他的要求也很严格，常常直言不讳地提出意见。例如，他指责他的女儿，说婚姻限制了她的精神自由，使得她思想上无法自由驰骋，文学才华无法施展。"也许吧，"安娜玛丽回答道，"但是，如果我用文学作品来取悦丈夫，这对整个家庭来说又有什么好处呢？这样没人处理家务，房间会因为没有炉火而变得寒冷，鞋子没人来擦，家里的人将连一口燕麦粥也吃不上。"

但她也确实意识到了需要锻炼自己，令思想更加积极活跃。例如，去尝试文学化地描述她周围的人和风景。这种体验往往能给她带来特别美好、轻松的感受，效果让她自己都感到惊奇。即使是自然界的一片空间，也足以让她欣喜不已。"一片有金盏花的草地配上蓝天便可以让我在好几个小时内沉醉于喜悦之中。但战争发生以来，我的心情也没有那么开朗了。"她把自己的写作才能发挥到了战争期间写给丈夫不计其数的书信中。这些信件中，一方面，她不断创新着措辞来感叹她与霍森费尔德的分离："你现在的生活对我来说是多么地陌生和遥远，我不能与你同步分享每一天，这是多么地痛苦啊。我不知道命运对我还有什么要求。有时我想我或许是早就死了，是我的幻影还活着，这个空荡荡的身体正在寻找它的灵魂，但其实灵魂已经不知所踪了。"而另一方面，她知道如何用动人的语言表达她对丈夫无尽的爱和无法停止的思念。有时霍森费尔德的几句话就足以把她从阴郁的情绪中拉出来，他写道："你寄来的一封封可亲的信带给了我极大的快乐。我也想和你在一起，我想用手捧着你的脸，亲吻你温暖的嘴和柔软的黑发，还有你的眼睛。让我来告诉你，只有你在我身边的地方才是家。"

他们不得不接受这样一个事实：战争带来的分离也许还将持续很多年。"'不得不接受'，这个词很准确，因为我做这些牺牲不是出于自由意志，也不是出于缜密的计划。"安娜玛丽认真地关注着她周围的事件，现在，一辆辆的军用卡车成列穿过塔劳的街道。在学校，她曾目睹了校医对一个男孩进行强制绝育筛查。医生问那个男孩，意大利的首都是哪里，那个男生没有回答。这时医生便立即命令护士把他送去做绝育手术。这项荒唐的检查是纳粹《种族法》中允许的"预防遗传性疾病"措施。见到这样的情况，孩子的老师惊恐地试图把孩子从手术中解救出来。老师恳求道："他可能不算特别聪明，但我相信在未来，或是在实际生活劳作中，他肯定会有相当出色的能力。"

在安娜玛丽1941年5月写的一些信中，她谈及了她几周前在富尔达结识的那位中尉。其实按道理，安娜玛丽与汉斯·穆勒（化名）中尉的关系早就应该结束的。"穆勒"中尉常常和她在富尔达见面。在那里，他们一起听了音乐会，也看了话剧。她秉持着自由开放的态度对待这段友谊。两个大一点的孩子阿内蒙妮和赫尔穆特一点都不喜欢母亲对待这位中尉的方式，并向母亲表达了他们的不满。安娜玛丽在谈到"穆勒"中尉时写道："他不是一个普通人，他敏感善良，很有男子气概，很真诚。"在1941年5月19日的信中，她向她的丈夫保证，在这个问题上她将永远对他坦诚相待，不掩饰，不隐瞒。她完全可以理解霍森费尔德对这位"穆勒"中尉和自己之间的关系没有什么好感。并且她保证，如果孩子们认为他们的母亲与另一个男人发展一段友谊是一件应受谴责的事，她就会立刻抽身离开这段关系。"不要生我的气，你真的没有理由生我的气，因为我告诉过他我和他之间的界限，他也会尊重我们之间的约定。于我而言，去做伤害他的事并不让我好受。"

这封信寄出大约三周后，她在另一封信中请求丈夫给予她交这个朋友的权利："他在富尔达，我们昨晚去听了音乐会。我在音乐会上遇到了一些

卡尔·克鲁马赫尔和女儿安娜玛丽、外孙女约林德在塔劳

熟人。我和他相处得非常好，经过那天的相处我了解到他是一个成熟、多才多艺的好人。我们谈了很多关于你的事情，他也非常想见到你。亲爱的维尔姆，你难道不明白我喜欢和一个能理解我并回应我的朋友待在一起吗？你在波兰不是也有朋友吗，比如像普鲁特和路克豪斯。你难道不明白，有时我们需要从一个人身上获得心灵的宽慰吗？"

由于这件事，赫尔穆特担心父母会逐渐疏远。在写给儿子赫尔穆特的信中，霍森费尔德试图打消儿子的担忧，告诉他这种担心是多余的："至于我，我已经告诉了你母亲，我在这里有我自己相熟的人，包括一个我特别欣赏的女性，但仅此而已。你母亲把这件事看得非常严重，担心我们的婚姻和家庭幸福会受到威胁。但其实根本不会，就像她与中尉的关系也同样毫无影响，不会对我们造成任何威胁的。"霍森费尔德进一步肯定地说，他对安娜玛丽的爱，只会由于分隔两地而变得愈加强烈。他认为很少有婚姻可以像他们这样地和谐幸福，偶尔发生的冲突只是源于他们俩不同的性格特征和差异化的处事方式，不代表其他任何问题。

事实证明，父母之间并没有出现儿子所担心的裂痕，也没有出现长期的疏远。然而，近期又发生了一件他们都充分关注的事件。1941年5月10日，纳粹德国的副元首鲁道夫·赫斯乘坐战斗机独自飞往英国，随后跳伞降落在苏格兰。这件事发生得迅雷不及掩耳，在各地都引起了轰动。安娜玛丽写信说，在富尔达，有人因为发表了这方面的一些敏感言论而被逮捕。而她认为赫斯，这位希特勒的副手，是"一个绅士的、有同情心的人"。

当此事第一次被报道时，霍森费尔德就产生了质疑，他不相信希特勒提供的解释版本。希特勒对外宣传赫斯精神错乱，但霍森费尔德不这么看，他也表达了对这一行为的看法："一个精神错乱的人不可能完成飞往苏格兰的任务。但一个头脑清醒的人一定会告诉自己，他这样做正在对他的祖国造成巨大的伤害，这是百害而无一利的。"在娱乐室里，他与其他军官讨论这一事件时，他开玩笑地说，赫斯肯定很清醒，他是自己想要逃往英国的。不久之后他的猜想就得到了证实。

人们仍在密切地讨论着此次鲁道夫·赫斯神秘逃往英国，东部战役的准备工作也在紧锣密鼓地进行。霍森费尔德认为，毫无疑问，对苏联的攻击最多只是几个星期之后的事。在前往一个哨所的路上，他看着越来越多的部队越过维斯瓦桥向东走去。"我下了车，在路边站了将近一个小时，一直看着路过的军队。迎接他们的会是什么呢？我很想和他们一起去。"

几天来，军车的动静和马蹄声一直在他耳边响起，他无法将自己的视线从行军队伍中移开。"我与行军士兵们并肩而行了一段路。我想和这些年轻人握握手，他们都是好小伙子。他们已经行进了30公里，应该是彻夜未眠。凭借口音，我认出那位骑马的中士是黑森州人。在他旁边有一匹带着马鞍的马，没有骑手。只要一跳，我就能越到那只马鞍上。"

1941年春天，当时的霍森费尔德还不可能知道，那些士兵们即将踏入完全未知的险境。在开始之前大家的讨论中，这场战争就被定下了残酷且艰难的基调。虽然霍森费尔德有大量的任务要完成，但他的心已经随着集结的部队奔赴前线了，没有多少东西能吸引他留在华沙。然而，他既没法回到塔劳，也没有被部署到前线。他在给妻子的信中说："我更深刻地体会到与你分离的痛苦，尤其是在我工作时、赶路时，还有苦闷时。"此时霍森费尔德已经年近46岁，但他并不觉得自己年龄大了，他认为自己的身体状况很好。"我身边没有你，所以心中的刺痛始终存在。当我看着宽阔的河面，带白帆的船只驶来，海鸥和燕子在水面上俯冲，夜莺在柳树丛中歌唱。如果能和你坐在这里，感觉到你的手被我紧紧握住，听到我们的心在一起跳动，那将是多么美好的事情啊！我觉得，与你在一起就是我的梦想。但如果像现在这样，那所有的东西都是贫瘠又空虚的，没有灵魂。"

霍森费尔德的上级欣赏他的能力，希望把他留在身边，所以他失去了上前线作战的资格。他们在推荐信上对霍森费尔德的评价很高，希望他留在华沙，依靠他的组织才干和军事技能大展拳脚。营长为霍森费尔德写晋升中尉评语时说："霍森费尔德是一位活跃、多才多艺的军官。"曾经担任过新兵训练员、排长和副连长，这些都证明了他的能力与水平。他的团长也给出了同样优秀的评价："军事能力非常出色，在前线时精力充沛，态度自信。他是一名优秀的教官。之后作为副连长时，任职期间表现得非常出色。"

团长把霍森费尔德留在华沙，更主要的原因是希望霍森费尔德大力做好这里的体育建设。1941年5月25日，一个大型的体育节——人民运动日顺利举行，霍森费尔德组织了多场比赛。党卫军、安全警察和希特勒青年团中的体育协会会员体育爱好者参加了这次体育盛会。关于当天在体育场举行的演讲，他在日记中说道："这些演讲并没有做到深入人心，安全警察的上校没有做到，希特勒青年团的演讲人同样没有做到。"在1941年5月31日写给妻子的信中，他描述了他身为体育官员的任务："司令部的体育团体扩展到20个左右，我需要协助各个团队，这些团体和组织处于华沙市内和周围地区。此外，我还负责体育设施的管理和监督。但我工作中最核心的还是体育项目本身，其中包括田径、足球、手球、网球、游泳以及水上运动。我经常来回奔波，间隙时还要给指挥官或他的副手做汇报……明天是游泳池和停船库的落成典礼，典礼后还举办游泳和划船比赛。"停船库离维斯瓦河不远，赛艇和帆船也是运动项目的一部分，这些都是霍森费尔德在任期间逐渐发展出规模的。很快，许多士兵就参与到了这些新项目中。

然而，霍森费尔德与波兰总督府的体育专员尼夫卡博士发生了冲突。这位尼夫卡博士是一名德国民政部门[1]官员，是霍森费尔德在民政部门的直接联系人。尼夫卡博士要求他将所有代表波兰的标志从体育场中移除。根据他的要求，所有体现波兰民族和文化的因素都应该被抹去，包括波

---

1 德国民政部门指德国在占领国波兰的行政管理机构。——译注

兰作曲家弗雷德里克·肖邦和民族诗人亚当·密茨凯维奇的纪念碑也要搬出体育场。霍森费尔德坚定地回答说，德国人必须尊重一个民族的文化成就，即使我们与之交战。一个文明的国家会尊重全人类的文化财富，而不是破坏它们，否则这难道不是重新陷入野蛮状态吗？他在日记中写道："就是如此这般妄自尊大，自命不凡，所以德国人才倔强地相信自己可以赢得战争。"然而从他的日记中我们并不能确定最终情况是否如他所愿。

现在，霍森费尔德对纳粹制度的批评变得越来越清晰和尖锐。德国电影《克鲁格总统》是20世纪40年代最受欢迎的故事片之一，讲述了英国人在南非对布尔人的暴力战争与残酷压迫。他对这部电影感到非常不满，他愤怒地问道，是谁给了德国权利制作这样一部反英宣传的电影。"德国对波兰人的灭绝屠杀，尤其是对犹太人的野蛮行径，难道不是和电影里的一回事吗？所以只能说，一切对我们有利的东西，不管是胡编乱造的谎言还是虚伪的杜撰，都可能被战争宣传所利用。这部电影当然会产生预期的效果，使得广大的德国百姓认为英国人是冷血的怪物。但那为什么元首还要如此努力地与英国示好结盟？1933年到1938年，我们急切邀请成为盟友的对象不也是这些'暴力血腥'的英国人吗？"

"针对波兰人和犹太人的灭绝屠杀"——他日记中的这段文字清晰地记录了纳粹的罪行，铁证如山。现在，霍森费尔德在负责体育活动之外，还担任了毒气防护官员的新职务。于是，1941年5月的最后一个星期，他前往帕比亚尼采参加培训课程。下了电车后，他遇到了约阿希姆·普鲁特的女儿，她邀请他去父母家中做客。在故地与朋友重逢，那种亲切的感受十分美妙，所以他不由分说决定留下来，在这里多住上一段日子。

霍森费尔德本来计划住在一座工厂的房舍里，当时在帕比亚尼采工作的时候，他就是把这一座工厂改造成了波兰战俘的营地。现在这些建筑成为了沃利尼亚德国人迁居到此的住所，以政治宣传为目的的电影《回家》讲述的就是这些人的命运：这些德国人从19世纪起定居在沃利尼亚，这片地区原先属于波兰，电影拍摄时划属西乌克兰。他们暂时搬来这里，等待之后搬进瓦尔特高地区新建的房子。霍森费尔德故地重游，再一次来到了这片战俘营地。最初涌上心头的记忆便是那些在栅栏前乞讨面包的战俘，他们一直食不果腹，直到霍森费尔采取措施保障他们的食物供应。他还想到了先前他在营地里主持的祷告仪式，至今都令他深受感动。那位波兰守门人立即认出了他，那位守门人和妻子都很高兴，激动热情地接待了这位德国军官。之后，他看到在营地大厅里住着的那些沃利尼亚德国人，不由得为他们难过。虽然他们现在身份上被认可为"德裔侨胞"，但是他们的生活条件很差，并且前景一片渺茫昏暗。

走在帕比亚尼采的大街上，霍森费尔德注意到大部分的商店都已经归德国人所有。"波兰人的数量仍然很大，但他们所处的情况很糟糕，就像在其他地方一样。他们都低着头，缩着身子站在一旁。"他穿行过帕比亚尼采城中那一片居住了8000名左右犹太人的犹太人区。在路上，一个脸部皮肤粗糙、几乎毁容的老人帮他拿起行李箱，一名犹太警察为他指路。"成百上千的犹太人从我们身边走过，他们总是小心翼翼地脱帽，有些人在10步之前就已经把帽子摘了下来，宛如一个卑微的仆人。他们有的人负责制作飞行员的制服，从而获得食物和报酬。但凡能获得工作的机会就让他们满心欢喜。"然而，如果有犹太人想要反抗或者是不听从指挥，就会被押送去罗兹的犹太人区。罗兹这座城市现在有一个新名字叫利茨曼城，以希特勒的支持者、德国民族主义将军卡尔·利茨曼命名。

在罗兹这座城市，德国占领军围捕了超过20万名犹太人。与华沙犹太人区的情况类似，那里犹太人的生活条件同样如同炼狱。如果不幸被转移到罗兹，那么他们先会被安排劳动，之后再面临被杀害的命运。这个消息早已传开，所以霍森费尔德路过帕比亚尼采犹太人区时，他感到在那里的犹太人对自己的现状很满意，至少他们可以活命。然而帕比亚尼采犹太人区仅使用到1942年5月，随后大多数居民都被关进了海乌姆诺灭绝营（位于瓦尔特高的库尔姆霍夫市）。部分有工作能力的犹太人被押运到罗兹进行强制劳动，但后来也全都被杀害了。

霍森费尔德从帕比亚尼采回到华沙,此时的华沙就是一座被封锁围困的城市。军车封锁了各处的交通,街道和公共广场上行人车辆无法通行。在市中心,甚至有轨电车也被拦了下来。霍森费尔德努力让体育活动不受干扰继续举办。有时,他身上的工作太多、负担太重,令他应接不暇。他是个热心肠,很愿意为别人提供帮助,这就造成了很多不由他负责的事情最后揽在他身上,例如运动服和运动设备的申请,按照要求应该是民政部门负责的事,最后也是霍森费尔德办好的。

"我的日记本里已经有很多日期是空白页了。今天我在华沙看到了一个熟悉的词——基督圣体日(指1941年6月12日,一个天主教的节日)!这个词带来的想象是多么美妙啊,像一个遥远而美丽的魔法,一个几乎不真实的美好世界,以往关于这一节日的记忆在我心中浮现。"不久之后,他收到了一张女儿约林德的照片,照片上的她身穿白色礼服,出现在基督圣体日游行中。他手握着照片,这张照片让他感动得热泪盈眶。当他的儿子德特勒夫告诉他家里蜂蜜采集的数量趋于稀少、前景暗淡时,他回答说:"我很高兴花园里的花和果树都开得这么漂亮。我真希望现在能在家里,在花园和养蜂场里工作,但目前我还不能休假。我们的前景还不明朗,没有人知道在不久的将来会遭遇什么,一切都处于时刻准备着的警戒状态。"

霍森费尔德还给儿子赫尔穆特写了一封信,信中讲述了一个故事:他与一位19岁的年轻下士聊了很久的天,这位小伙子热切地想加入党卫军。霍森费尔德强烈建议他不要这样做,并惋惜地写道:"遗憾的是,这个年轻的小伙子完完全全被煽动了,激动的情绪使他失去了冷静的全局观念,不能区分什么是正确的,什么是错误的。"他还向仍在接受基本训练的赫尔穆特提出了建议:永远不要展露内心的优越感,应该多虚心服从,对待上级的指令都要清晰明确地回答"是"。父亲对他希望能尽快拿起武器奔赴战场的愿望表示理解,但又叮嘱他,要去做更重要的事情:"一定要抓住机会,尤其是抓住那些使你在职业生涯上大展拳脚的机会，抓住那些有助于你成为一名好医生的机会。"

随着1941年6月22日德军对苏联的入侵，大众心中的不确定性消散了，甚至进攻前世界范围内弥漫着的紧张局势也渐渐淡去了。这一天，霍森费尔德在日记本中写下："与俄罗斯开战了！"这次德国没有采取一直宣称的和平方式来处理，而是选择了希特勒想要的战争式对抗。在给儿子赫尔穆特的信中，他评述了眼下的军事形势："必须有一个激进的解决方案，而这只能通过武力来实现。"霍森费尔德说，现在是时候了，我们既要打败布尔什维克主义，也要击垮最后一个大陆大国的政权。他认为，英国仍然是德国最激进的对手，美国的宣战声明应该不久也会发布，苏联的失败将开启重构东部地区、权力重新洗牌的新格局。"我坐在收音机旁，听着与苏联首战的报告。俄国人已经等待了几个星期，终于迎来了我们的进攻。我们的进攻蓄力已久，是一记猛攻。"

斯大林原先确实已经从各种渠道收到了德军将会进攻的风声，但却一直没有确信。可以想象，这位克里姆林宫领导人并不想给希特勒任何采取军事行动的导火索。另外，此时近千名苏联军官，尤其是武装部队的领导层基本都被清算了。300多万德国士兵大军压境让苏联措手不及，因此，290万红军在最初几个月死伤惨重。

现在的华沙可以清楚地听到前线的炮声雷鸣。霍森费尔德预计苏联会对波兰首都进行空袭，第一批攻击没有多久就到来了。"我可以看到阳台上升起的烟云。紧接着，两架俄罗斯飞机再次飞来，飞得很高。第一批伤员已经被送来这里。现在战争也到了华沙。"在机场附近，一辆满载的电车被一枚航空炸弹击中，80多名乘客当场死亡。这让华沙百姓充满恐惧地联想到1939年9月德国对波兰的空袭。最近，霍森费尔德研究了德国国防军快速推进战线的新闻报道，他认为，战争行动可能只会持续几周。他给儿子赫尔穆特写信说，这就是德国军队的速度！很可能东线战役都还没召集他去前线就打完了。

与此同时，霍森费尔德已经接受了自己无法参与东线战争的事实，因为现在战争已经揭开序幕。他正在加紧训练运动员，希望他们获得金色帝国运动徽章，其中训练的项目包括跑步、投掷铁饼和标枪、游泳等等。1941年6月底，他前往柏林，参加在帝国体育学院举办的裁判课程。第一天，他就参观了为举办1936年夏季奥运会而建造的建筑设施，包括壮观的奥林匹克体育场和名为"体育之家"的帝国体育学院。"这是一个庞大的综合型建筑，设备非常完善。在接下来的几天里，我将详细了解这一切"，他告诉他的女儿阿内蒙妮。

安娜玛丽于1941年7月4日也抵达了柏林。霍森费尔德提前告诉妻子自己要去柏林参加课程之事，并建议她留出一部分钱，一起来柏林游览一番。培训计划之余，他有足够的时间与妻子一起逛逛柏林。夫妻俩去看了电影，也去剧院欣赏了戏剧表演。他们参观了位于柏林的纪念碑，包括位于菩提树下大街旁"新哨岗"纪念馆的一战阵亡者纪念碑，纪念碑前已经有人为第一批在东线战役中阵亡的德国士兵献上了花圈。这座纪念碑于1931年建成，站在碑前，霍森费尔德回忆起他在1914年至1917年间参加战斗的一幕幕景象。

这几天的早晨和上午他都在参加培训课程，内容包括理论和实操部分。在休息时间，学员们热切地讨论了目前德军在东线取得的显赫战绩。再加上德国国防军最高行政区司令部的大力宣传和一定程度上的夸大其词，点燃了培训班学员的民族热情，他们全都情绪高昂、热血沸腾。一些人已经在设想欧洲的未来，只有一个霸主——希特勒的德国。霍森费尔德说，称霸欧洲不是一个心血来潮的想法，早在多年之前拿破仑早有此意，希望他脚下的帝国称霸欧洲，甚至世界。但与拿破仑不同，"今天我们有完全不同的状态和更强的实力"。

安娜玛丽在柏林待了一个星期，随后夫妻俩又分别了。她离开帝国首都之后往西边出发，而她的丈夫则向东出发。在华沙，霍森费尔德立即投身到"国防军比赛日"的准备工作中，这场活动计划于夏末举办。但霍森费尔德刚在华沙安顿完毕，就被安排前往德国城市策勒，他要在那里的陆军防毒学校参加另一个为期三周的课程。因为希特勒自己在第一次世界大战中曾经有过遭受毒气袭击的经历，所以他尤其看重毒气防护，强调做好德军的防毒准备工作。

对于霍森费尔德来说，处理防毒事务更像是一件苦差事。操作防毒面具，在紧急情况下调配各种化学战剂……这些工作都不适合他，可以说这项附加的工作完全是上司安排给他的。1941年7月23日的策勒之行，是霍森费尔德额外获得的前往德国与家人见面的机会。安娜玛丽想来看望他，并带上了他朝思暮想的孩子德特勒夫、约林德和乌塔。他们母子四人于7月底抵达策勒。前一天晚上，霍森费尔德又一次感到头晕目眩，和之前的痛感一样。但他只选择向日记倾诉了自己的病痛，没有让家人担心。霍森费尔德和家人在一起度过了将近两个星期的时间，之后安娜玛丽带着孩子们回到了塔劳。

在一次与家人的电话中，霍森费尔德得知大儿子赫尔穆特现在身处爱尔福特，即将前往东线战争的前线，于是他改变了自己返回华沙的计划，与赫尔穆特约定在爱尔福特见面。安娜玛丽与德特勒夫也一起加入了送别行列。1941年8月14日，赫尔穆特准备出发，一家人依依话别。临别时，母亲让赫尔穆特来到她身边，往他的枪管里插了一朵玫瑰花。她用恳求但又坚毅得近乎命令般的语气说："赫尔穆特，你不能用它向任何一个人开枪！"父亲霍森费尔德写道："我们是多么高兴，能争取到最后的时间在出发前和大儿子待在一起，我们一直陪他到火车上。他坐在车厢门前露出的可爱面孔一直浮现在我的脑海里。火车无言地离开了，我多想跟着一起跑，再看他一眼！一种巨大的痛苦充满了我的心。"

随后，霍森费尔德在返回华沙之前又回塔劳待了两天。这两天里他和德特勒夫一起处理取出的蜂蜜，将蜂蜜用旋转离心的方式提纯。霍森费尔德很喜欢这种"闲适的、富有生活气息的工作"。返回华沙后，霍森费尔德一直安抚妻子，他安慰道：他们的儿子在东线一定会平安无事，赫尔穆特未来肯定会平平安安地回家。在回程中,他意识到妻子除了担心赫尔穆特的安全之外还有其他的负面情绪,这一次是对他体育官员工作意义的不解。安娜玛丽曾问道,这些士兵一边用体育运动锻炼身体,另一边又牺牲于战场上手枪大炮的子弹火药之下。这有什么意义?!此时在华沙,国防军运动周被无限期推迟了,但常规体育活动继续进行。

8. 宽容与慈悲——"是谁教会了我们仇恨？"

1941年夏天，霍森费尔德当上了体育学校的校长，管理华沙体育学校成为他工作的重点。现在，他组织的体育活动已达到了相当大的规模；此时的他还身兼毒气防护官员；与此同时他甚至还要负责监督警卫的工作。由于华沙突然遭到空袭，他要制订有效的防空计划，提出可行的方案，所以最近他经常出现在司令部办公室。他的上司瓦尔特·冯·翁鲁少将不断将新任务

1941年8月，霍森费尔德（左）和妻子在爱尔福特送别他们的儿子赫尔穆特（位于德特勒夫正上方）

交付与他。显然，将军很欣赏霍森费尔德的组织才能和对待工作的热情。

司令部认为举办体育比赛不仅能丰富士兵们的日常生活，同时也能提升自己的声望。在1941年8月23日和24日举办的游泳和田径锦标赛上，霍森费尔德作为裁判均全程参与。当天，霍森费尔德还出席了总督府民政部门举办的招待会。霍森费尔德告诉妻子，担任体育官员的职务使他获得了更多与领导层打交道的机会。"我曾经不知道如何和权贵们相处，总觉得自己失去了自由，但现在我可以随心所欲。如果你对所谓的权威保持着批判性的精神，你就能直接看到他们伪装背后的真相。"他告诉儿子赫尔穆特："我现在就像在一座特殊的学校上课，实践和为人处世的经历是最好的学校，这就是我一直想要的。"

1941年秋季，霍森费尔德负责了一门针对军官和全体士兵的体育课程。他对此非常重视，精心做足了准备工作，他还招募到了一名体育教员负责课程的实践部分。为了开展课程中的讲座，他邀请了一些科学家和医生从德国专程赶来。霍森费尔德本人也参与了讲课。这种类型的课程是首次诞生，在总督府辖区内引起了轰动。课程一经面世，就有来自克拉科夫和其他城市的很多同事来询问霍森费尔德课程细节，这份火热让霍森费尔德产生了推广此类课程的想法，他希望在其他地方也举办类似的培训课程。

因为儿子赫尔穆特在东部战役中出征，所以尽管体育是他工作的重点，但他依旧特别关注德军和苏军的战局。早在1941年9月中旬，霍森费尔德对德国国防军在东线大获全胜的信心就已经褪去了。霍森费尔德低估了苏联红军的战斗士气，他原以为推翻苏联的政体轻而易举。而今他自己反省，由于在西线战争中德国对法国的进攻取得了绝对的胜利，所以他掉以轻心，产生了错误的结论。那时轻松取胜其实很大程度上是因为法国厌战的消极态度和双方兵力的差距。"这次东线战争中，我们面对的是人数众多、武器精良的敌人，苏联广大的面积也给它提供了帮助。如果我们不能在秋天拿下改变命运的那个转折点，那么德军在东线地区的战役将凶多吉少。"

霍森费尔德告诉妻子，战争可能会拖很长时间，他估计战局发生转折还需要一定的时日。但是，他继续耐心地安抚她："你不必担心那么多。我也和你处于相同的境遇。晚上，每个人的状态都会改变，仿佛和白天的自己不是同一个人：当夜深人静躺在床上时，负面糟糕的想法就容易侵袭我们的心。"安娜玛丽经常告诉霍森费尔德那些她听到的消息，比如故乡塔劳的小伙子战死沙场，或者是相熟的朋友、有过一面之缘的友人不幸阵亡等。每一条消息都使她悲痛欲绝，彻夜难眠。

最近，天主教战地主教弗朗茨·尤斯图斯·拉科夫斯基在牧函里把德军进攻苏联的战争描述成为"必要的'十字军'东征"，安娜玛丽问起霍森费尔德对此作何感想。霍森费尔德回答说，他反对"'十字军'东征"一词。毕竟，纳粹党在自己的国家里迫害基督教徒，他们并不符合十字军的教义。同时，他也很反对现在的仇恨宣传，他自己完全没有视那些被德军侵略的外国人民为仇敌："我对波兰人或俄罗斯人都没有任何仇恨。当你与他们面对面对视时，所有因煽动而产生的愤怒都会迅速地消失。有一次我看到一支运输队带来了被俘的俄国人，如果他们不是身着苏联制服，我觉得他们与我们没有任何区别。我们的士兵们也把他们当作自己人般对待。"

霍森费尔德一直对"敌人"和受纳粹政权迫害的人抱有尊重宽容的态度，同时也对他们充满深切的同情。之前在帕比亚尼采的普鲁特夫妇家短暂地住了几天后，他在日记中记录道："他（普鲁特）不相信德国会取得胜利，也不希望德国会取得胜利。作为波兰军官的他心中充满了强烈的爱国主义和对祖国的骄傲之情。虽然他不支持德国，但我们的亲密关系并没有因此受到任何影响，我们甚至越来越惺惺相惜。"

1941年夏天，当时霍森费尔德还没有对整个纳粹体系进行抨击，没有将战争中累累罪行归因为纳粹主义。他现在关心的是，如何用实际行动帮助那些受苦的人，哪怕是通过举手之劳。有一次，他与冯·霍伊瑙上校一起去华沙郊外的一个乡村庄园旅行，在那里，他看到党卫军从华沙犹太人区雇用了一些犹太人。他们像奴隶一样被关押着，如果他们犯了哪怕最轻微的错误，就会被送回犹太人区。"骑马后，有一个犹太男孩从我手中接过我的马,他看起来很友善。我给了他一兹罗提币,他用非常熟练的德语对我表示感谢。我为这些人感到由衷的难过与心酸。"

在华沙,霍森费尔德从市场上买完水果后,目睹了一件与瓦迪斯瓦夫·什皮尔曼之前经历的如出一辙的惨案,唯一不同的是,霍森费尔德站在犹太人区的墙外。一个犹太男孩匍匐着穿过围墙上的一个洞,想把土豆偷运进犹太人区。在他爬回另一边时,一名安全警察发现了他,把他扔到地上,狠狠地打了一顿。"我看到孩子短裤下露出的瘦弱的腿和他埋在宽大长外套下恐惧的脸。我想到,我的德特勒夫也是这般年纪,在人群里看到一个和我儿子差不多的男孩即将遭遇险境,这让我脊背发凉。我真想走过去,送给那个男孩一个苹果。我对我的身份感到羞耻,因为我们恰恰是那些要为这种惨案负全责的人,也是那些漠视这种不幸,拒绝施以援手的人。"

1941年10月初,霍森费尔德获得了为期两周的探亲假,可以回到塔劳。在那里,霍森费尔德得知了一件令他震惊的事:一名年轻的波兰女性已经在伦山区的一座农场中强制工作了两年,大家都公认她是一位勤劳能干的好女孩。但有一次,她忘记佩戴一枚紫色的P字样徽章,这枚徽章由当局统一发放,要求每个在德国当劳工的波兰人别在上衣上,标记自己波兰人的身份。仅仅因为这个微不足道的失误,一名德国辅警便将她打得血肉模糊。她身旁的农民和农妇一直在冷漠地观看。"邻里之爱和人性的高尚已经在德国民众中荡然无存了。这些所作所为展现了人类道德的原始水平,很遗憾,我们已经沉沦到这种程度了。"

从东线回来的伤员带来了很多最新消息,他们是重要信息来源,告诉其他人战争的进程和德军所犯的罪行。他们都在华沙的军事医院接受治疗,如果身体条件允许,医生会为他们开出证明,说明他们适合再次前往前线。在与他们的谈话中,霍森费尔德还听到了一些关于德军几次败仗的细节,但当局并不希望这些消息传播出去,他们暗自把它压了下来。一名下士还报告说,在国土归属有争议的地区,游击队遭遇的危险大大增加,几乎每天都有破坏行为、斗殴和大规模屠杀事件发生。霍森费尔德写道:"我听说又发生了一次对犹太人的枪击滥杀事件,这实在让我痛心至极。在白俄罗斯的戈梅利,5000名犹太人被枪杀,其中包括手无寸铁的妇女和儿童。这已经不再是国家之间战争的范畴了,而是赤裸裸的屠杀。我感到深深的无力与沉重。难道在痛下杀手的时候就没人想一想,他们未来不会以牙还牙,报复我们和我们的孩子吗?"

"午餐时我们讨论了射杀犹太人和囚犯的话题。"他在日记本中用简短的句子记录了发生的事情。在与战友们交流想法时,霍森费尔德并没有把他的观点藏在心里,而是强烈谴责了德军对波兰平民百姓、犹太人和战俘的血腥杀戮。他并没有谨言慎行,畏首畏尾,而是不惧权威,勇敢发声。妻子担心他的安全,提醒他注意,告诉他审查员之前曾经打开过他的信件进行突击抽查。但这并没有让霍森费尔德克制自己,他向安娜玛丽坦言,他对未来的发展态势非常担心,他在身边看到了太多粗俗的举止、愚蠢的思想、满口的谎言和自负的狂妄。这场战争充满了不公正。国家宣传的喉舌只知道口若悬河,但实际上只是纸面上的文字英雄而已。

宣传部部长约瑟夫·戈培尔在讲话时再次强调了德国国防军目前与苏联抗衡的优势。霍森费尔德却说:"但是,如果你看看我们国家内部物资的捉襟见肘,认识到其实我们没有能力战胜困局,只能制造恐怖、困难和饥饿;那么这时你就会得出结论,从长远来看,我们不可能一直如此顺利。"他的许多言论,如果被党卫军或秘密警察有心治罪,肯定会被认定为消极主义,没有乐观的胜利精神,结果可能会被军事法庭处以重刑。

霍森费尔德对华沙军事医院的情况也提出了批评,那里的医护人员和药品都极度缺乏,伤员得不到充分的医疗护理,甚至食物的储存量也亮起红灯。他深深担心,如果在后方医疗护理条件都跟不上,那么天寒地冻的前线会是什么样不容乐观的景象。

这段时间,霍森费尔德常常被调至华沙主火车站对面的前线控制中心工作,这里是军队的枢纽。从东线返回的战士们陆续抵达这里;与此同时,新出发的部队正从相反方向汇聚于此。两股逆向而行的人潮数度导致交通停滞。一些从东线赶来的部队带来了需要修理的车辆，在修车的过程中，士兵需要等待一段较长时间。因此，霍森费尔德二话不说，当机立断批准他们中的一些人去休假，这些终于有机会休息一下的年轻人都非常高兴。对于其他留守的士兵他也组织了专人陪同，让他们不会在等待期间发生骚乱。据他说，一旦发生骚乱，通常会以军事法庭裁决来解决。最后，前线控制中心的交通顺利恢复通畅，他的上司冯·翁鲁少将很满意。

"在波兰首都，灯柱上飘动着纳粹万字旗。"1941年12月3日，霍森费尔德用这句话作为一封信的开头，这封信中他主要向妻子简述了在华沙举办的德国文化周。德国作为波兰的占领国，也希望能够向波兰人呈现德国的文化特色，因此举办了这场文化周活动。活动样式丰富，包括读书会、电影和戏剧表演。许多被纳粹高层青睐的艺术家和作家在文化周上进行表演，例如在电影和戏剧界大受欢迎的演员海因里希·乔治，他在此朗诵了诗歌。霍森费尔德觉得这次的文化周没有什么可圈可点的地方："每一处都充斥着太多媚俗的辞藻、傲慢的姿态和装腔作势的行径。"

不过，他确实完完整整地观看了其中一部电影：《我控诉》。这是一部在1941年完成的故事片，由沃尔夫冈·利本艾纳执导，宣传了纳粹主义者的安乐死计划。"这部电影演技、技术上都很好。但现在是在战争时期，为了国家的利益，数以百万计的年轻生命被夺去了。此时上映一部试图证明医生有权利用安乐死缩短不治之症疗程的电影有什么意义？现在，在战争年代，在这个没有精力考虑到每个人的生命安危，在我们自己的同胞和敌军士兵全都死亡无数的时期，居然还要赞美死亡吗！在国内，被俘的俄罗斯人受到屈辱的对待，我们竟然任由他们饿死。这是多么令人厌恶、多么不人道的事情！我只能说，这种情况在我国发生，我们都应该深感羞愧。"

霍森费尔德从各种渠道了解到，苏联战俘被饿死的人数竟以十万计，而这次惨无人道的悲剧正是提前计划好的。安娜玛丽也听说了囚犯大规模饿死的惨剧，有挨饿的囚犯说："格斯菲尔德这座监狱一定有饿死我们战俘的计划。他们削减我们的黄油和面包配给，不愿意承担'累赘'的债务。"

和她的丈夫一样，安娜玛丽也常常震惊于战争带来的灾难，而最让她胆寒的是赤裸裸的人性之恶："难道就没有人愿意站出来，让这些被蒙骗的人看看现实的真相吗？世界上的良心消失了吗？这个世界为什么不能永远由爱、由理解、由善良和相互信任来统治？对我来说，为了远亲近邻也能获得和平，我乐意做出牺牲，自己承担苦难。究竟是谁教会我们，唆使我们去憎恨那些我们根本不认识的人？"

有一次，霍森费尔德为坚守在华沙的士兵举行了晨会。把大家都召集在一起后，霍森费尔德用浅显简明的话发表了一篇讲话，趁着他们回到前线之前，霍森费尔德给他们讲了讲自己对生活中一些细节的思考。在讲话过程中，他感觉到大部分年轻人都很渴望获得精神上的启发，几乎都全神贯注、充满感激地听他讲话。此刻，在战争和破坏之外，他就是一个带来积极影响的和平传播者。他给家里写信，信中写道，他感觉自己是个牧师，他在上面讲述着他的感受，而听众们都专注地聆听。这样的成就感使他热切地希望晨会越办越好。只要他一回到塔劳，就想找一些文献回到华沙，为今后的晨间讲话准备一些丰富优质的材料。

1941年12月8日，他面临着一项新的任务挑战：要延续上次的成功经验，为军官和士兵举办第二次体育课程，而这次课程将持续到12月19日。在这期间，日本突袭美国夏威夷珍珠港海军基地的消息瞬时爆出，这则新闻令全世界震惊，而美国也以对日宣战作为回应。德国作为轴心国的一员，为支持日本，也反过来对美国宣战。一条新的战线又开辟了，领导层穷兵黩武，现在已经开辟到第几条了？霍森费尔德明白这场战争意味着什么："新的世界格局决定了要打这场仗。这一次，它将带给我们厄运。"在霍森费尔德用来记录短文的笔记本上，他又写下了自己的观点："这场战争对德国来说是一个天大的打击，最优秀的人上了战场，而渣滓被平安地保留下来，选择完全颠倒了。讽刺的是，这与纳粹主义一直宣传的'种族筛选理论'完全背道而驰。"

他在给妻子的信中说，他听说了希特勒对美国的宣战，感到很惊恐，他们和许多德国人都暗暗担心的事情现在已经成真了。他非常担心赫尔穆特的安全，然而却很无力，因为他不能为赫尔穆特做任何事。他正在努力调整心态，对抗笼罩着他的负面情绪。他写道，如果不是因为正在值班，他恐怕会心乱如麻地坐在角落里，愣愣地盯着墙看。

12月末，霍森费尔德在塔劳和家人们一起告别了1941年。霍森费尔德的上一次休假相隔不远，也只是两个月前，他是全营唯一一个将军连续批准回家休假的军官。这种对霍森费尔德的偏爱无非是对他本人非凡成就的褒奖。

9. 与纳粹成员的决裂

霍森费尔德比其他许多人更早、更清楚地预料到，美国参战后，国防军的失败很快就会到来。但是作为一个爱国者，也作为一个基督徒，霍森费尔德仍然热切望德军能够战胜斯大林和布尔什维克主义，但德方的有利条件在明显减弱。与此同时，与轴心三国德国、意大利和日本交战的国家数量已经上升至26个。1941年底，德军由于缺乏对苏联首都进行一记全力猛攻的力量储备，于是决定在莫斯科城外盘踞了下来。很明显可以看到，德军对于东线战役所做的准备工作完全不充分。最高陆军司令部根本没有计划过会进行冬季战争，武器、弹药和燃料的供应都是相当大的问题。士兵们饱受极寒之苦，缺少冬装；冻结硬挺的地面使德军完全失去了挖掘掩蔽所的可能性。

通过广播，宣传部部长戈培尔呼吁民众为士兵捐献保暖衣物、毛毯和滑雪板。募捐活动从1941年12月27日开始，持续到第二年1月的第一个星期。就连在塔劳，各家各户的募捐包裹也霎时间堆得满满的。安娜玛丽已经很明智地事先给儿子赫尔穆特寄去了自己编织的手套、护腕和其他毛织品。然而，在是否要寄滑雪设备这件事上，她和她的丈夫没有达成一致。安娜玛丽主张把滑雪设备也寄过去，霍森费尔德提出了反对意见："我想我们给赫尔穆特寄过去的东西，即使是给两个人分也足够了。"最后，还是安娜玛丽说服了丈夫，一并把滑雪板也寄向远方前线。

1942年的一开始，霍森费尔德就获得了一个天降惊喜。当时的他刚刚回到华沙，还没有适应休假后再度开展工作，这时儿子赫尔穆特突然从普拉加区打来了一个让他惊喜万分的电话。"这里是下士赫尔穆特·霍森费尔德",在电话里,赫尔穆特如此自报家门。他正和两名战友从东线战场返回德国卡塞尔,他们将在卡塞尔参加一个医疗课程的进修培训,而去卡塞尔前要先在华沙稍作休息。霍森费尔德热情地迎接了他们,并把他们带到司令部。他们在一起待了三天,其间父子俩有说不完的话,儿子激动地讲述前线的战报,父亲讲述他在波兰举办的活动。霍森费尔德的挚友冯·肖内夫妇家中举办了一场赫尔穆特的欢迎晚宴。"夫妻俩热情的款待和他们对战争经历的强烈好奇让几个男孩受宠若惊,男孩们是整个晚上的焦点。他们像小时候的乖孩子一样被长辈们赞美着,服务着,疼爱着。"

在给妻子的信中,他对这次与儿子的见面表现得激动万分,这次见面给他带来了由衷的幸福和快乐。他在自己的日记中坦言:"我们分别的时候简直就像两个亲爱的老战友,不像父亲和儿子。同款的灰色制服让我们变得很相似。"然而他们之间亲密友好的关系绝不仅仅源于相同的制服。霍森费尔德对儿子的关怀细致入微,甚至几天后,他还在后悔忘记了给儿子准备路上吃的饼干和苹果。不仅是大儿子,

惊喜的来访:赫尔穆特从俄罗斯返回德国,在华沙,他见到了自己的父亲

115

他对他的每个孩子都展现出浓浓的爱意和深切的感情，即使他无法陪伴在他们身边。

在家乡塔劳，安娜玛丽知道赫尔穆特回来了，她欣喜若狂："他站在厨房里，仍然穿着制服大衣和帽子，腰间系着皮带。再次见到他是多么值得庆祝的事情！"赫尔穆特讲述了那段动人心魄的东线之行，讲述了在华沙的时光，一次又一次地提到他的父亲。"赫尔穆特非常敬佩你：精彩的体育项目，你的公寓，你的活动，还有你打交道的人。"安娜玛丽对父子俩变得如此亲密感到十分欣慰。"……我紧紧抱住了赫尔穆特。你可以为这个儿子付出这么多，今后你一定要陪在他身边再多一点！"在塔劳住的几天中，赫尔穆特也担起照顾弟弟妹妹的责任。他陪约林德和乌塔开开心心地做游戏；晚上，他和德特勒夫一起练习勾股定理，研究数学习题。他的母亲给霍森费尔德写信，感动地说，他不为自己考虑，而只是一门心思地为弟弟妹妹们好。

目前来看，波兰首都司令部的工作开始相对轻松下来，没有什么紧急任务需要完成，与前一年的紧张节奏形成鲜明对比。由于冬季天气恶劣，体育活动开展得很慢。现在，训练一个"战斗特遣队"是霍森费尔德的工作新增项目。按照计划，这支擅长在开阔地形上移动的特遣队将独立于前线大部队行动。霍森费尔德利用值班时的空闲时间在华沙日记中写下了很多感想体会，这些文字大多篇幅不短。他总是把日记保留在衣袋里，直到1944年8月才一起寄往塔劳。有一次，他在日记中批评了某些德国人的自私，他们趁着救济机构寒冬为波兰妇女募捐收集衣物时，从工作人员那里顺走了毛皮大衣、毛领和其他贵价的衣服，然后将它们据为己有。

霍森费尔德一直保持清醒的头脑，经常会思考一些深入的话题。他这次仔细分析了纳粹政权的意识形态，发现了很多他们行为和口号之间的矛盾。他意识到，与雅各宾派和奉行其他主义的人一样，纳粹主义者也在大肆消灭不同意见者。"他们竟然会直接射杀异见者，甚至是对自己的同胞，但他们掩盖了这一切，向公众隐瞒了这一切。当局把这些人关在集中营里，让他们在那里慢慢自行灭亡。"他发现纳粹体系一方面与大资本家和企业紧密相连，但另一方面却宣扬国家社会主义；他们宣称赋予每位公民人格自由发展和行使宗教自由的权利，但却在迫害基督教会；它声称赋予有能力的人一展所长的权利，但能否行使这种权利全部取决于你是不是纳粹党的成员。"希特勒说自己愿意为世界带来和平，但同时他又疯狂地扩军。"希特勒宣称他从未考虑过将其他民族吞并入德意志，"但看看他又是如何对待捷克人、波兰人和塞尔维亚人的？"

霍森费尔德对"元首"的钦佩之情早已消退。他不喜欢希特勒对知识分子、普通平民和天主教中央党支持者的言语攻击，也不喜欢他对美国总统富兰克林·罗斯福和英国首相温斯顿·丘吉尔的侮辱性谩骂。1942年1月30日，希特勒在纳粹德国周年纪念日活动上出言不逊，嘲讽了罗斯福和丘吉尔，称他们是"胡言乱语的酒鬼""可悲的疯子"和"说谎的臣民"。安娜玛丽批评了希特勒演讲的侮辱言辞和他的自负自恋。与之相反，她对朴实的德国人民表达了欣赏之情："我为我们的人民感到无比的自豪。他们每个人都在履行自己的职责。我们德国人兢兢业业地工作和战斗，咬紧牙关，随时随地准备做出牺牲。"

霍森费尔德现在已经渐渐发现，纳粹主义者开始罔顾自己宣传的那些原则和初心，他们要求每个个体都要在战争期间为公共利益做出牺牲，比如即使是身体有缺陷的人也被征召进入国防军。他在日记中写下了一篇文章："……而在党务部门和警察部门，你会看到那些最健壮、最健康的年轻人在远离战火硝烟的地方'工作'。而这些人具体的工作是什么？是去剥夺波兰人和犹太人的财产，是将收集的物资据为己有，再恬不知耻地享受。犹太人没有东西吃，挨饿受冻，而他们却没有丝毫内疚，还在挥霍无度。"他还说，"高级军官、文职官员，甚至是他们的配偶都有数匹马供他们私人游乐享用，而打着仗的前线却严重缺乏马匹，这是多么重要的作战工具啊！这实在不可理喻。"

这篇文章成为霍森费尔德与纳粹党正式决裂的标志。1942年1月22日，在阿内蒙妮18岁生日时他给她寄去一封信，信中他再次感叹了他周围的人所遭受的痛苦。他描述了向窗外望去的所见所闻:"在我的窗前,载重运输车队浩浩荡荡向东前进。再向远望去,矗立着被烟熏黑的房屋残垣。在废墟之间,在厚厚风雪的遮盖下,这个城市的人们在无言地行走,他们冰冷而饥饿。沉重的士兵靴子在人行道上咚咚作响。风带着远方士兵的歌声向我飘来。孤独的我坐在苍白寂寞的墙壁之间。"

间或,霍森费尔德会参加一些阵亡士兵的葬礼。根据他的信息,在华沙每天有多达20名阵亡士兵下葬,葬礼几乎成了例行公事。"先挖几个又长又深的坑,最上面的冻土层需要使用爆破工具。棺材一个接一个地抬进来。音乐响起,士兵代表团放出象征致敬的礼炮,先是一位牧师讲话,然后是另一位讲话。由于参与了太多场葬礼,他们似乎已经不知道该说什么了。其中一口棺材有亲属送别,另一口棺材有几位战友陪伴出席葬礼,但是其余大部分死者都没有人陪同下葬。"

同时,霍森费尔德对德国国防军的报告抱有强烈的怀疑态度。因为霍森费尔德发现,报纸上德军在对战苏联中获胜的报道只得到了士兵们苦笑着的嘲讽。因为现实并不像报道那样光鲜,实际上士兵们都是丢盔弃甲,从苏联红军的战场中逃离出来的。"这些过早编织的桂冠,蔫儿了一样地挂在被解职的总司令冯·布劳希奇元帅的头顶上。而其他元帅也由于战争失利,纷纷下台了。"由于德国国防军未能实现征服莫斯科这个预定的目标,希特勒解除了军队指挥官的职务,并亲自接管了最高指挥权。

1942年1月底,霍森费尔德组织的体育课程再次开课了,这次课程的学员同样是来自不同编队的60名士兵,包括7名党卫军副官。这次的课程计划包括滑雪、滑冰,以及长距离游泳、体操、拳击、乒乓球和声乐,霍森费尔德对这些课程倾注了很多心血。他发现了许多学员中的人才,如钢琴爱好者、业余小提琴演奏家和吉他手,他也很用心地让他们在课堂上一展才华。在他的引导下,在体育学校的训练室内,漂鸟运动的队歌和雇佣步兵军歌余音绕梁。课程中,霍森费尔德穿插的演讲也大受欢迎。他解释说,你只要对自己的专业有信心,并坚定地提出想法,付诸行动,那么你一定会收获一批支持者。"在我所有的演讲中,我都不使用那些空话套话,而是用例子和清晰简单的简短话语来说服大家。同时,我还经常通过提问和回答听众问题的方式来帮助大家集中精力跟上内容。"

霍森费尔德还单独为德国国防军的新闻助手团开设了一个体操课程,这个团里都是女孩。霍森费尔德先尝试选了几个女孩自己带队排舞,或者练习几首民间舞蹈,但都遇到了困难。虽然她们中的大多数人在德国少女联盟[1]中表现踊跃,但他发现女孩们对体育和文化方面似乎没有表现出什么兴趣,也没有什么基础。因此,霍森费尔德聘请了一名波兰体操老师来帮助大家排练,他还安排波兰体操学校的女孩进行展示表演。"我们保守的德国女孩感到很惊讶,那个波兰女生居然跳得那样富有青春活力!"在这位波兰女孩的帮助下,他们终于成功地完成了舞蹈表演,节奏明快,美不胜收。

在工作中,霍森费尔德系统性地扩大了体育活动的项目数量与规模,也调动了士兵们参与的积极性。体育中心非常繁忙,不仅是工作日,就连周日也满满当当、门庭若市。"我已经为这里所有的运动项目设立了一个统筹管理的中央办公室,"他向塔劳的家人讲述道,"不久,我们将出版一份小型报纸,如果有对体育感兴趣的士兵,可以通过这份报刊获得资讯。"在写给妻子的信中,他想象着如果妻子能够过来华沙这边陪伴他一起工作,那么他会多么幸福啊。但从理性的角度考虑,她还是留在家中更要紧。尽管体育活动在他的帮助下走上正轨,但他认为自己的成就其实不足挂齿:"我想在这里一丝不苟地履行我的职责,成为德国人民的好同志和好榜样,唤醒他们的精神力量,使他们做好准备,满足我们战士提出的期待;并且做好准备,迎接未来的一切挑战。"

---

[1] 德国少女联盟是纳粹德国希特勒青年团的青年女性分支组织,成员年龄在14岁至18岁之间,是纳粹德国唯一的女性青年组织。——译注

这段时间，霍森费尔德的休假申请已经很久没有批复了，因此近期没有回到家乡的可能，于是霍森费尔德考虑把妻子带到华沙来看一看。但这个计划一开始就遇到了重重阻碍。目前当局严格禁止军官邀请家属前往他们在国外的工作地点。任何此类申请，哪怕是暗示都被明确地拒绝了。安娜玛丽来到华沙的最基本条件是要获得入境许可，这份许可证只由波兰克拉科夫的护照办公室签发。为了能够规避禁令见到妻子，霍森费尔德采取了另一个方法。他从1942年4月11日起要在波兰的扎科帕内参加一门体育器材培训课程，扎科帕内是位于高塔特拉山旁的著名疗养胜地。由于这次课程，他可以获得一份入境许可。他把这个消息告诉了妻子，也告诉了她一些长途旅行的建议，顺便再介绍了一下扎科帕内。"当然，这件事不能让我的上级知道任何风声。"她所要做的就是大胆一点，激发自己的冒险精神，然后一切都会顺利进行的。

霍森费尔德没有想到，克拉科夫的护照办公室会立刻联系他的上级冯·翁鲁将军。霍森费尔德离受罚几乎只有一线之隔，而现在，他也的确不得不听从上级的训斥。将军的副官建议他不要做傻事："……我建议你告诉妻子取消这次出行。否则，我想将军会以不服从命令的罪名把你关起来！"

起初丈夫告诉她可以这样见面时，安娜玛丽曾犹豫不决，但后来她还是决定赌一把，冒一次险。能够再次与丈夫团聚的机会实在太诱人了。她查清楚了火车线路，并特地买了一件新衣服和一顶相配的帽子。日期越近，她的心情就越激动，期待就越强烈。所以，当霍森费尔德告诉她这次见面可能将会取消时，她无比失望。她绝望地写道，自己清楚地感到情感的空虚，开始怀念霍森费尔德的拥抱，甚至没有他就无法生活。在这之前，她曾数次让他一定要尽全力令两人能够见面。"我很想分享你的生活，但我们真正相处的时间太少了，甚至与你在一起的这种感觉对我来说都是陌生的。我心里一次又一次地涌起巨大的恐惧，担心时间会使我们分开得越来越远。"

安娜玛丽再也不想接受战争强加给她的分离了。但是她是坚强的，随着时间的推移，她学会了更好地处理这份痛苦。这一次，她选择投入到园艺工作中，空闲的时候松松土，播播种，清除杂草，直到紧张和痛苦的情绪消失。她需要借由这些放松的工作来重新找到平衡："你看，维尔姆，我在任何情况下都努力履行好自己的职责，做好每一件身边的小事，这对我的帮助很大……"

霍森费尔德对无法见面也非常失望，他害怕妻子因为无法调节情绪而独自在塔劳忧心忡忡、沮丧不已。扎科帕内的课程直到1942年4月22日才开始，但当时的他已经完全对此失去了热情。最终，安娜玛丽竟然还是收到了入境许可，事发突然，这个惊喜让她完全没想到。而妻子突然获得允许的原因霍森费尔德并没有记录。据我们推测，霍森费尔德没有放弃，抵达扎科帕内后立即联系了那位签证专员。最终经过霍森费尔德的努力，这位官员还是签发了文件。霍森费尔德把这个好消息用电报发给了富尔达的地区办事处。电报被转给安娜玛丽，收到消息的她在几小时后就回复了自己到达克拉科夫的时间。1942年4月24日星期五，霍森费尔德在克拉科夫接到了他的妻子。"她想飞奔过来扑到我的脖子上，但我只能让她下来，因为我们见面的事不能那么显眼高调，以免引起别人的注意，因为这是一项遭到禁止的行为。"

4月底，在霍森费尔德事先已经被明确警告了的情况下，安娜玛丽还是跟着他到了华沙，这无疑增加了被发现和惩戒的风险。安娜玛丽为了更加低调，甚至只能在霍森费尔德工作的体育中心过夜。在参观霍森费尔德自己的办公室时，她十分感慨，丈夫竟然布置得如此朴素：墙壁光秃秃的，家具也很简陋。她想象中的情况和这里完全不同，她以为办公室里会装饰得更加舒适和惬意。这次是她第一次亲眼看到霍森费尔德经常在信中描述的体育设施和办公室全貌。

5月1日，夫妻俩在华沙中央火车站与他们的长子赫尔穆特告别。赫尔穆特已经在卡塞尔完成了救护员培训，现在正从卡塞尔前往乌克兰东部前线，途经华沙。他们给赫尔穆特塞满了食物和小零嘴。一周后，安娜玛丽返回德国，她的三个孩子德特勒夫、约林德和乌塔在富尔达的车站欢迎她。

"家里多么美丽啊！遍地绿草如茵，繁花似锦。樱花树盛开，鲜花在草地上闪闪发光。花园里万物复苏……我的维尔姆，我的生活比你在那无聊的军营里好得多。"几周后，霍森费尔德惊讶地得知他的一位上级其实对安娜玛丽前往华沙的事了如指掌。但他的上司曾向另一位士兵保证，他不会透露此次安娜玛丽来访的任何信息。

1942年5月中旬，一项重大的体育赛事让霍森费尔德精神高度紧张：月底，来自国防军、安全警察和党卫军的体育团队将在华沙郊外进行全长60公里的接力比赛。这项比赛由霍森费尔德提出构思，也由他负责活动的筹备和运行。海报和优胜者证书的设计、扩音器系统的安装铺排、路线标记、医疗陪护人员的组织等等——在总共七支队伍走上起跑线正式比赛之前，这一切都必须在一系列的会议上规划得滴水不漏。宣传部的一个摄影小组用相机记录下了这场比赛，用于后续的新闻发布。

他喜欢组织这样的体育活动。当一切都顺利举办时，他总是幸福而欣慰。一丝不苟地完成工作之余，他也在继续密切关注周围的一切，倾听无助的哭声。他在自己的华沙日记中记录道，在罗兹，为了清算三名安全警察的死亡，共有一百个无辜的波兰人被枪杀。在华沙也发生了这种因为报复而滥杀平民的行为。当局希望借这类的警诫活动，在民众中传播对权威的恐惧与臣服。然而这种效果并没有出现；相反，愤怒、反叛以及每日剧增的狂热主义却在蔓延。

霍森费尔德描述苏联游击队时通常使用"强盗"一词，这是他引用自纳粹对于苏联游击队员的称呼。这些游击队员从苏联红军的飞机上跳下，落到地面上后再投入战斗。霍森费尔德衷心地对他们表示尊敬和钦佩："这些人有多么大的胆量啊。他们心里都清楚自己很可能会失败，但他们敢于一次又一次地这样做。每天晚上都会有新的一批人登陆突袭。"安娜玛丽在这一点上与他意见不同，她实在是无法真心地佩服敌人。她说，她为强敌面前德国军队的徒劳努力感到悲哀。

在1942年7月10日的信中,安娜玛丽向丈夫讲述了一场悲剧。事情发生在塔劳附近的埃伯斯贝格,几名波兰的强制劳工被迫公开绞死一名自己的同胞,因为这位被绞死的波兰劳工让一名德国女孩怀了孩子。除了惩戒这位"犯下罪行"的波兰劳工之外,这名"怀有不洁血统后代"的女孩也被判处两年监禁。霍森费尔德家的管家安娜和两个最小的孩子在离埃伯斯贝格不远的地方住过一段时间,是安娜听说了这个可怕的事件,后来转告了安娜玛丽。

第三章

同谋之罪和
抵抗性救援

1. "谋杀犹太居民的血罪"

德国人在波兰的暴力远没有结束。霍森费尔德讲述说，在扎科帕内，居民不愿意为国防军提供滑雪板。结果，秘密警察搜查了许多房屋，逮捕了240人，将他们全部带到波兰东部臭名昭著的集中营——奥斯威辛。"为了确保快速的审讯以及行刑过程，这些不幸的人全都被赶进了毒气室，被毒气闷死。而在之前的审讯期间，他们已经遭到了残暴的殴打。集中营中有一些特殊的酷刑牢房，比如有的牢房里有一根柱子，囚犯的手和胳膊被绑在上面，然后柱子被腾空拉起，人就被吊在空中，直到他疼得失去意识。或者有些人被关进一个狭小的箱子里，箱子的大小只容许他蜷缩着蹲下。他只能一直保持这个姿势，直到失去知觉。"（华沙日记，1942年4月17日）

霍森费尔德收集了纳粹灭绝犹太人的罪证并将其记录在这本日记内，后来，这本华沙日记的内容之详细震惊了世界。他的文字材料让这些滔天罪行最终得以公开，使得任何想知道这段历史的人都有机会和权利去接近真相。难能可贵的是，我们在这黑暗的时刻依然能看到人性的亮光：有部分德国人出于自己的宗教信仰或是人道主义良知，身体力行地用善举感动身边的人，霍森费尔德正是这些伟大的人之一。

现在，纳粹官媒的报道与真实的情况越来越不一致，国家控制的媒体发布的声明与霍森费尔德每天在华沙的经历有着天壤之别。如果光是读报纸和听广播报道，我们得到的信号是，一切都井然有序，有条不紊：和平已经降临，战争已经胜利，德国人民可以满怀希望地眺望未来。但他早已不再相信这种谎言了："到处都是恐怖和暴力：肆意逮捕、驱逐出境、枪击……每个悲剧和惨案犹如每日日程一般持续不断地出现。人的生命宛如草芥一般一文不值，没有人在乎，没有人重视，更不用说个人自由了。但自由的本能是每个民族、每个人与生俱来的，永远无法被压制。历史告诉我们，暴政总是短命的。看吧，这场毫无人性的犹太人屠杀之血罪一定会记在我们账上，让我们付出代价。"（华沙日记，1942年7月23日）

霍森费尔德越来越清晰地看透了当局畸形的本质，触目惊心的景象一次次冲击着他的心。他无法想象是希特勒本人下达了大规模屠杀的命令，但又不得不接受这一现实。从不同的人那里他也得知了很多残忍的事，他不愿相信，内心充满煎熬。霍森费尔德继续在华沙日记中写道："根据各方的可靠消息，卢布林的犹太人区被扫荡过了，大部分犹太人被赶了出来，赶进树林，接着所有人都被杀死了，还有少数人继续被关在营地里。据说利茨曼城（原名罗兹）和库特诺（一个被占领的波兰城镇）的犹太人，无论男女老少，都在流动毒气车中被毒死。死者被剥去身上衣物，扔进乱葬岗，衣服被送到纺织厂重新加工——整个场面残忍可怖。现在，华沙犹太人区也遭此厄运，其中居住的40万犹太人将以类似的方式被屠杀一空。"

就在记录下这条笔记的两天后，霍森费尔德记下了更多令人不安的消息：3万名犹太人已经从华沙的犹太人区被驱逐到华沙东部的某个地方——而且纳粹已经开始将各地犹太人区的居民驱逐到首都东北部的特雷布林卡灭绝营。在霍森费尔德听到的传言中，有人提到过一种叫"加热室"的刑罚，人们会在房间中被活活烧死，就像火葬场一样。其他还有枪击室和乱葬岗等等房间。他痛苦地问自己为什么犹太人没有反击，在他心里其实答案很明朗："许多人，绝大多数人，都因饥饿和痛苦而变得虚弱，以至于无法进行任何抵抗，只能直接屈服于命运。甚至有些人会高兴地期待死亡，因为对他们来说，痛苦的折磨终于结束了。"

德国警察得到了乌克兰和立陶宛警察助纣为虐的支持，他们被编入德国警力。这些外籍警察会自行拿走犹太人的贵重物品，作为他们"工作的报酬"。"昨天在司令部，我遇到了一个商人。他告诉我，现在犹太人区什么都有得卖，而且非常便宜。手表、戒指、黄金、美元、地毯，还有其他很多东西。"这些东西想来就是被外籍警察据为己有的犹太人财物。"如果这件关于犹太人区的事是真的，而且是可信靠谱的人说的，那么我只能说，成为一名德国军官真不是什么值得骄傲的事，我不能再同流合污了。"

尽管并不是他记录下的每一个细节后来都能在历史研究中得以证明，但霍森费尔德在他的日记中告诉世界共有数百万人被灭绝和屠杀，这条数据是毋庸置疑，不容置喙的，这在人类历史上都是前所未有的事件。霍森费尔德一直忠实坚定地书写着。在1942年1月的万湖会议之前，"犹太人问题最终解决方案"就已经开始实施。正当霍森费尔德开始记录这些罪行时，在各国家机构之间的"协调和配合"下，当局已经开始全面展开行动，将犹太人驱逐出家园，随后进行大规模谋杀。进行大屠杀的地点主要在波兰和苏联的权力范围内，如乌克兰、白俄罗斯等地。党卫军帝国长官海因里希·希姆莱从1942年年初开始亲自负责总督府范围内灭绝营的建设和运作。

霍森费尔德不仅将那些牵绊他内心、让他忧思过度无法安眠的事情倾诉在他的华沙日记中，他还选择对妻子讲述，他觉得这些情形简直让人不敢相信："我甚至在这里一刻都不想再待了。他们对犹太人残暴不仁的所作所为令人发指。在其他城市，他们已经杀害了数千人；很快那里犹太人区里的50万百姓全都要命丧黄泉了，据说是希姆莱下的命令。难道是因为因果循环，所以我们的士兵在前线流血牺牲，让他们一命偿一命吗？那照这样屠杀和报应的速度，以后世界上还能看到德国人吗？历史上从未发生过类似的事情。也许原始人会互相残杀，但一个民族，男人、女人、孩子，却在20世纪以这样残忍的手段被屠杀！我们这些带头讨伐布尔什维克主义的人，却背负如此骇人听闻的血罪，真是让人想羞愧地钻入地缝。人们不禁要问，酿成这些悲剧的人还有正常的人性吗？真的是魔鬼变成了人形吗？我觉得是真的。"（信件，1942年7月23日）

1942年7月24日，霍森费尔德收到通知，追溯至1942年4月1日起他被提升为上尉。如果是以前，他或许会对这个消息惊喜不已；但在这个时机接到晋升的消息，他的热情却宛如被冷水浇灭了。他对德国人的罪行了解得越多，这身制服对他来说就越是一种负担。"你在信中写的细节让我感到震惊，华沙的犹太人屠杀是如此残暴，"安娜玛丽回复他道，"你看，当少数人掌权的政府统治时，会发生什么可怕的事情。"她可以理解霍森费尔德，他向来厌恶不公正的世事，穷人的不幸更是让他感到痛苦。"你不能离开华沙回德国吗？"霍森费尔德预计东线战役在1942年不会结束，这样的预估让她失望又焦躁。"这种生活还会持续多长时间？如果你和我们在一起或是至少离我们近一些，那么我觉得你可以更好地与我们相处，更好地照顾我们。"

在华沙，越来越多的人深陷忧虑，想找霍森费尔德求助。有一次，爱德华·路克豪斯的妻子克里斯蒂娜来请霍森费尔德帮忙，希望通过他的帮助把爱德华评为"u.k"等级。"u.k"是免服兵役的缩写，也就是说不会再被征召入伍了。但霍森费尔德实在是无能为力，即使路克豪斯是他很好的朋友。最后爱德华·路克豪斯还是乘坐开往东线战区的运输列车离开华沙，上了前线。现在安娜玛丽也已经认识克里斯蒂娜了，霍森费尔德在寄往塔劳的信中谈到了她："她现在还在用着她丈夫的配给卡，可以凭借这张卡换到一部分食物，有了这份保障才让她安心些。但当局继续发放这张卡的前提是她需要签署一份声明，表示她放弃波兰身份，成为一名德国人。她不愿意做这件事。这算什么！她的丈夫为了德国人民做了那么多牺牲，上了前线，但是德国人却要剥夺她的身份，还给她带来了无尽的苦难。"

波兰人不仅受到党卫军和秘密警察的残暴对待，他们的物资供应状况也急剧恶化。从获得的食物来看，波兰人拿到的显然比德裔波兰人或德国民政部门和德国国防军的成员要差得多。而且，波兰的兹罗提币已经大幅贬值，所以就算手里有钱，他们也几乎买不到任何东西。霍森费尔德担心华沙会发生饥荒，不出他所料，在1942年中期，饥荒的情况已经严重恶化了。

"我打了一个小时的网球。由于没有其他人和我一起，所以这场球我是和一名波兰球童打的，这个男孩在体育馆里工作，他很擅长玩这个。他真的很可怜。我还有午餐的汤没有喝,我把它给了这个男孩,面包和人造蜂蜜我也一并送给了他。他和我说他不想要任何金钱的救济。这个男孩的父母在战争期间的围困中丧生,现在他饿得面黄肌瘦。下次我会给他带一些旧衣服,我看他已经没有什么能穿的衣服了。"

1942年夏天,霍森费尔德上尉对军事形势的批评越来越多。他将德国国防军发出的报道与他自己听到的信息进行了比较,分析之后得出结论:东线的部队已经一年没有再向前推进了。他在1942年8月7日的华沙日记中写道,德国的宣传淡化了英国和美国开辟的第二战场,他们以为西方盟国不敢进攻德国。

"我认为英美两国暂时没有进攻德国的唯一原因是他们还没有准备充分,但其实他们现在和未来还有足够的时间来准备。但看看我们,我们能对英国做什么呢?我们的飞机实力在西方范围内太弱了,美国也完全不是一个容易对付的敌手。他们正在悄悄地扩军、提升军备,希望能够凭借巨大的物资储备和可支配的人员数量将压倒性的优势带到战场上。同时,在我们占领的领土上,对我们自己的不利条件随着时间的推进也在慢慢增多:饥饿困苦以及德国人恐怖的高压政策正越来越激烈地煽动着波兰人民反抗我们。当未来某一天,第二条战线开展得如火如荼时,那些波兰人将站起来反抗他们的压迫者。那时的俄罗斯人也将带着昂扬的气势再度归来。所有这些被攻击、被欺侮、被迫害的人民都将为他们的自由而战,因为那时,他们会意识到自己在这次战斗中占有绝对的优势。"

霍森费尔德仿佛预见到了斯大林格勒之战,他在日记中写道,1943年,生死之战将会开始。这一天,他不仅在日记中写下了他的分析,同时也给妻子写了封信。他告诉妻子,他为她和孩子们感到担心,特别是为上了战场的赫尔穆特。未来的不确定性也让他忧虑不已。他实在无法理解德军在占领国波兰实施的高压政策,尤其是不理解为什么要对犹太人进行屠杀。

在华沙犹太人区,瓦迪斯瓦夫·什皮尔曼再次更改了他的钢琴演出场所。他转到雷茨诺街的一家名为"艺术"的餐厅演出。通常情况下,他都是与安杰伊·戈德费德表演钢琴二重奏。这个餐厅带有一个音乐厅,所以成为了那些仍然富有金钱和人脉的犹太人最喜欢的聚会场所之一。在那里,什皮尔曼凭借着出色的表演迎来了自己在犹太人区钢琴演奏效果的最后一个高峰。他创作的华尔兹作品尤其精妙绝伦,为他赢得了极佳的口碑。他赚了不少,这些钱足以维持这个五口之家的生活。

但钢琴家意识到,这种暂时的顺利可能不会持续太久,因为每个角落都潜伏着危险。犹太人区发生了饥荒,斑疹伤寒也开始蔓延,病毒在封闭的犹太人区疯狂传播。每次什皮尔曼回到他父母的公寓时,都要小心翼翼地避免被人行道上的死者绊倒。死于饥饿抑或是死于伤寒,谁又能分辨出其中的区别呢。这些去世的人大多用纸蔽体,因为他们的衣服都被拿走了。在艰难的情况下,这些衣服都是可以回收利用的。一回到家,母亲就用镊子在回收来的帽子、西装和大衣上夹出虱子,之后她拿来一碗烈酒,用酒精把它们杀死。

什皮尔曼观察到,犹太人区居民的日常生活也越来越艰难。孩子们在街上乞讨,只为拿到一块面包、一个土豆或一个洋葱来填填肚子。但大多数路人会悄悄把头转向另一边,因为他们自己也什么都没有。什皮尔曼说,在现在这样困难的时期,他们的心已经硬如铁石。现在,党卫军和秘密警察还会在夜间巡查街道,时不时会突然把人从家里拖出来,毫不留情地举枪射杀。在这种情况下,家家人心惶惶,"恐惧的风暴"席卷了这里。德国人还为他们的大规模屠杀行动调用了增援"帮手"——犹太籍警察。什皮尔曼说,这些犹太警察绝不是为犹太人民服务,保护自己的同胞,而是亦步亦趋地模仿他们的上级,他们一穿上制服,就仿佛被残暴的秘密警察附了身。

什皮尔曼的家人亲眼看着一支德国巡逻队进入一所公寓,住在那的邻居们正在吃着清汤寡水的晚餐。房间里有一位坐着轮椅的瘫痪老人,德国巡逻队指着他命令道"起来!"由于无法达到这样的无理要求,安全警察便一下子连人带轮椅把老人从三楼扔到了街上。那个老人当场就因伤势过重去世了。立陶宛和乌克兰的辅警甚至更加残暴,他们和德国人一样收取贿赂。只要有人拿来钱财,希望得到任何形式的宽大处理,他们都照单全收。但是收下钱财后又立即射杀那些可怜的行贿者。"他们都喜欢玩这样的'杀人游戏',有时为了活动一下身体,有时为了给他们的工作带来刺激和新鲜感,有时为了练习打靶的准度,有时甚至只是为了好玩。"

犹太人要面对的一方面是守卫的无法无天、肆意妄为;另一方面是自己命运的不确定性和无助感。现在的犹太人区内传言四起,有的说纳粹已经下令大屠杀,将集中营中的犹太人赶尽杀绝;还有的说马上犹太人即将被中转,进行"重新安置"。所谓"重新安置"的结局有很多可能,或许是进劳动营,或是分批等待着死亡的降临,又或者是手起刀落立即被屠杀。德国当局不断通过许诺来说服犹太人服从命令,但他们后来统统没有履行承诺。比如他们曾说获得工作证明的犹太人最后能够留下来。

犹太人区里,新成立的德国抵押公司一排排地涌现出来,犹太人拿着自己的金钱和珠宝前去那些公司,将它们抵押成证明文件。什皮尔曼从一个公司跑到另一个公司,为父母和弟弟妹妹拿到了每个人各自的证明文件。几周后,一个悲剧性的消息宛如晴天霹雳,新政策下,这些文件实际上一文不值,完全不能为什皮尔曼和他的家人提供任何经济上的帮助。

1942年7月25日,什皮尔曼和他的朋友戈德费德计划在"艺术"餐厅的午餐时间举办一场音乐会,庆祝他们联合演出的一周年纪念日。就在几天前,也就是7月19日星期日,他独自在另一家"花园"咖啡馆表演,当时的他还不知道这将是他在犹太人区的最后一次表演。"咖啡馆里坐满了人,但气氛相当凝重。"什皮尔曼与戈德费德两位钢琴家之前为双人音乐会做了充分准备,但是最终活动还是因为外界的动荡取消了。"艺术"餐厅关门了,其他酒馆和商店也都大门紧闭,就连居民们想要采购日常用品也全无办法。

大家担心已久的驱逐犹太人行动也开始了,夜间突袭变得尤为频繁。先是突然一声哨响在房屋的黑暗墙壁间回荡,然后整支武装小队冲进建筑物，将房子里全部的家庭成员带走。有的人幸免于难，但等巡逻队走后还是会惊魂未定地在公寓里颤抖良久，他们在恐惧和害怕的情绪中一步也走不动了。

什皮尔曼的父母和弟弟妹妹对自己的命运逆来顺受，整个家庭试图在一片恐怖中维持着尽量看起来正常的生活。"父亲从早到晚拉着小提琴，亨里克在学习，雷吉娜和哈利娜读着书，母亲为我们补衣服。"什皮尔曼自己也几乎要放弃抵抗和挣扎了，只想保住性命。只要有汽车或马车的声音传到他的耳朵里，他就突然惊悸，心也悬了起来。还好有几间酒吧和咖啡馆定期邀请他进行演出，使他获得了经济上的支持。在这样灰暗的前景下，什皮尔曼正绝望地寻找着人生的意义与出路。

凭借占领军提出一条面包和一公斤果酱的"诱人"条件，犹太人纷纷来到转运点，这是一个几条公路和一条铁路线交会于此的大广场，犹太人在这里等待着自己被送去未知目的地。虽然前途未卜，但是为了避免饿死的命运，许多人都选择来这儿。什皮尔曼一家在转运点的一个物资收集中心找到了一份临时的工作，负责收集德国人从犹太人那里抢来的家具和衣服。

"……有时，当我满满抱走一胳膊的衣服时，记忆中最喜欢的那股香味会轻柔地升腾而起，脑海中一片白色背景上，几个童年的场景在一瞬间浮现出来，慢慢变得清晰。"

在中转站，什皮尔曼看到了雅努什·科尔恰克。在犹太孤儿院解散后，他正带着孩子们离开犹太人区。什皮尔曼说，那些小家伙们穿着节日的衣服，开心地唱着歌。他能想象到一定是科尔恰克带给了孩子们快乐和希望，让这些孩子们不要在走向死亡的途中感到恐惧。越来越多的人聚集在宽敞的广场上，有老人和年轻人，儿童和成年人，虚弱的、饥饿的人和那些体力还能坚持的人。有些人仍然抱有希望，希望被转运到异乡的某个地方生活，或许是在劳动营，或许会在其他地方。还有的人已经心如死灰，不再抱有任何幻想。这个转运点是些犹太人与故乡彻底分离的地方，最终没有一个人再次回到这里。

一列货物列车呼啸着向广场驶来，这辆车的车厢原本是专门运送牲畜和材料的，装载平台上浓重的氯气臭味从远处就能闻得到。钢琴家和他的父母及三个兄弟姐妹在摩肩接踵的人群中艰难地走向马车。"看！看啊！是什皮尔曼！"人群外有人认出了这位钢琴家，估计是一位犹太警察。推搡间，这名警察一只手抓住他的衣领，把他甩出了警察的封锁线。几秒钟之内，什皮尔曼就与他的亲人分离了。

什皮尔曼一下子愤怒了，他用自己的身体顶住了紧紧叠在一起的警察人墙。他无法想象自己怎么能在与家人分开的情况下继续生活下去。但是没有用，警察们背靠背站着排成人墙，没有让他通过。在最后一刻，他看到他的母亲、两个妹妹雷吉娜和哈利娜以及他的弟弟亨里克上了一辆马车。父亲再次转过身来，看到了他的身影，努力向他跑去，但最后还是被警察拦住。

"父亲脸色苍白，嘴唇紧张地颤抖着。他试图微笑，无奈地、痛苦地举起手来，挥手告别。仿佛一条河流中，我正在向生存的方向前进，而他却在河岸的另一边与我招手……"什皮尔曼充满绝望地高叫了几声"爸爸！爸爸！"，直到父亲从他的视野中消失了。

2. 犹太人的命运——"为什么会沉默，为什么不去抗议？"

欧洲犹太人开始迎来了历史上最血腥的悲惨遭遇：1942年7月22日，从华沙犹太人区前往特雷布林卡集中营的大规模犹太人运输开始了；与此同时，在西欧，载有数万名犹太人的火车正向东驶向灭绝营；荷兰犹太人经过韦斯特博克中转营之后统统被送到奥斯威辛集中营；法国犹太人首先在离巴黎不远的德朗西集合营集合后也被一起运往奥斯威辛；比利时和德国的犹太人也遭遇了类似的命运。在那时，其他民族对犹太人犯下的罪行数不胜数、罄竹难书：比如在封闭的空间内灌入齐克隆B[1]或柴油发电机的有毒废气，还有大规模枪击，以及大屠杀等等恶行。一个前所未有的杀人狂潮在1942年夏秋之际风云涌动。

犹太人的命运从未离开过霍森费尔德的思绪。无论是在给妻子安娜玛丽的信中，还是在给儿子赫尔穆特的信中，或是在他的华沙日记中，霍森费尔德上尉一次又一次地记录了他所听到的关于这场种族灭绝运动的细节。来自波兹南的一个波兰商人经常向霍森费尔德提供消息，他经营水果、蔬菜和一些其他商品的生意，经常在华沙犹太人区交易。"他说那里发生的惨剧件件令人胆寒，他害怕去那里。有一次他拉着人力车穿过街道，看到一个秘密

---

[1] 齐克隆B是一位德国化学家发明的氰化物化学药剂，原为杀虫剂，二战中纳粹德国曾在奥斯威辛集中营用该化学药剂进行犹太人大屠杀。——译注

警察把许多犹太人推到一个房屋的入口处,然后向这排人胡乱地扫射。这些人里包括男人、女人和孩子,总共有10人伤亡。"

现在这里已经没有医生了,所有的犹太医生都被拉去其他地方或是直接被杀害了。"有一位妇女告诉了我的一个熟人一则噩耗,她说一些秘密警察冲进了犹太妇产医院,带走了几个婴儿,把他们装在一个麻袋里,不由分说地夺走,之后竟然直接扔到了灵车上,任由他们自生自灭。小宝宝的呜咽声和母亲撕心裂肺的哭声并没有动摇这些邪恶而残忍的心。"

一名德国国防军军官告诉霍森费尔德谢德尔采犹太人区的重新安置情况,谢德尔采是华沙以东70公里的一个小型的区级城镇。在那里,德国人把犹太人赶到街上,并当众随机射杀了一些无辜的人。"太阳的暴晒下,躺在血泊中的犹太妇女没有等到任何人施以援手,四处躲藏的儿童被抓起来从窗户中扔出去摔在马路上。"在锡耶兹火车站旁,人们在没有水、没有食物的条件下坚持了三天三夜,最后他们被塞进装牲畜的车厢带走。这位军官向霍森费尔德描述这些令人心碎的细节时表现得非常愤怒,"但他完全忘记了其实我们和这些秘密警察一样,都属于这个体系,我们也是当局的一员。"

霍森费尔德还了解到这批犹太人从华沙到达特雷布林卡灭绝营之后的整个情景,他在日记中记录了这些细节。这些犹太人面临着机枪扫射和毒气处决的悲惨结局,毒气处决具体来说是将重型柴油发电机的废气输送进封闭的房间,把房间里的人活生生闷死。一开始,当火车抵达特雷布林卡时,就有许多人已经死亡了。死者的尸身被堆积在铁轨旁边。这一批里生还的犹太人被迫开始挖坑,把尸体扔进去,再把这处乱葬岗用土覆盖起来。做完这一切后,他们又被无情的子弹枪杀了。"这些不幸的人来自全国各地。因为灭绝营的空间不够了,有些人刚下火车就被刽子手不由分说举枪射杀。如果尸体堆积数量太多,那么一部分的死者就会被运走。现在,整个地区都笼罩着一股可怕的尸体味道。"

这些丧心病狂的行为之所以能被公之于众,多亏了那些犹太人中得以逃脱的幸运儿。其中一个男人成功地在华沙躲藏了起来。逃亡路上，他从一具尸体的口袋里掏出一张二十兹罗提的纸币随身带着，"这张纸币具有强烈的象征意义，仿佛当日的情景被永远铭记下来。纸币上那股尸体的气味不会消失，这应该作为一个永恒的警钟，提醒他永世不忘这次全民族的磨难，提醒他这份血海深仇"。

有一次，霍森费尔德前往离华沙不远的小镇马佐夫舍地区明斯克，他和其他军官坐在一起吃午饭。很快，话题转向了政治，说到了犹太人从犹太人区迁出后重新安置的问题。一名中尉为灭绝犹太人的行为辩护，说这是正确且必要的决定。霍森费尔德坚决地表达了自己的反对立场，而其他官员则沉默不语。事后，他仔细地思虑了一下今后要不要公开表达自己的观点。有这样的顾虑是因为这样公开表达反对意见，有可能被视作对政权的藐视与反叛，可被判处死刑。"很不幸，我们没有自由表达自己想法的权利。"霍森费尔德说。

还有一次，他忍住了自己想说的话，但之后他狠狠地责备了自己的胆怯。这次是冯·肖内夫妇邀请他一起去吃饭，这对夫妇是霍森费尔德的朋友。在场的还有党卫军下级突击队长格哈德·斯塔贝诺和他的女友，这位副司令自认为是"有权势的人，是犹太人区的主人"。斯塔贝诺说犹太人就像蚂蚁或害虫一样，他将大规模谋杀称为一场"驱逐"，对他来说，"驱逐"就像消灭虫子一样。他的女伴穿着最华丽的衣服，这一定是来自犹太人区的巧取豪夺。斯塔贝诺完全没有提到战争的残酷、牺牲和痛苦以及士兵们物资匮乏的局面。"但是，这一切难道不应该归咎于我们自己吗？为什么我在和权贵们吃着珍馐佳肴，而周围放眼望去都是荒芜和贫穷，士兵们也在挨饿？！为什么会沉默，为什么不去抗议？我们都太过懦弱和安逸了，太过虚伪和腐朽了，这就是为什么我们也同样都要堕入厄运。"

1942年8月21日晚，苏联战斗机经过很长时间按兵不动后突然再次袭击了波兰首都。此次战斗机攻击的目标是德国部队住所、军事医院、生产车间和其他在战争中发挥重要作用的设施。有一枚炸弹甚至击中了离体育学校不远的地方。窗户被打碎了,烟云穿透大楼。爆炸声将霍森费尔德从睡梦中惊醒,窗外几间被点燃的屋子里仍然火光闪动。虽然运动场上没有人受伤,但这种近在咫尺的危险给每个人带来的震惊是深入骨髓的。"你就像一只被猎杀的动物,蹲在某个角落里,无法想出一个清晰的、能够解脱自己的办法。所有战争带来的扭曲和错乱占据了你的心,而我们只能对肇事者表达着无力的愤怒。但是,我心中最强烈的感受是沮丧和悲痛,是面对这一切邪恶和罪行的沮丧,是对这么多无辜者遭受不幸的悲痛。而这一切,都是拜那些穷兵黩武、血腥暴虐的人所赐。"

经过这段时间的反思,霍森费尔德犹如被当头棒喝,他确定了纳粹的统治是建立在一整套谎言和对事实的歪曲之上,而这种谎言是为了像幕布一样掩盖它背后发生的滔天罪行。这不是他第一次意识到这一真相,但却是他内心最坚定且清晰的一次。"我们到底被蒙蔽了哪些信息,整个舆论又是如何建构在谎言之下的? 没有一份报纸是不掺假的,无论它说的是军事、政治、经济、历史、社会、文化哪一个方面。真相被胁迫,现实被歪曲,真实事件被抹去等等情况处处可见。不,为了自由的人格和不受压迫的精神,不能再这样下去了! 骗子和愚弄大众的人必须灭亡! 他们的暴政一定会被瓦解,然后被更热爱自由、更高尚的人类取而代之。"

霍森费尔德认为,汉斯·弗兰克的一次说辞就是当局玩弄话术的一个最好的例子。弗兰克是波兰占领区的总督,因此也是党卫军和秘密警察在总督府犯下罪行的主要责任人之一。弗兰克断言,外来人口也从占领军给波兰造成的影响中受益了,这里说的"外来人口"指的是波兰人。他说从历史上看,这里从未像今天这样被治理得如此井井有条。霍森费尔德在自己的笔记中用一句话来表达他对这种颠倒黑白的愤怒:"真是再荒谬不过了! 连母鸡听了这句话都会笑!"

德国国防军的体育比赛一直是霍森费尔德主要负责的任务。1942年的整个8月,霍森费尔德都全情投入进这一项大型的体育活动筹划中。今年的体育比赛经过一次延期。8月25日,他在自己主编的报纸《战地体育》上发表了一份呼吁书，他主张对士兵进行体育训练。同时他也宣布，此次竞赛已经有1200多名选手报名参加。从1942年8月30日到9月5日，比赛整整持续了一个星期。霍森费尔德对比赛的精彩呈现和运动员们的高水平发挥非常满意。大多数参与者都是实力出色的运动员，之前也都参加过体育比赛。这次的比赛顺利落幕，比赛中那些场景霍森费尔德一直历历在目。

唯一让霍森费尔德有些沮丧的是，一些年长的军官对体育竞赛表现出了明显的不悦，他们只顾着自己的工作，并且略显顽固，极不支持集体活动的举办。这些老一辈的军官已经进入暮年，时常表现出紧张和不满的情绪。他们只希望过好自己的生活，不要让外界过多地介入。然而这种态度也可能是对年青一代改革的一种无声抗议。然而，像他们一样站在一旁，尽可能不介入任何事情，这不是霍森费尔德的处事方式。相反，他太热心，太积极了。"这些老一辈的军官有着自己的骄傲。作为曾经那支风光无限的军队中的军官，让他们现在仅仅做着行政服务，难免会觉得自己不再有当年的威望，现在的工作也没有什么意义。目睹着希姆莱及党卫军对波兰人、犹太人犯下的暴行，他们感到自己的道德原则受到了侮辱。他们只能选择对所有这些丧心病狂的暴行保持沉默，但他们其实很清楚，一旦事态无法控制，产生了什么意料之外的结果，他们也将分担这一切的责任。"

霍森费尔德不仅很清楚由于自己国防军军人的身份，对这些罪行要负起责任；同时他也身体力行地行善。在他的各项工作中，他都做到了不去伤害他人，并尽力去帮助受迫害的群体。但是在霍森费尔德的记录中有一次例外，而这一次也让他痛苦不已：1942年10月22日，在华沙的军事法庭上，霍森费尔德作为陪审员参与了一场死刑判决，一名"托特组织"的成员在那里受审。"托特组织"是一个专门从事军事建筑工程的官方机构。[1]据说今天站在

---

1 该组织由德国工程师弗里茨·托特（1891—1942）发起，托特是德国战时经济领导人之一。——编者注

法庭上的是一个"危险的惯犯",曾犯有抢劫等罪行。"当我投下死刑的那一票时,我觉得自己好像犯了天大的罪。我向来总是看到对方人性的部分,不管他做了什么,他至少是一个生命,现在一种油然而生的负罪感笼罩着我。书记员对我指了指死刑犯的出生日期,纸上赫然写着1914年10月22日,今天就是他的生日。在他生日那天,这个28岁的人被判处了死刑。"

1942年9月,这时的霍森费尔德已经开辟了一个全新的工作领域。这个领域比体育业务更能满足他的爱好,也更适合他的能力,而他展现出的管理能力让他的上级赞不绝口。自1940年以来,柏林的国防军最高行政区司令部一直设有一个"职业培训机构",士兵们可以进一步发展他们的专业技能,掌握额外的知识,并最后获得学校文凭。通过这种课程,他们可以为退役之后的生活做好准备,完成与未来工作领域的衔接。

而霍森费尔德正是这个职业培训体系负责人的理想人选,因为他当校长时已经具备了成功举办这种职业培训的经验。现在在华沙的职业培训学校内,他的任务是计划课程、采购教材以及聘请讲师。他很快就从国防军成员中招募了小学和职业学校的教师、工程师和其他专家来授课,在教师招募方面非常顺利。他自己也承担了历史方向的课程。然而,在准备教材中他发现自己缺乏相应的文献材料,现有的历史教材都是按照纳粹的意识形态改写的,存在着夸大和隐瞒的成分。"回到家后,我想找找我的旧历史书,这些书应该还没有被清理掉。我不同意今天历史书里的某些说法,里面有太多主观的宣传色彩了。"所以他让妻子在家里找找这些书,看看有没有收获。

在第一次开放报名后,共有550名学员和57名授课教师注册,其中报名教师的有工程专业硕士、农科专业硕士、学业咨询专家、建筑技术人员和汽车机械师。1942年10月19日,关于机动车技术的四门课程正式开始了。在开学仪式上,一位从柏林国防军最高行政区司令部远道而来的上尉为大家阐释了职业培训的目标;一位来自弗莱堡的教授简单引入了机动车机械的理论层面;接下来霍森费尔德向大家介绍了课程实际的执行计划。"在讲话时我十分松弛，没有什么拘束。在听众的脸上我看到了大家热烈的赞许。接下来我主持了整场活动，并交代了工作准则，大家对这些细节纷纷表示赞同。"

教学刚刚开始，霍森费尔德就已经制订了详细的学期计划，这里不仅提供课程，也让士兵们有参加学徒出师资格考试和高中毕业考试的机会。他的上级，弗里茨·罗苏姆少将，仍然对这套模式持怀疑态度。但霍森费尔德相信，自己很快就能说服他，证明自己想法的正确性。毕竟，做教育是他的本职工作，教育学是他自己最专业的领域。

接手这项新任务意味着突然间有大量的额外工作接踵而至。而且这时，他还经常被没来由的头痛困扰。但他还是非常自律且坚持，没有疏于写信和日记。偶尔，他会骑上马去看看华沙郊外的乡村。"农民们在土豆田里耙地、播种，男孩在火堆旁烤土豆，烤土豆的火散发出的烟熏味闻起来令人想起故乡。白雾在水面上拉开一层轻柔的纱，车轮的吱吱声和孩子们的欢笑声在空气中回荡。我想，我应该和他们一起笑，一起开心地表达情绪。他们是多么生机勃勃的、漂亮的男孩啊，穿着简陋的衣服，赤着脚，皮肤冻得通红。小女孩们微笑着，她们也很快乐，很乐观。"一个女孩向他要了一点面包。一般来说，霍森费尔德骑马时会在口袋里放一块给马吃的面包。他把面包给了女孩，女孩笑着跑开了，和其他孩子一起分享这块面包。

1942年夏天，华沙的犹太人区中，"重新安置"的工作仍如火如荼地进行着。有很多年轻的犹太男子通过了选拔，被当作劳工使用，瓦迪斯瓦夫·什皮尔曼就是其中一员。这些劳工在一定程度上来说是幸免于难了。在犹太人工头和党卫军成员的监督下，什皮尔曼在不同的建筑工地上工作过，大多数时候是做一个泥瓦活的小工或给整个装修队打打下手。首先，他们需要拆除犹太人区的墙壁，再为党卫军高级领导人建一座豪华的建筑，最后再为党卫军参谋部搭建营房。有一天，什皮尔曼遇到了华沙交响乐团的前首席指挥家扬·德沃拉科夫斯基。德沃拉科夫斯基先生热情地迎接了什皮尔曼，并询问了他的情况。什皮尔曼告诉他，自己的家人已经被驱逐出境了，但他在心中默默地祈祷,希望他们可能还活着。但德沃拉科夫斯基告诉他,他要做好永远不会再见到自己父母和兄弟姐妹的准备。起初,什皮尔曼不明白为什么好友要夺走自己最后的希望,但最后他意识到:"在这样生死攸关的时刻,那种至暗的情绪反而给了我一种力量,让我坚持一定要努力活下去。"

有一名犹太人专门为犹太人区外的劳工代购物品,什皮尔曼通过他同以前的熟人取得了联系,准备牵线搭桥,为他的逃跑计划做准备。但在他第一次开口试探时便遭到了回绝。要知道,藏匿一个犹太人,这种行为会带来杀身之祸,这就是别人拒绝的理由。但这位钢琴家没有气馁。对什皮尔曼来说现在形势向好,犹太人区内兴起了一波起义潮,整体的战争形势也让人有了一些信心。现在仍然约有6万人住在犹太人区内。在犹太人区里,有人准备武装起义反抗德国人的传言已经散布开来。有一次,他们在德军经常光顾的一家咖啡馆进行暗杀,还处决了犹太人中的告密者。这些新的转机也同样鼓舞了其他犹太人的士气。

苏联对华沙进行空袭后,犹太人心中暗暗高兴,但他们不敢公开表露自己的喜悦。盟军成功在北非登陆;德国国防军在东线早已停滞不前;伏尔加河畔的战局决定了德军的命运……这些德军节节颓败的军事形势也激发了犹太人的生存意志,原先他们都以为自己注定只能沉默地走向死亡,而现在似乎看到了点点希望之光。

"时光飞逝,夏天来了,真是一个美好的夏天!我坐在花园里,闻到花朵和灌木丛的香味,看着它们闪着光的绚丽颜色,这真是生命的美妙旋律。"安娜玛丽看着孩子们自由自在地玩耍,这时她便不知不觉地忘记一切让她苦恼和担忧的事情。一段时间之后,她对霍森费尔德写道:"现在的天气特别好,农民们把土豆带回家进行耕种。其实土豆遍地都是,存量很足,但所有东西都被没收充公了,所以每家每户自己的存粮几乎没有。"在德国,食物供应也越来越不充足。像安娜玛丽这样拥有花园的人还算幸运,可以自己种植水果和蔬菜。家务劳动有管家安娜和孩子们帮忙。在她们的帮助下，安娜玛丽将黄瓜、紫李子和米拉别里李子煮熟后装罐密封。剩下来的蔬果她用来和别人交换燕麦、面粉和牛奶。在她的一封信中，她写道："我以物换物的'生意'越来越好了。"为了度过漫长的冬季，她在地窖里储备了大量的食物，包括苹果、梨、榅桲还有土豆，这些在市面上都已经很难买得到了。她自己还要烤面包，所以她也囤了纯黑麦面粉。

糖是稀缺品，蜂蜜令人垂涎欲滴、无法割舍，所以两种东西比较紧俏，可以用来交换很多东西。在1942年秋天，安娜玛丽从家中收集了半磅重的蜂蜜。家里的几支香烟和一瓶烈酒在交换中发挥了神奇的作用，用来做个人情，甚至还能麻烦对方搭把手，把火炉的木柴帮忙劈好。家里还养了鸡和猪，它们需要的饲料在市场上几乎没有卖的了，因此必须自己制作。安娜玛丽写信给她的丈夫说："你知道我不是一个很爱收集的人，我对在家里囤菜一点都不感兴趣，但家里面一定要保证有充足的食物，我不希望我的孩子像我和我妹妹在一战期间那样营养不良。但是在现在的德国，民众营养不良的问题也已经很明显了，特别是在老年人中……"

现在德国也进入了物资极度匮乏的阶段，许多商品只能通过配给卡来获得，比如安娜玛丽家里女孩们的鞋子、德特勒夫的自行车等。有了自行车，德特勒夫去上学就会方便很多。母亲经常外出去办理必要的文件，在家的时候就照顾三个孩子的日常起居。阿内蒙妮现在在施马尔卡尔登的一家诊所学习护理专业。虽然安娜玛丽经常向丈夫抱怨日常生活的艰难困苦，但这些信件也展现了她勤劳能干的特点，她讲述了战时家庭生活的细节，大大小小的家庭事务都在她的掌控之中。这时，对卡塞尔和法兰克福的空袭越来越近了。

除了偶尔还存在一些小小争吵之外，她与村里人的关系越来越好，良好的邻里关系是安娜玛丽积极情绪的基调。村子里有部分父母得知自己的儿子在战斗中受伤或死亡的噩耗，安娜玛丽前去拜访他们，对他们表示同情并给予安慰。其实她自己也在强忍着心中的痛苦与恐惧，她觉得儿子赫尔穆特现在应该也在斯大林格勒附近，这是战争最前线。但她在慰问他们的时候隐瞒了这一点,她独自扛下了这份担忧,一直积极地鼓励他们。

安娜玛丽已经完全融入了塔劳的乡村生活:在花园里松土,给花坛施肥,不知疲倦地照料家务和农活,这样勤劳的表现为她赢得了村民邻居们的赞誉。有一次她开心地写道,她与村民的关系变得不同了。他们越来越熟络,对对方的生活状态也产生了兴趣,所以沟通聊天的机会也越来越多了。1942年9月28日和29日两天她在写同一封信,信中说:"开朗的我又重新回来了,我是你乐天的、亲爱的、谦虚的妻子,你的安妮米。我既不属于柏林,也不属于华沙,而是属于塔劳和沃普斯韦德!但是,我就是我,我不是富太太,也不是农妇,我是你的妻子。"

两周前,安娜玛丽与丈夫在柏林见了一次面。霍森费尔德当时前往柏林出差,两人借此机会在首都进行了一次聚会。1942年10月底,在华沙的职业培训计划开始后,霍森费尔德又获得了一次约两周回家休假的机会。利用这段时间,他们准备好好沟通一下感情,就像一年前那样,借机减少误解的同时促进和谐的家庭关系。"我们两个人之间的关系曾经是如此简单,但是战争使它变得复杂了。我再也找不到我以前的维尔姆了,我可能自己也变了。"安娜玛丽的这段文字表达了她对他们关系可能遭遇瓶颈的恐惧。她喜欢看到他吃醋,同时她自己也经常吃醋。她继续写道:"战争改变了你。每逢你放假回家来到我身边,我就更能感受到这种变化,这就是我们争吵的来源。"安娜玛丽指责她的丈夫对每个女人都比较包容。"你要小心,几乎每个女人对你来说都很危险。你可以说我小气或者嫉妒,但这就是事实。"在她批评完之后,很快便话锋一转,表达自己对他无条件的爱。她觉得对他们两个人来说,能在一起就是最好的礼物。

不仅是在塔劳小镇,在坐火车前往富尔达和格尔斯菲尔德的路程中,安娜玛丽同样观察到了战争带来的创伤,它仿佛一块巨石,压得德国人民透不过气。她经常见到一些失去了胳膊或者腿的年轻士兵。"我注意到有一个人一脸严肃,但是他看起来也很成熟渊博。他只剩下一小截腿,拄着拐杖在平台上艰难地行走。当时有很多人,我在他旁边待了一会,查看了一下周围环境，没有人推搡过他。我问他：'上台阶还方便吗？'然后他用一种深不可测又带着哀伤的表情说：'还算可以的。'我们决不能变得痛苦或绝望。太阳照常升起的每一天对我来说都是奋斗的一天。我经常觉得自己做得不够好。我想念你，我亲爱的伴侣，你能给我激励、力量与爱。每晚漫漫长夜的辗转反侧在我脸上留下了岁月的痕迹，我相信你在华沙也是这样。"

和她的丈夫一样，安娜玛丽也越来越关注东线的军事形势。1942年9月中旬，德苏之间争夺斯大林格勒的战斗已经开始，那是伏尔加河上的重要港口和工业城市。她的儿子赫尔穆特现在被编入一支向斯大林格勒进军的德国国防军部队。在赫尔穆特的一封信中，这位年轻的士兵将斯大林格勒之战的重要性与第一次世界大战中争夺法国凡尔登要塞的战斗相提并论。然而从今天来看，这两场战役都是损失惨重。他的父亲同意他的看法。现在，只要霍森费尔德收到儿子来自前线的邮件，他就能稍稍放心一些。而有段时间，红军包围德军第6集团军[1]的官方报道越来越频繁，但儿子的信件还未送达，他一瞬间被恐惧紧紧笼罩。

赫尔穆特写信向家里人告知情况，他将于1943年1月底乘坐一架医疗飞机离开斯大林格勒周围的战斗区，虽然还在东线战区，但不是最前线了。而写这封信的当下，他的部队是在斯大林格勒战火最胶着的包围圈内还是圈外，我们不得而知。当霍森费尔德在华沙知道他的儿子可以平安归来时，他又惊喜又欣慰。他立即给塔劳发了一封电报，告诉了他的妻子。

霍森费尔德在塔劳度过了圣诞节假期，然后在元旦之前回到了华沙。霍森费尔德心里很明白，德国国防军将在斯大林格勒战役中彻彻底底失败正是他意料中的事。在一篇长篇日记中，他回顾了希特勒在年初宣布的宏伟计划，当时这位"有史以来最伟大的将军"发布命令，派遣国防军对苏联这个

---

[1] 德军第6集团军是二战中德军的一支陆军部队，是斯大林格勒战役中的德军主力部队。——译注

庞然大物般的国家发起了新一轮的攻势。12个月后,第6集团军被苏联包围了。德军能否征服莫斯科还是一个未知数,而军事补给重地——高加索地区的油田还仍在苏联控制之下。霍森费尔德写道:"1943年对我们来说将是糟糕的一年。"德国国防军无法应付这个布尔什维克主义的大国。"然后是美国,它拥有庞大的军备和取之不尽的人力资源。我不能再看报纸了,报纸上从不说实话。"

3. 大屠杀与泛滥的恶

1943年初，斯大林格勒之战像一个沉重的阴影，压在每一个德国人身上。这场苏联红军和德国国防军之间的争夺战终于要迎来它的结局。弗里德里希·保卢斯元帅领导的第6集团军被包围了，所以从1942年11月中旬起只能从空中对他们进行补给。但补给的供应量大大低于赫尔曼·戈林空军元帅曾经信心满满的承诺。输送补给的飞行员也帮忙运送战地伤员，返程时带上这些伤员回医院救治。希特勒数次拒绝了保卢斯将军打算破釜沉舟、全力一搏的请求。这位纳粹独裁者打算对他们置之不理，让战士们听天由命。

在1943年1月1日他写了一封信，此时他刚从塔劳回来不久，从信的内容可以看出霍森费尔德希望了解真实境况的焦急："从德国国防军的报告中，我们根本无法了解到真实情况。当然这可能正是当局的意图。"他无谓地努力着，企图找到星星点点希望的微光。戈培尔在电台转播的除夕讲话中用的都是空泛的官话，听起来空洞无物，毫无说服力。霍森费尔德说，与其把一切都罩上一层玫瑰色的滤镜，不如直接些，指出情况的严重性。"毕竟，我们别无选择，不管前路有多崎岖，都得我们自己去克服。"

但对霍森费尔德来说，眼前有一个让他很开心的事——再次与妻子相见的机会。1月，布龙贝格（今天波兰的比得哥什）的军队防毒学校提供了一节为期两周的课程。当时，布龙贝格这座城市属于但泽—西普鲁士帝国政府管辖。这里近期发生过多次针对犹太人和波兰知识分子的大屠杀。当时德国入侵波兰后，波兰人出于愤怒，对当地的德裔平民进行了残忍的杀戮，史称"布龙贝格血腥星期日"。而近期的几次犹太人大屠杀就是德军对"血腥星期日"的报复。

霍森费尔德邀请妻子跟着他一起去布龙贝格,他打算在那里租几天房子,这样他们就可以再次团聚了。安娜玛丽仍然怀念着圣诞假期一家人在一起的场景。元旦时,她还给丈夫写信,告诉她怀念全家人一起度过的愉快假期:"在过去的一年里,你变得对我更加宽容和耐心,你愿意让我把更多自己的想法分享给你,你也更愿意倾听我的心,这让我很高兴。我知道你的内心在过去这一年里更加成熟了。"霍森费尔德在内心深处越来越为纳粹犯下的罪行感到羞耻,与纳粹政权越发保持距离。这位47岁的军官和这位43岁的和平主义者组成的夫妻越来越能相互谅解,也越来越亲密。

尽管在隆冬时节乘火车旅行不仅乏味,也很冒险,因为不断有遇上空袭的危险,但安娜玛丽还是很快动身,踏上了前往布龙贝格的旅程。自1943年1月5日以来,霍森费尔德一直都在布龙贝格,参与课程中举办的讲座和防毒演习,但他都提不起兴趣。他给继续在东线坚守的儿子赫尔穆特写信,说他渐渐发现现在自己对历史和文学更感兴趣。在信中他还推测,毒气在未来的战争中仍会被当作利器使用。

霍森费尔德的日记中记录道,1月14日,安娜玛丽抵达布龙贝格,并在那里住了近一周,直到防毒课程结束。然后他们来到了波兹南西北部的一个名叫萨姆特的村庄,切乔拉一家在那里打理着一座卡洛林庄园。1939年,霍森费尔德曾于帕比亚尼采帮助斯坦尼斯瓦夫·切乔拉从德国人的囚禁中释放出来。出于对霍森费尔德的感激,切乔拉夫妇真挚热情地欢迎了他们。霍森费尔德和安娜玛丽在卡洛林庄园住了两天的时间。1943年1月22日,他们告别了斯坦尼斯瓦夫和妻子佐菲亚。之后夫妻俩又分别了,霍森费尔德回到了华沙,安娜玛丽回到了塔劳孩子们身边。

切乔拉一家为霍森费尔德夫妇准备了很多食物带回去,他们的热情招待让霍森费尔德对他们非常感激。斯坦尼斯瓦夫·切乔拉给哥哥安东尼·切乔拉准备了一个包裹,请霍森费尔德帮忙带去给他。安东尼是一个波兰地下军团的牧师,为逃避秘密警察的追捕而藏匿在华沙。但是霍森费尔德两次去了弟弟写下的地址，都没有见到他，于是便在那儿留下了自己的地址。根据这个地址，安东尼找到了体育学校的办公室，见到了霍森费尔德。霍森费尔德给他起了"切乔齐"这个假名字，并且雇用他为职业培训中心的波兰语教师。于是他成为正式的上岗教师，课程目录中同样也写上了他的名字。在霍森费尔德的帮助下，这位被秘密警察通缉的天主教神职人员开始教德国士兵学习波兰语。

"他们是多么热心善良的人。我总是问自己，他们怎么会如此真心地对待我，对我这么好！"霍森费尔德在信中谈到佐菲亚·切乔拉时说："这个单纯、朴素的外国友人！她的思想多么伟大，内心多么正直！你觉得在我们认识的人中，有人能比得上她吗？"安娜玛丽也和切乔拉一家一起合影留念，她写道："我永远不会忘记我们的卡洛林庄园之行，也不会忘记布龙贝格的美妙夜景，如此地不可思议！"

就在这时，惊喜出现了，赫尔穆特毫发无损地从东线战场回到了塔劳，并有望很快能够继续他的本职专业——参加医生培训。对霍森费尔德来说，儿子能安然无恙地逃离战场几乎是一个奇迹。1943年2月2日，他看到报纸上白纸黑字地写着，第6集团军总司令保卢斯元帅在前一天投降了，整个集团军包括总司令本人全部被苏联人俘虏。其实这是霍森费尔德早就预料到的，但是现在事情真的发生了，他还是无法相信。这批军队中有多少人在投降之前冻死或饿死，现在已无法确定。在最初的20万士兵中，甚至没有一半幸存下来。而在这些幸存者中，只有6000人在战后返回祖国。霍森费尔德写道："我觉得，我们很难从这个打击中恢复过来，因为东线战地的其他地区也传来了很多负面报告。"

无论霍森费尔德把注意力转向德军在哪里的战场，不论是北非、中东还是太平洋，几乎都是敌人处在昂扬的攻势中。同为轴心国的日本帝国也在太平洋战场处于守势。1943年2月11日，他在日记中写道："我们到处都在被压制。"一天后，他在日记中提到了德国华沙总督做出的一番呼吁，他要求拥有德国姓氏或亲属是德国籍的波兰首都居民向当局上报，从而获得德国身份证。"说出这种胡言乱语的人简直是白痴。他们自己是如何对待波兰人的,而现在他们居然还要求波兰人来效忠自己。我想那些波兰居民自己也很清楚,一旦登记上报之后,他们就会被征召到德国国防军中去。"

由于德国士兵数量不足、工人人手短缺,安全警察便在华沙和其他波兰的大城市中当街抓人,把他们送去德国当强制劳工。在他的日记中,霍森费尔德记录下了这些安全警察的搜捕行动:有时,警察甚至闯进教堂和私人住宅,不由分说地逮捕居民。"除了在卢布林地区,还在克拉科夫地区附近的扎莫希奇市,安全警察把当地的农民从村庄中赶走运往德国,其他身体条件不符合标准的男人女人被送到集中营,老人则被直接枪杀。2至14岁的儿童被驱逐出境,他们被运输列车运往其他城市。这些天,就有一列这样装满了孩子的运输列车经过华沙。在普拉加车站,车门打开后,周围的人发现很多孩子都在途中死于饥饿和严寒。路人们冲进火车,想救出孩子们,带他们回家,但这样做是违规的。车门关上了,火车带着这些命运坎坷的孩子们继续前行,甚至包括那些途中死亡的小生命,没人理睬他们的尸体,他们将一起被带到德国某个未知的地方。"

卢布林区重新安置行动的负责人是党卫军地区总队长奥迪洛·格洛博奇尼克,他按照党卫军全国总指挥希姆莱的命令以极其野蛮的手段清洗了这个地区:超过10万名农民失去了他们的家园和自己的农场,还有数不胜数的居民或是在奥斯威辛和马伊达内克两处集中营被杀害,或是被运到德国当强制劳工。然而这番动作的目的仅仅是方便德国人搬迁来此定居。最后由于当地游击队的抵抗,德国的居民定居计划失败了。这支游击队大大地挫败了德国安全部队的锐气,但这又引发了他们对波兰平民的血洗报复。

1942年11月,什皮尔曼在建筑工地伤了脚踝。他在给砌砖工人送石灰时绊倒了,痛苦地扭伤了脚。工地负责人把他送到一个仓库休养,那里不仅比外面暖和,对钢琴家矜贵的手也更加有安全保障,不易受到伤害。1943年1月,一件犹太人几乎不敢奢望的事情得到了证实:第6集团军在斯大林格勒战役中失败了，这场败局最终摧毁了德国国防军不可战胜的光环。胜利的大潮正在转向，犹太人区的地下军队也感到了莫大的鼓舞。地下军队有着一套获得军火的方法：每天有一袋袋的土豆运送到犹太人区内的划定地区，而武器和弹药就藏在某些装土豆的编织袋中，之后再交接到犹太地下战士手里。什皮尔曼就搬运过很多次这些"危险"的货物。曾经有几次，党卫军人员想要检查麻袋里的东西，他心中一凛，这才发觉自己竟然处于危及生命的境况。好在幸运的是，德国人并没有坚持查看所有包裹，他们仅仅抽查了几袋。

现在安全警察大张旗鼓地寻找身体条件适合工作的波兰人，并将他们作为强制劳工送往德国，这导致了一种十分荒谬的情况出现：非犹太人急忙逃进犹太人区内，因为他们认为躲在那里可以避开安全警察的追捕，但德国人其实已经将他们的搜捕行动扩大到了被封锁的地区。谁能想到有一天，充满歧视意味的六芒星臂章竟然起到了保护作用。因为这一次他们搜寻的是"波兰雅利安人"，而戴着六芒星标记的犹太人并不属于搜寻的范围。

但这种犹太人的片刻安宁只持续了很短的时间。此后不久，什皮尔曼又目睹了一个让他绝望的景象：一名约10岁男孩由于太过紧张，忘了向一个德国安全警察脱帽敬礼。这名安全警察一言不发，一把拔出左轮手枪，顶住男孩的太阳穴，扣动了扳机。孩子应声倒地，立即死亡。安全警察平静地将左轮手枪放回枪套，继续往前走。什皮尔曼看着那个刚刚杀了人的警察，"他看起来甚至没有任何一点残暴的特征，也没有显得很烦躁。他看上去就像是一个正常的、安静的人，刚刚完成了一个不起眼的日常职责而已。对他来说前面还有很多任务，所以他立即忘记了刚刚的事情，转而奔向前方其他更重要的工作去了。"

现在邪恶已经在全境泛滥。霍森费尔德一次又一次地问自己，德国人怎么会做出这种暴行。他，这个虔诚的天主教徒，有时会苦苦地追问全能的上帝，追问上帝怎么能允许这一切的发生。他找不到真正合理的解释，只能在忏悔与赎罪中寻求安慰。他觉得肇事者已经失去了所有道德上的底线，失去了心中对上帝的敬畏。但霍森费尔德又认为，这个答案不足以解释那么多原本善良的同胞是如何成为冷血的杀人犯的。一直以来，他对未来都有一种清晰的预感：在1943年2月14日的日记中，他回顾了过去一年中那些数不清的犹太人被屠杀以及对妇女和儿童的戕害。那时，他已经清楚地知道，德国将会输掉战争："……因为我们都会发现，那场宣称是为粮食自由、为人民的土地而进行的斗争根本就是谎言，它一下子堕落为一种不正确的、不人道的、野蛮至极的大规模屠杀，这种屠杀在德国人民面前永远无法自圆其说，并将受到全体德国人民的强烈谴责。对被捕的波兰人实施的所有酷刑，毫无尊严地对待他们甚至是枪杀战俘，这些行为也永远无法申辩脱罪。"

有时，霍森费尔德还思考着战争结束后会发生什么。他想，这场战争可能把德国人民彻底搞垮。或许以后德国将永远无法宣称自己是一个伟大的国家。"因为纳粹所做的一切，希特勒所做的一切，都是不明智的，也是惨无人道的。"他在给儿子赫尔穆特的信中说，战争后年青一代的任务将是重建一切。你们现在心中的理想在未来会像幻影一样坍塌。"你们必须建立一个全新的世界，必须放弃你身后的一切。但其实这对你们来说并不困难，因为这个帝国大部分都是空壳子，是粉饰和虚浮，没有真正的本质。"

1943年2月18日，帝国宣传部部长约瑟夫·戈培尔在柏林体育宫发表了一篇臭名昭著的关于毅力和坚持的演讲，霍森费尔德对此非常蔑视，并暗暗嘲笑。戈培尔在演讲时曾问那些聚集的听众："你们希望战争的局势扩大吗？如果想的话，那么你们希不希望战争来得比我们今天所能想象的更加彻底？你们希不希望我们的攻击更加主动？"场下雷鸣般的掌声已经成为答案。霍森费尔德觉得这种与场下听众的互动很幼稚，就像是在一出木偶戏中演员向台下的孩子讨要掌声一样。"但如果有人能问一问战场上牺牲者的母亲和父亲，或者是城市空袭中的炸弹受害者，那一定会得到截然不同的答案。"他还记得戈培尔在演讲中还对场下听众提起一个问题："你们希望那些发战争财的无耻之徒掉脑袋吗？"霍森费尔德立刻就联想到，那如果按照这个标准，驻守波兰的保安局、党卫军和民政部门中到底有多少德国官员要掉脑袋。在民众苦不堪言的战争年代,他们却在无耻地中饱私囊。

安娜玛丽也听了演讲。她在给丈夫的信中说:"以这种状态看来,并没有人在反省战争,现在反而要迎来进一步彻底的毁灭。为什么没有一个人站出来喊:'停止流血的行为吧,我们已经受够了这种疯狂?'"

德国国防军在斯大林格勒的失败导致驻守华沙和波兰其他地区的德军内部也出现了混乱与动荡。突然间,霍森费尔德培训学校内的一些士兵职员就被调走了,他们中有的是讲师,有的负责行政工作。"我和这里的同事相处得很和谐。但不幸的是,前线每天都在发生新的变化,整体的安排也随之而变,也许未来体育局也会被完全解散。我们这里的人员调度取决于前线的最新状态。"

1943年2月初,霍森费尔德正在编制一份新的课程名单。由于几位工作人员离开学校,有了岗位的空缺,而这对波兰人来说是个获得工作的契机。特别是那些遭受迫害后得到霍森费尔德帮助的人,霍森费尔德推荐了他们中的几个来这里工作。霍森费尔德在日记中写道,现在波兰人已经成为学校的中坚力量。近日,他跟三名士兵告了别,他们与他一起工作了近两年的时间,这次的分离让他十分伤感。"他们被编入了野战部队。……有一个人被上面安排来代替他们的工作,但他对我们的任务不太熟悉。我现在又招募了两个波兰人加入工作,他们成了我的主力军。"由于出现了大规模的人员调配,霍森费尔德也曾经暗暗猜测过体育学校会不会解散,他本人又会不会被解职,但是这两种情况都没有发生。当霍森费尔德告诉妻子自己的工作环境没有变化时,她紧张的心稳了下来,如释重负。

1943年3月20日,他参加了在克拉科夫举行的总督府体育领导人会议,会议为期两天。"这次我们有空余的时间参观教堂和其他历史遗迹,包括波兰民族英雄塔德乌什·科希乌什科将军的纪念馆。塔德乌什·科希乌什科曾在1794年领导了反对波兰分裂的起义。这个纪念馆意义深远:建造时,波兰各地的每个城市村庄都运了一车泥土带到克拉科夫,然后在这里堆积起来,形成一整座山的形状。这是一个独特的设计,设计者用这种方式表达了全波兰人民与这位守护自由的民族英雄之间的深厚情谊。"像往常一样，霍森费尔德也一直关注着他在街上遇到的路人。"人们郁郁寡欢地走自己的路，默默无语。与他们相反，德国人情绪没有这么低沉。我很惊讶，他们在条件艰苦的情况下自己过得也还算舒心。对他们来说，战争似乎不算什么，甚至可以再持续很长时间。"

从1943年4月初开始，他偶尔代表费利克斯—费迪南·冯·卡姆拉中校参与第三参谋部的领导工作，这一参谋部负责部署防御、侦察敌情以及丰富部队的精神文化生活，而体育学校就隶属于这个参谋部。这项工作的具体内容他只写了寥寥数笔，大概是因为内部信息不宜披露太多，否则会带来危险。但谁也想不到，这份工作会为他后来在苏联当战俘时的苦难埋下伏笔。在接触这份工作后，他在给儿子赫尔穆特的信中说："研究防御部署是一项非常有趣的工作。这要求我们敏锐地看透对方布置好的表象。现在的华沙暗流涌动，成了一处动荡之所，可怕的事情几乎每天都在发生。"

每天接触的内部信息让他获得了别人没有的第一手新闻，例如华沙犹太人区起义的真相、越来越频繁出现的游击队袭击的细节，以及华沙空袭造成的损失等等。这些信息也为他具体施援波兰民众提供了机会。现在霍森费尔德渐渐成为一个隐秘的救护所，如果谁的亲属或者好友落入秘密警察的魔掌并向他求助，他了解详细情况后就会施以援手。一个名叫诺维茨基的波兰人请求霍森费尔德释放他被囚禁在奥斯威辛的弟弟，他弟弟是完全无辜的，只是因为曾与一名疑似走私者住在同一所房子里，警察便不分青红皂白就把他抓走了。

为了能够给弟弟申请宽大处理，诺维茨基需要警方开具的无犯罪证明。霍森费尔德拜访了党卫军二级突击队大队长恩斯特·卡两次，请他释放那名囚犯。从他的日记内容来看，他的营救行动也获得了成功。他在一封信中写道："我帮不少人重获了自由，前段时间我还把'奥尔加的大婶'（体育学校的一名波兰女员工）从监狱中救了出来。我聘请的雇员们都会向我求助。"

1943年春天，安娜玛丽和霍森费尔德之间的关系出现了危机，这场危机的酝酿时间较长，也一直僵持到了夏天。危机的原因主要是战争环境带给人的焦虑以及两人聚少离多的事实。从1942年秋天开始，安娜玛丽家的用人安娜不能再继续做下去了，因为负责劳动力分配的劳动局准备把她安排到其他的工作岗位上。总的来说，安娜玛丽与安娜相处得很好，虽然她还不能完全做到时刻对安娜如家人般信任。但当她有事出门、去看医生或旅行时，她也放心地让安娜一个人负责照顾孩子和打理家务。

佐菲亚·切乔拉一直通过信件与霍森费尔德保持联系，并多次向塔劳寄去黄油、糖和面粉。当她知道霍森费尔德在华沙帮妻子寻找继任的管家时，她联系到了一个愿意去德国工作一段时间的波兰女孩。但由于德国当局的反对，这一解决方案失败了。此时在德国已经几乎没有任何空闲的劳动力可用了。因为安娜玛丽需要一个帮手的愿望越来越强烈，霍森费尔德就在他波兰的熟人中询问了一圈。他最后找到了一个合适的人选，是一位他之前就认识的女士。她今年31岁，有一个5岁大的儿子，她想带着儿子去塔劳。

安娜玛丽持保留意见，她有自己的顾虑，她觉得"一个被宠坏的城市里的温室花朵"干活不会勤快麻利。但最后她还是同意了，毕竟有一个人来帮忙的话总比没有好。她写信给丈夫说，找到一位管家的要求实在紧急，否则她不会拿这件棘手的事打扰他。"如果你确定这位女士又勤奋又

战争以及多年的分离给安娜玛丽和霍森费尔德的关系带来了一些压力。但其实感情危机只是偶然的，他们对彼此深深的爱更为强大

诚实，而且她满意我们的条件，那我认为她来没有问题。无论她是德国人还是波兰人，对我来说都是一样的。到目前为止我遇到的波兰友人都很和善。你可以向这位年轻的女士保证，她在我们家不会受到任何仇视或者是轻视。"

雇佣外国人需要办理的手续非常复杂，在等待的这段时间她心中又开始犹豫起来。她也是受过一些教育的人，她愿意做管家的工作吗？而且她还要带一个孩子过来。想到这，安娜玛丽又觉得做这个决定似乎有些冒险。尽管如此，她还是愿意试一试。她重新收拾了以前管家用的房间，也给那个小男孩准备了一张小床。"孩子们都期待着这个小男孩住过来。一切都会好起来的。"

1943年4月中旬，这位女士来到了德国，安娜玛丽在富尔达的火车站接她。她看起来有些紧张和局促。安娜玛丽先向她要了工作证明，这份文件之后要交给劳动局。之后，两人陷入了一阵尴尬的沉默。这时，这位女士开始先打破沉默，简单讲述了一下她的经历。"她姓萨克斯，她的亲戚住在利兹曼城附近。她高中毕业之后考上了大学，学习了一年的法律，之后她成为一名体育教师。她也经常去路克豪斯家，和路克豪斯夫妻是朋友。"这些细节安娜玛丽听上去似乎很熟悉，突然她意识到丈夫之前在信中介绍他认识的波兰人时提到过她。这么看，其实安娜玛丽很久之前就知道她的情况了，只是今天才见到面，并且成了雇主和雇员的关系。

安娜玛丽想起来了，她是丈夫在火车上认识的萨克斯太太。起初，安娜玛丽意识到丈夫和她竟然这么熟，有些吃醋也有些恼火，但她试图稳定情绪，与她和谐相处。然而，这并没有那么容易。因为这个原先生活优渥的女士对家务还不是很熟练，甚至有时不仅没有帮安娜玛丽解决负担，反而造成了额外的收拾残局的工作。而且她看起来完全不专业，当两人谈到整理房间和做家务时，她居然说花时间去读一本好书比整理床铺和打扫灰尘更重要。安娜玛丽给丈夫写信道："她挺笨拙的，家务活的质量也不高，但相当勤快，而且也挺好相处的。"两个女人之间若有似无的冲突并没有停止。这样看来，雇用她做管家的尝试就要失败了。甚至在霍森费尔德休假回家后，家里的气氛依然紧张，夫妻俩还为此吵了一架。可最终安娜玛丽还是口硬心软，虽然对她的工作不是百分百满意，但有一次她生病时，安娜玛丽还是不辞辛苦地照顾她，并把这当成理所当然的事。

与这两个女人较长的磨合期相比，孩子们相处得相当和谐。特别是小女儿乌塔，她每天都和萨克斯太太的儿子玩，一直惦记着他，耐心地教他德语单词。安娜玛丽也最终找到了纾解两人关系的方法：外面的天气越来越暖和，中午时分，她们俩找一个避风的地方赤身躺在阳光下。舒舒服服晒太阳能极大地放松心情。

有一部名为《你属于我》的剧情片现在正在富尔达的电影院里上映，安娜玛丽想去富尔达看，萨克斯太太问她自己是否可以一起去。放映结束后，她们已经错过了火车。在午夜时分，她们按响了一位朋友家的门铃，就在富尔达住了一晚。1943年5月16日，她给丈夫写信说："我不知道该觉得这种情况是温馨还是搞笑。我们穿着丝质短衬衫，并排躺在沙发上的毛毯上。生活真的很奇妙。我对她说我从未想象过我们会以这样的方式认识彼此。她说，'我一直想来找你。在霍森费尔德和我聊起你时，我就盼望着这件事了。'她把她这个愿望告诉了我。我对她说，'不，我更想用另一种方式来见面。'我们都笑着笑着睡着了……"

经由这次，安娜玛丽和萨克斯太太共同解决了这场危机，两人冰释前嫌。安娜玛丽一直坚持自己的承诺，不会仇视波兰友人，所以她经常为萨克斯太太和她的孩子辩护，并且驳斥旁人的"歪理"。周围的人还是会存在很多歧视，比如一位来访者说，她觉得让自己的孩子和波兰孩子一起玩十分荒唐。安娜玛丽向丈夫保证，即使有微微吃醋，她也绝不会摆出虚情假意的做派，采取报复性的行动，或者做什么可耻的事。安娜玛丽很清楚，这位波兰管家是丈夫的朋友，他曾经帮助过她。但是，她爱维尔姆胜过世间一切，不想与任何人分享他，所以，正如她的信件多次强调的，她对和丈夫熟络的女性很吃醋，同时也会因此强烈地责备丈夫。她也反复重申，希望两人能一直生活在一起,哪怕只是为了给孩子一个完整的家庭。"我永远不会离开你。"然而多年来,她已经学会了没有他的生活。"……你也不是百分之百了解我的。我觉得善与恶是两个边界模糊的概念。一个人要从这两方面来观察……在每一个逆境中站在你身边支持你,这是我的责任,我很乐意这样做,尽管这对我来说也是一件需要勇气的事情。"

4. 犹太人区的起义——"我们不值得怜悯,我们都是同谋。"

1943年春天,霍森费尔德与他的妻子之间发生了一些问题。这场争吵对他来说极其不合时宜,因为他现在有些焦头烂额,有许多的任务需要完成,并且要多线并进。与此同时在华沙,德国人和波兰人之间已经剑拔弩张,敌对的气氛非常明显。因为现在几乎每天都有德军攻击波兰无辜百姓的事件发生。当他骑车穿过市区时,他能感受到路人敌视的目光。在这样的敌对状态下,任何关于德国战败或德国国防军撤退的报告对波兰人来说都是好消息,这说明德国人连战连胜的状态已经结束了。

在华沙的犹太人区,武装起义的准备工作已经进行了数周。1943年1月,"犹太战斗组织"成立了。听说德国当局打算继续"重新安置"犹太人,这彻底惹怒了年青一代的犹太人,当面临民族灭绝的威胁时,他们下定决心保护自己。毕竟没有人希望任人宰割,被人一声令下就扔到地狱般的处境中去。什皮尔曼也投身抗争,为斗争奉献自己的力量,他忙着帮助在犹太人区分发武器和弹药。

在此期间,近30万犹太人被驱逐出华沙犹太人区。留下来的6万多人都是建筑工地的劳工。他们在为党卫军和秘密警察的高层领导建造行政大楼、营房和豪华住宅。看样子占领军期望在华沙多住上几年。

进行武装斗争还是逃跑,现在这是许多犹太人面临的抉择。在1943年1月底至2月初,清洗犹太人区、驱逐非劳工群体的行动正达到顶峰,于是居民们纷纷开始自卫,双方发生了第一次暴力冲突。走到犹太人区附近时,什皮尔曼看到,人行道上到处都是被砸碎的窗户玻璃。枕头被撕裂成两半,成堆的羽毛飘散出来堆积在水沟里。"到处都是羽毛。每一阵风都会抬起洁白似云的羽毛,在空中旋转,就像厚厚的雪落下来一样,只是方向相反——从大地飞向天空。"在那时,很多人把钱、珠宝和其他贵重物品藏在枕头里,而这就是占领军撕开枕头的目的,也是羽毛铺天盖地的原因。除了羽毛,现在也是横尸遍野,每走几步,什皮尔曼就会遇到惨遭杀害的人的尸体。

这时,有一些人利用犹太人区的混乱局势逃出生天。党卫军和秘密警察的注意力全都集中在起义的苗头上,这就为逃跑提供了机会。什皮尔曼联系了演员安杰伊·博古茨基和歌手雅尼纳·戈德莱夫斯卡,这一对艺术家夫妇是他的朋友。有一次他们相约在犹太人区外见面,什皮尔曼把自己作曲的乐谱、钢笔和他的手表交给他们保管,"这些都是我想带走的东西,我之前在犹太人区住的时候把它们都藏在了杂志里。"两夫妇计划将他安置在一位画家的工作室里,他先住在这儿,再来找另一个藏身之处。三人约定,1943年2月13日星期六见面。因为那天,一位党卫军将军将视察什皮尔曼住的那栋楼。钢琴家想利用这个好机会,当所有的注意力都集中在这位高贵的访客身上时,他就可以抓紧时机迅速逃走。"我穿上大衣,并且为了隐藏身份,三年来我第一次摘下那个浅蓝色六芒星的臂章,跟着人群一起溜出大门。"最后,他成功地与朋友们碰上面。在那个画家的工作室里,什皮尔曼找到了一张行军床。这已经很舒服了,以前在犹太人区里,他只能躺在硬板床上。就目前来看,他还是相对舒适且安全的。

当1943年4月19日起义全面爆发时,霍森费尔德还在塔劳。回到华沙后,他一下子就听说了这次大事的起因经过。但他之前是否听到过起义准备工作的风声,我们就不得而知了。5月5日,他在给妻子的信中说:"犹太人区的战争来真的了,大炮和坦克随处可见,到处都是伤亡的人。"霍森费尔德目睹了这场军事冲突的高潮一战,奈何对手双方实力完全不对等：犹太起义军面对的是一支高度武装的军队，这支军队在党卫军旅队长于尔根·斯特罗普的指挥下，调配了所有在华沙可以调动的军事装备。

"犹太人区已经处于火光之中三个星期了，一团团黑烟飘向城市上空。这些天来，大量的财物被毁，无数人被杀，但党卫军和安全警察的破坏行动仍在继续。晚上，枪声不绝于耳，周围都是触目惊心的场景。是谁导致了这一切，谁拍板的镇压行动，对那个人来说造成这样的罪孽简直就是他人生不可磨灭的污点，也是巨大的耻辱。"霍森费尔德了解到越来越多关于起义的细节，一位逃过一劫的犹太人目击者告诉他："我们当时在犹太人区的一所房子里，事情发生后，我们在地窖里坚持了七天。上面的房子被烧毁了，男女老少都跑了出来。一些人被枪杀了，包括我在内的另一些人被带到了转运点，装进牲畜车厢。我哥哥服毒自杀了，我们的妻子被带到特雷布林卡，在那里她们会被火刑烧死。我被送进了劳动营，在那儿我们受到了可怕的虐待，为了保命，不得不努力工作。"

在"逃亡之旅"的头几个星期里，什皮尔曼曾数次更换藏身之处。朋友和熟人得知他还活着后，非常欣喜，他们凑了一些食物，并告诉了他犹太人区的最新情况。当时的地下组织发行了一份报纸，什皮尔曼读到了里面的文章，一瞬间一股澎湃之情涌上心头。文章的内容鼓励他不要放弃，抗战到底。为了夺回一栋房子、一段街道，战士们都在激烈地战斗。事实上，地下斗争十分不易，战士们装备落后，而他们面对的是一支用大炮、坦克和飞机武装的专业部队。

尽管武装悬殊，但抱着必胜信念的犹太人已经坚持抵抗了几个星期，他们每个人都怀有牺牲的悲壮。"我看到如果德国人冲进去占领了一所房子，房子里的妇女就会把孩子们抱到顶楼，然后就带孩子们一起从阳台上冲着大街跳了下去。"和霍森费尔德一样，什皮尔曼也习惯在华沙夜幕低垂时凝视着天空，看着火柱和烟雾耸立在城市穹顶，遮蔽了星空。

大多数犹太人革命者可能最后都无法脱身。装备精良的党卫军和警察部队逐街逐巷地开火,他们用武器炸毁房屋,放火烧毁建筑,只要看到任何移动的东西就直接开枪。现在的犹太人区只剩下一片废墟。霍森费尔德好不容易才组织好语言,把自己得知起义被镇压时的真实感受写了出来:"现在,犹太人区已经宛若荒芜之地了,最后没有离开的居民也全被消灭了。我听到一位党卫军中队长吹嘘,他描述着他们自己点燃房屋,然后殴打那些从屋子里冲出来的犹太人。整个犹太人区是一片烧毁的断壁残垣。这就是他们计划赢得战争的方式,他们这些野兽!看见这样惨绝人寰的犹太人大屠杀,就知道我们已经输掉了这场战争。这是一个不可挽回的耻辱,一个我们自己造就的不可磨灭的诅咒。我们不值得怜悯,我们都是同谋。我羞于进城,每个波兰人都有权利走到我们面前啐我们一口。现在我们也经历了很多人员的伤亡,每天都有德国士兵被枪杀的例子,而且我们的情况可能会越来越糟。但我们无权抱怨,因为这就是我们的暴行产生的后果,而现在只能是自食其果。"

对犹太人区起义的残酷镇压正是德国当局一种软弱的表现。德国安全部队花了四个星期的时间,用火焰喷射器、重炮和坦克击败了武器实力弱小的地下起义军,他们太担心了,将自己手中的火力全数投放。由此,波兰人对占领者的憎恶和蔑视也越来越深。起义结束几天后,霍森费尔德在日记中发表了自己的观点,他说德国人对待波兰人的方式是一个巨大的错误:"在任何地方,他们都被德国人贴上二等公民的标签,是仆人,是下等人。他们想通过各种方式,在波兰人耳边喊出这句话,让他们意识到这一点,记住这一点。从我们占领这片土地开始,波兰人在打压下显得畏缩不前,默默忍受着这一切,但今天他们开始反击,自己主宰自己的命运,因为他们拥有了我们必输的信念。现在他们已经不把我们看作'高人一等'了,自己的民族意识开始萌芽,所以现在他们对我们非常仇恨。"

然而,这种转变并没有影响到霍森费尔德在波兰建立的友好关系。波兰友人知道对于霍森费尔德来说,他的德国同胞对波兰犹太人和天主教徒犯下的罪行是多么让他难以接受。现在,霍森费尔德雇用了很多波兰人在他那里工作,他们也经常邀请霍森费尔德去拜访自己的家人和朋友。为了更好地与他们交流,他勤奋练习波兰语。他还参加了安东尼·切乔拉(有时霍森费尔德叫他"托尔卡")的语言课程,所以他进步得很快。"当我发现我能与波兰人交谈时,一种成就感油然而生,这时我发现我们双方虽然有着不同的语言背景,但却可以相互理解。"

由于存在工作人员普遍短缺的情况,霍森费尔德临时雇用了一个俄罗斯裔的波兰人做他的助手,他懂一点德语。在这个助手身上,霍森费尔德尝试了一下用学过的波兰语沟通。"我的老伙计苏查尔斯基,"霍森费尔德这样称呼他的助手,"他的人生经历丰富,曾跑遍了整个俄罗斯,从贝加尔湖到高加索、从巴库到克里米亚。"这位小伙子很细心,负责照顾他的饮食起居。早上他把炉子打开,为霍森费尔德准备早餐。"我以前的助手就不像他这样无微不至地关心我。"

霍森费尔德参加了一次切乔拉神父主持的弥撒,但这种行为非常冒险,因为切乔拉仍然被安全警察通缉,所以参加他主持的活动是被严令禁止的。霍森费尔德一直没有参加德国神职人员的宗教仪式,虽然在华沙他们也会定期举办活动,但霍森费尔德还是觉得在波兰百姓中更加舒适与放松。"与虔诚的信徒一起聚会多么令人愉快。一切都是如此惬意和自然。"霍森费尔德还和切乔拉牧师结伴在波兰首都周边和克拉科夫旅行。起初,切乔拉牧师还有些犹豫,不知道要不要在大庭广众之下露面。但在这位德国军官的陪伴下,他觉得还是很安全的。而反过来说,在一些突发情况时,牧师也能为霍森费尔德提供帮助,比如波兰语翻译。这样霍森费尔德可以迅速与其他人交流并澄清情况。

5月底,佐菲亚·切乔拉邀请霍森费尔德夫妇再去卡洛林庄园做客。霍森费尔德写信给他的妻子,告诉她这个邀请。他在信中把上次回家度假没有说出口的话清楚地表达了出来:"你一起来吧,我会非常高兴的。我从来没有像这次这样紧张期待过。一起去吧!"安娜玛丽欣然同意了,并于1943年5月29日和女儿约林德一起到达萨姆特火车站,霍森费尔德在那里迎接她们,然后三人一起去卡洛林庄园。第二天,切乔拉夫妇带他们去附近的一个农场参观游玩。6月2日,他们离开了卡洛林庄园,夫妻俩再次分开。

然而,这次相聚结束得并不和谐,他们又进行了一番争吵。因为当他们告别时,安娜玛丽想到回到塔劳后她又是独自一人,便一下沉浸在难过和委屈之中。可她一到家就后悔了,她为什么又要责备他呢!"请你不要生我的气!……我想,在发生了这么多事之后,我们之间可能会存在一些问题。但请放心,在卡洛林的日子让我看到你是多么可爱,被你爱上是多么幸福。"她承诺会忘记两人之间一切的不开心。她意识到了自己的缺点。安娜玛丽是一个虚心接受意见的人,会因为别人的想法而想要改变。但是改变自己不是一件容易的事,她请求丈夫再多给她一点耐心,因为她还没有完全清楚该如何应对自己的情绪。

在1943年6月9日的信中,安娜玛丽真诚地表达了她的心声,即使他们经历了将近四年的分离,也偶尔产生过不和,她还是感觉自己在被他深深吸引着:"我知道没有什么比和你在一起、和你分享我们简单而忙碌的生活更令人渴望的了。在没有你的情况下,我在家里或是在花园里,在村子里或是在路上,因为没有你参与其中,我就好似什么都体验不到,即使景色很美,我也仿佛什么都没有经历。每天,甚至是每小时,我都感觉心里空落落的,因为没有你的建议和忠告,你的帮助,你的爱。"

在霍森费尔德寄去塔劳的信中,他尽其所能想修补、稳固两人的关系。他们夫妻之间最主要的纽带仍然是孩子们,他也一如既往地关心着孩子们的成长。他心中一次次地后悔没有看着他们长大,没有能够用言传身教影响他们。乌塔很快就6岁了,马上就要上学;约林德搬到了富尔达,在那上文理学校。现在她们俩正处在少年和青年时期,父母的教育对她们来说作用最强烈,能对以后的人生产生最大的影响。"亲爱的安妮米,我想如果你能看到我的日常生活,你会对我现在的状态非常满意。我每天都很充实,完成各个方面的工作,从早到晚都不觉得疲劳,身体上和精神上都很活跃。我觉得自己很健康,也很乐意创作。但在我做每一件事的时候,我都伴随着一种痛苦而甜蜜的感觉,那就是我想念你,但我们不能每时每刻在一起。"

5. 对痛苦之人的帮助——"救援犹太人行动"

1943年夏季，霍森费尔德再次将注意力转向各条战线的军事形势上。他对德国是否会输掉战争不再感兴趣，因为他确信德国不会成功，他现在只关心最终何时会输。然而他对战争结束时间的判断一直有所波动，有时他认为战争的结束可能很快就会到来，有时觉得德军仍然可以再坚持一段时间。

与此同时，他对时事的观察和分析也变得更加敏锐。例如，在1943年7月初，他注意到德国U型潜艇在世界各大洋上的战绩已经慢慢不再风光无限，而且被其击沉的船只数量明显也在减少。在与武装党卫军军官的交谈中，其他人推测表示，德军U型潜艇的撤退是出于战术上的考虑，以便准备后续的反击。霍森费尔德在他的日记中称这种假设很幼稚。他说，相反，英国已经开发出一种极其有效的反潜防御系统，使德国潜艇难以攻击护航船队。他还不知道的是，除此之外，英国人已经在1942年底成功破解了德国海军的"英格玛"密码编码机，并以此中断了德国U型潜艇舰队在对抗盟军舰艇中的一系列胜利纪录。

关于东线战区的情况，他也做出了自己的评论。他说："现在战区的状态已经发生了明显的变化。主动权在敌人手中，对手主宰着战争的进程。对我们来说，已经从闪电战变成了停滞不前的情况。但我们要知道，从来没有一场战争是只防御然后获胜的。我们可以指望敌人的内耗，但其实他们也完全可以背起手，等我们自行在疲惫中损耗兵力。"希特勒之前一声令下将士兵们赶进俄罗斯的极寒，而现在却已经没有人再注意他们了，所以他们感到自己被抛弃，被欺骗，被背叛。军心的涣散就是东线战区受挫的最根本原因，最后也将导致全盘崩溃。

1943年7月10日，以美国将军德怀特·艾森豪威尔为最高指挥官的盟军在西西里岛登陆，并在几周内成功迫使德国部队撤离该岛。战前，德军发布的分析报告表示，基本可以肯定，德国国防军可以毫不费力地把进攻者扔进大海。而霍森费尔德则不这么认为："英国人和美国人以精良的装备与我们作战，而且他们双方意见一致，合作无间；但是德国和意大利军队之间却没有建立良好友善的关系，意大利平民甚至对德国军队怀有明显的敌意。"

1943年7月25日，由于盟军在西西里岛成功登陆，引发了意大利的权力交接。意大利独裁领导人贝尼托·墨索里尼失去了法西斯对他的信任，不得不辞职，随后被关进监狱。六周后希特勒指派一支德国伞兵特种部队将他从监狱中释放出来。意大利国王任命彼得罗·巴多格里奥元帅为政府首脑。后意大利宣布加入盟军。霍森费尔德对此评论道："法西斯主义经历了它的第一次碰壁。"霍森费尔德不相信巴多格里奥对外界声称的"这场战争将继续打下去"。打赢这场战争是墨索里尼多年来未能实现的目标，更何况现在的外部条件无比糟糕，所以这位重新上任的独裁者依然不会成功，因为"意大利对和平的渴望与德国一样强烈"，更何况现在外部条件无比糟糕。

事实证明霍森费尔德是正确的，而且应验得比他想象的还要快。巴多格里奥元帅已于1943年9月3日与盟国达成停战协议，但直到五天后才出面宣布，显然是害怕盟友德国的反应。然而，德国事先已经对意大利的"背叛"有所怀疑，并着手控制了意大利中部和北部——霍森费尔德在1943年11月9日向妻子说明情况时采用了"背叛"一词。"在华沙，意大利背叛而加入盟军的消息一出，每个波兰人都欣喜若狂。为了庆祝，大家都喝醉了。我的邻居非常高兴，他已经提前关上了自己的商店，坐在旁边的酒吧里。他付了全场的酒钱，还亲吻了每一个进来的人。"

霍森费尔德已经预见到了欧洲南部发生如此变故，在瞬息万变的情况面前他还是保持清醒，做了一番冷静的思考和自我批评。他问自己，纳粹主义是怎么一步步登顶权力之巅的。1943年，霍森费尔德对自己提了一个要求,无论自己是否参与了行为上的罪恶,都要在心中承认德军身份带来的同谋之罪——每个这种身份的人都是犯罪的同谋。而这正是一部分德国人做不到的,有些人即使有了这份愧疚之心,也是在战争过去许多年后才愿意承认。"我们从来都是这样,常常指责别人,而不是从自己身上找原因……当纳粹上台时,我们没有做过任何事情来阻止它,也没有采取过任何措施把事情向着积极的方向引导。我们背叛了我们自己的理想、我们的民主制度、我们的宗教自由。工人被舆论带着跑,教会也袖手旁观,资产阶级太懦弱了,知识阶层也是如此。是我们默许了工会被粉碎,信仰被压制,新闻和广播失去言论自由。最后,是我们自己把自己赶入了战争。"(华沙日记,1943年7月6日)

霍森费尔德很快便将反思付诸行动,他继续实践自战争开始以来自己在波兰一直做的事情——帮助那些被压迫的人。出于虔诚的基督教信仰,他认为这一切是理所当然的。而这种做法,也正与"抵抗性救援"的理念完全契合。"抵抗性救援"是奥斯威辛集中营幸存者阿尔诺·卢斯蒂格提出的理念,他认为凡是反对法西斯罪行的行为都应受到赞誉,不是只有大规模的救援项目才值得尊敬,即使只是提出反对的声音,对当下的不公做出抵抗,也是一种对被压迫者的拯救。

霍森费尔德为了实施援助经常不顾自己的风险,特别是在他意识到德国实施的犯罪已经这般恶劣时,他更加果断地出手了。在他的笔记中,他分析过怎么样才能结束纳粹政权统治,并提出了和其他一些军官契合的观点:"在我看来,结束战争的唯一希望是国防军的将军们能够接管最高指挥权。"德国现在的实力仍然不容小觑:"如果我们把东线分散在各个国家的全体德军部队整合到一起,我们和俄罗斯战斗还是可以平分秋色。"

但现实中,已经有了个别高级军官尝试刺杀独裁者的例子,但均以失败告终。例如,1943年3月13日,亨宁·冯·特雷斯科上校偷运了一枚定时炸弹放置在希特勒的飞机上,但最终由于炸弹信管失效而没有爆炸。霍森费尔德对这些政变计划毫不知情,但他也自己想过,如果有人问他是否愿意参加其中，他会作何回答。在华沙日记的一个段落中，他给出了答案："我们不用指望军队发生政变，因为它最后会不知不觉地自取灭亡。"

他向妻子说，自己一直在关注着军事和政局的总体形势。从现在的军情上看，他和他的战友仍然有可能被命令前去前线服役。但他不觉得自己真的会被征召，因为他明白，华沙仍然需要自己。

1943年夏天，体育活动又开始全面展开。霍森费尔德在7月初组织了希特勒青年运动节。这是一个带有阅兵方阵的高规格活动，一部分年轻的新兵和德国少女联盟成员将会调来这里参赛。但霍森费尔德实在是高兴不起来，因为当局下令禁止波兰籍青年参加体育运动，他感到无比遗憾。这种做法无疑体现了德方的心虚和软弱，是对波兰人民意志和潜力的恐惧。

1943年8月底，德国国防军的体育周又要开始了，霍森费尔德投入了前期的准备。在此期间，他负责对接一支宣传部派来的摄影小组，他们要拍摄一部关于士兵休闲活动的短片，为新闻报道提供素材。在镜头前，下士使唤着新兵们，用最地道的军营用语教训着他们，这一切都是为了展现军队中严格的氛围。

8月，霍森费尔德被分配到了另一项任务，他需要管理一部分军队中正在服役的学生，他们将参加为期一周的强化课程，以获得更加实用的知识。为此，他向德国各大学的教授发出邀请，请他们前往华沙授课。他向妻子描述了自己工作的内容："我负责安排课程，还要联系教授，协调他们的行程和起居，制定时间表，为学员提供食物和住宿，发表开幕词以及对教授们的欢迎词，代表指挥官准备闭幕词，最后还要想办法弄到丰富学生娱乐生活的剧院门票，等等。"

第一批课程围绕经济学和工业技术两个方面开设。其中有一些学生之前已经拿到过文凭，甚至从事着专业工作，但他们仍来参加这一次的进修课程。在开幕式上，霍森费尔德又体验了一次久违的大学氛围：学生们大声地跺脚或者是敲桌子，用热烈的喝彩声来迎接他。随着教学业务的开展，这个课程计划涵盖的领域达到了前所未有的广度，不仅有体育课程、职业培训、针对学徒出师资格考试和高中毕业考试的讲解，现在甚至还包括了高等教育的内容。

课程结束后，他收到了很多感谢信，从内容中可以看出，学生们是多么喜欢这个课程。一位中士写道，在华沙的日子使他难以忘怀。平时的他每天经历着单调的军营生活，这次课程激起了他对知识的渴求，也重新唤醒了思维的敏捷性："上尉先生，您的闭幕词深深地打动了我，您在里面提到'学习就像海绵吸水'。我以后将像一块吸水的海绵一般，尽最大努力学习知识。"一位参加课程的射击手在信中写道，他其实不知道自己为什么会给他写信。"也许是很久以来第一次体会到这种自己被尊重、再思考的感觉……实在是非常感激。"

霍森费尔德从这些信件中获得了巨大的满足感，但这些并没有使他变得沾沾自喜。他向妻子说，他可以感受到这些年轻人其实内心很孤独，而他们真正需要的是找到一个善解人意的长辈给他们提供帮助，用真心为他们付出。甚至还有一些年轻的学员告诉他，有时他分享的道理对他们来说甚至比教授的讲课更有价值。

安娜玛丽对丈夫的许多活动感到好奇，她想确切了解他的工作和有关他的一切。她让丈夫把演讲的稿件预先寄给她，她看了之后还会提出修改意见。目前来看，塔劳的家没有什么大的变化，母亲继续努力在不尽如人意的环境中给孩子们提供最好的一切。赫尔穆特因为波兰管家的办事不力而迁怒于把她雇佣来的父亲。两人之间原本和谐融洽，现在儿子却有些不满。安娜玛丽试图为萨克斯太太主持公道，她解释说其实萨克斯太太也有很多优点，尽管她确实有所不足，比如经常生病，而且如果遇到不顺心的事也习惯待在房间里不出来。

如果家中一旦因为萨克斯太太发生了争吵，都是她自己向大家道歉，因为大家争吵的激烈程度让她心生愧疚。她每次都试图安抚大家的情绪，恢复家中平静的氛围。之后她还会去花园帮忙，有时甚至会去做不归她管的养蜂工作。她还帮女孩们缝制短裤，并把收来的旧布料重新加工成新衣服。她心里很清楚，自己不可能一直在塔劳生活。于是她也开始学习英语，德特勒夫成了她的老师，教她英语词汇的正确读音。

安娜玛丽在给儿子赫尔穆特的信中说，这段时间里她与管家相处得很好。她们在一起苦乐与共，虽然面临很多工作，但总能找到乐趣。现在她们每天都在为未来几个月的生活做准备：家里租了一块土地来种植土豆；准备再买一头猪，把它养肥后宰杀。现在物资匮乏，需要官方许可才能有购买生猪的资格。安娜玛丽与农民商讨了一下价格，她希望卖家再附赠多一些饲料，最后他同意了。

这头黑色的猪被家人们命名为"阿道夫"，渐渐地成为村里的一个"名人"。它会抢去孩子们的书包，接着不停地躲藏逃窜。它还常常在邻近的农场里游荡，最后是乌塔拿着食物桶去引诱它回家，但却并不是百试百灵。安娜玛丽推测说，它的体内仍然蕴藏着野猪的习性。"邻居都说这只猪能带来幸运，[1]但它其实是一只相当不守规矩的动物：它如果饿了，就会像狮子一样吼叫；有时趁我一不注意，它就会把我连人带饲料桶撞翻。"

有时，还会有一些其他不可预知的事情突然发生。一天晚上，安娜玛丽忘了关掉餐厅的灯，违反了当局夜间熄灯的命令。结果，一名不明身份的人在晚上打破了厨房的窗户，吓坏了房子里的一家人。

1943年8月底，二儿子德特勒夫被征召到卡塞尔，成为一名空军助手。她的二儿子也穿上了制服——光是想一想这个场景就已经让这位母亲感到不安了。当他从阁楼上拿着行李箱走下来时，母亲的眼泪夺眶而出。现在有关盟军空袭德国城市的报道不断，而这些消息比以往更强烈地困扰着安娜玛丽。卡塞尔、法兰克福（她的儿子赫尔穆特住在那里）以及埃森等城市（她的亲戚住在那里）上空的炸弹总是如同导火索，重燃她的恐惧。

德国的大城市一个接一个地沦为废墟，霍森费尔德同样也感到无力的

---

[1] 在德国文化中，猪被认为是幸运之物，人们相信它会带来好运。——译注

绝望。汉堡、科隆、慕尼黑……德国空军已经没有什么足以对抗盟军的轰炸机中队了。此时正值多事之秋，又发生了一件让霍森费尔德沮丧不已的事情：1943年秋天，华沙的安全形势急剧恶化。他在1943年10月20日写道，"这里的日子越发的不平静。几个有组织的地下革命团体冷静果断地袭击了警车，射杀了几名他们恨之入骨的德国人。紧接着革命者闯入了他们的住宅和办公室，麻利地解决掉了那些残酷无情、坏事做尽的士兵。"

两天前，20名被恣意逮捕扣押的波兰民众在华沙被公开枪杀。这样的行刑几乎每天都在发生，当众处决的目的无疑是一种威慑，然而却产生了相反的效果：波兰民众将这些被害者尊为烈士，对德国人的暗杀事件也继续增加。"在这一天以及随后的几天里，波兰民众集结起来，在行刑的广场游行，广场上铺满了鲜花。"就在处决前，还有被捕者呼吁群众继续抵抗，并振臂高呼，大喊他们不需要哀悼，因为他们是为自由的波兰而牺牲，死得其所。其中一人还在枪响前昂扬地唱起了波兰国歌。

有一天中午，霍森费尔德经过一个公告灯柱，柱子前聚集了一群人，灯柱上贴着的是德方一份附有名单的公告，上面列有100多名波兰人的名字。这份名单是被处决者的身份公示，他们和之前的被捕者一样，在不久前被枪杀了。公告周围围了一圈急切的人，他们焦灼地寻找着亲戚和熟人的名字。看到霍森费尔德和他德军上尉的肩章，他们立刻对他怒目而视，这些灼热的目光让他陷入了尴尬的境地，所以他只能不作停留，快速离开。几周后，他又看到贴出的一份270人的名单，名单中的人全都惨遭公开处决。波兰人民强烈谴责这些无法无天的杀人行径，但却无能为力。"我甚至相信，秘密警察对这些波兰人民的抵抗行为采取欢迎态度，这样他们就拥有了出于报复而灭绝波兰人的绝佳借口。毕竟从战争一开始，他们的首要原则就是消灭波兰的知识分子。"根据纳粹文件，从1943年9月中旬到10月中旬，华沙的司令部共记录了46名因突袭而受伤的德方士兵和安全警察，但对在此期间被射杀的波兰起义者却只字未提。

10月底，霍森费尔德回塔劳休了两个星期的探亲假。这个月早些时候,波兰管家已经带着她的儿子离开了塔劳,所以有大量家务工作等待完成。这个假期,霍森费尔德忙碌在屋子、院子和花园的各种劳作中。安娜玛丽非常感激丈夫回家之后的辛勤付出,他积极地支持起整个家庭。但这一年中,这已经是他的第三次回国休假了,申请限额已满,这也就意味着霍森费尔德不能和家人一起庆祝即将到来的圣诞节,而不得不留在华沙。好在他们夫妻俩之间的通信从未断过。11月和12月,安娜玛丽写给他的信中主要还是关于孩子们、日常的忧虑以及战争的动向。她祈祷着战争快点结束:"华沙的情况如何?你有很多工作吗?新课程何时开始?从前线传来的消息并不乐观;再加上在国内,路德维希港和柏林也遭到炮火的袭击。你说,在这样寒冷的天气里,房子被毁的话,无家可归的穷人能住在哪里呢?"

1943年11月底,她写道:"敌人的飞机不断在头顶上嗡嗡作响。虽然我们一切安全,但我实在担心离家乡山长水远的孩子们!自从赫尔穆特上次来过之后,我就没有他的消息了。今天我为德特勒夫收拾了一个包裹,他的一位战友明天从富尔达过来,可以捎上这个包裹。现在法兰克福和斯图加特被攻打得很厉害,不来梅的情况更糟糕。可怕的11月!听外面,风在房子周围肆虐,雨在窗户上拍打,这样的天气一看就是基督降临节[1]要到了!"

在华沙,天气同样是风雨交加。1943年11月27日,霍森费尔德再一次与宣传部合作,和一个新闻代表团一起出差。这一次,他们乘飞机前往白俄罗斯首都明斯克,并从那里向前线动身。代表团准备在那里采访一名战俘营中的波兰叛逃者,他选择投奔了德方阵营。由于天气恶劣,飞机不得不在白俄罗斯西南部的巴拉诺维奇泽附近的一个空军基地着陆。这是霍森费尔德人生中的第一次飞行,他觉得头晕目眩,很不适应。回到华沙后,当他踩到地面的那一刻,他很庆幸自己的脚下又是那片坚实的土地。

---

[1] 圣诞节前四周。——编者注

1943年12月初,霍森费尔德收到了一则令人心碎的消息,他以前的一位学生卡尔·菲舍尔去世了。他回忆道,自己在回国休假时还曾见过他的父母。这名士兵在东线战区的一次战斗后不幸双腿截肢。当时,他到达伦贝格的军事医院时就已经非常虚弱了,那时的他失血过多,而血液中毒和白喉又使他的身体状况雪上加霜。最后他还是没能抢救回来。"现在厄运挨家挨户地传递,从一个镇子到另一个镇子。"安娜玛丽在参加完为战争烈士举行的葬礼后写道。整个塔劳都沉浸在这样的痛苦中。单单在塔劳这样的小村庄里,"英雄母亲"的称号都多了很多,说明失去孩子的家庭数量正在增加。"如果让一个孩子年纪轻轻就上天堂是上帝的偏爱的话,那这份爱还是太沉重了。"

对于战争的残酷性霍森费尔德早已了然于心。近日他又经历了一件事,这件事霍森费尔德在一封信中详细地描述给了妻子:一位军官在霍森费尔德华沙的培训课程中任教,他和霍森费尔德一样是职业教师。他告诉了霍森费尔德一件刚刚发生在他身上的梦魇:柏林遭到空袭后,有人用电报要求他立即到柏林来,因为在那里发生了严重的"空袭破坏"。他在倒塌的公寓楼下目睹自己的三个孩子、妻子和父母的尸体从地下室里被拉出来。"他说,那一瞬间,他仿佛定住了,一动都动不了,他只能颤抖地盯着尸体和把他们拉出来的工人。他看到自己10岁的儿子和12岁的女儿躺在地上,当目光突然聚集到他们的手时,他的心彻底碎了,悲恸让他一句话也说不出来——他意识到两个孩子被困地下室后,在死亡来临的恐惧中只能不断地用手指尖绝望地挖墙,直至最后磨损露出了骨头。"

霍森费尔德不知道如何安慰他的战友,只能一直保持沉默。正当霍森费尔德流泪的时候,那人轻轻地捏了捏他的手,继续告诉他,原本这个圣诞节他是想和家人一起庆祝的。那人还说:"有时,我觉得自己就站在斯特拉斯堡大教堂的顶部,那是我童年生活的地方。我跨过护栏,来到露天的地方。我真的觉得自己正在坠落,急速坠入深渊,随后我看到自己躺在地上,支离破碎。"

安娜玛丽和在塔劳的孩子们还在热切地祈祷着可以在圣诞节见到霍森费尔德，希望他在圣诞节前的最后一刻回家，然而霍森费尔德已经接受了只能留在华沙的事实。在平安夜的前一天，他和他的波兰同事们一起庆祝圣诞节，一共来了30人。他们分工准备了一桌饭菜，还布置出来了一间教室。安东尼·切乔拉是他的得力助手，在他的帮助和指导下，霍森费尔德学到了很多波兰的圣诞习俗，但是由于现在粮食严重短缺，在这种情况下准备圣诞晚宴也只能简化一些步骤，但也尽力做到了最好。

"我们先喝了罗宋汤，这是一种非常美味的甜菜汤，要配白面包食用。随后，切乔拉先生用波兰语发表了讲话，然后再用德语表达了他的祝福。每个人面前都有一块圣餐饼，但不是圆形的，而是方形的。我，作为当中的'大家长'，拿到了最大的一个。现在每个人排队来到我旁边，用左手将圣饼递给我，而我需要从每个人那里掰下一块；而他们每一个走到我身边的人也掰下我手中的一块吃了。我们在交换食物时，也分别向对方表达了祝福。"

霍森费尔德还从华沙的一家糖果厂里为每个员工买了一袋糖果。饭后，霍森费尔德用波兰语给大家讲了几句心里话。他感谢了同事们的辛勤付出，而坐在下面的他们也对霍森费尔德大声地欢呼。

圣诞节前夕，霍森费尔德的思绪飘向了他在塔劳的亲人。妻子和五个孩子的照片一直立在他身边的床头柜上，圣诞节期间，他还应景地在旁边点燃了两根蜡烛。"我躺在床上，一点也不感到寂寞。看到照片，仿佛你们都实实在在地站在我面前，我可以看到你们唱着歌，还能看到你们的表情，清清楚楚地看到你们或喜悦或忧伤的脸。"

霍森费尔德的工作人员中包括了一名德国人，他在圣诞节前不久抵达华沙，接替一名已返回德国家乡的下士。这位新同事叫卡尔·霍尔勒，来自哈瑙，是一名共产主义者。霍森费尔德惊讶地发现他走路缓慢、步履蹒跚，并且身体各个部位经常出现疼痛，于是霍森费尔德想知道更多关于他的情况。起初霍尔勒拒绝了，他说他不能把这件事说出来；最后他还是鼓起勇气，稍带犹豫地说出了他在集中营中受到秘密警察的种种折磨。"他给我看了他的脚，上面充满了疤痕和血斑。他们一直都在打他，用棍子打他没穿鞋的脚，直到血肉模糊。他现在嘴里没有牙齿了，所有牙齿都在审讯时被直接打掉。有一次他躺在地上，一个党卫军士兵一脚将他的下颌踢碎了。他总共在集中营中遭受了一年半的非人折磨，这给他的心理造成了不可磨灭的阴影。"

霍森费尔德在1943年12月28日的日记中写道，在此之前其实他已经听说了很多党卫军的残忍行径，但他一直表示怀疑，认为这不可能是真的。现在，第一次有一个人站在他面前，用一种无可辩驳的方式证明了一切。为了记录真相，霍森费尔德把从霍尔勒那里了解到的党卫军和秘密警察的酷刑方法清楚地写在笔记本上："受害者被打掉牙齿，扯掉指甲，还有人用钻头钻进他们的膝盖骨。他们的手臂被折在背后用力往上吊，直至他们的手臂关节脱臼。还有一个人的生殖器上绑着一根钢丝，他被钢丝拉着倒吊在那，他就这样死去了。许多人就这样被折磨直至慢慢走向死亡。他们对自己的同胞都能狠心至此，现在我也可以想象，那些不幸的犹太人和波兰人在他们手下是如何悲惨地结束生命的。"

这份笔记将纳粹罪行的细节悉数公开披露。霍森费尔德忧心忡忡，他觉得政权高层的那群"恶棍"会把整个国家拖入灭顶之灾。他认为现在东部地区的暴力和杀戮正是之前德国国内风格的延续："在波兰，在南斯拉夫和俄罗斯，在那里德军带来的暴行就是德国当局打击异己手段的直接延续。而我们这些'傻瓜'居然相信，他们能给我们带来一个光明的未来。今天的每一个人都不得不承认，我们都或多或少地肯定了这种制度。这一切简直就是一种耻辱，见证着我们是如何被欺骗和愚弄的。"

对霍森费尔德来说，虽然迎来了新的一年，但1944年的开局就像去年年末一样令人沮丧。"每当我晚上躺在床上睡不着的时候，对德国的未来、对我们自己命运的担忧就会立刻涌上来，重重地压在我的心头。"从现在的情况来看，希望尤其渺茫：过去的一年中，东线战区损失惨重，德国国防军已经撤退了大约1300公里；而且数百架盟军飞机几乎每天都在德国上空盘旋，轰炸城市和工业企业。他预言，不久之后，没有一家德国公司可以幸免于这次战争。

1944年初，德国官方报纸批评美国人在向意大利南部进军时掠去了许多艺术珍品。而在霍森费尔德看来，反观德国人自己的作为，他们正在波兰和俄罗斯实施着军事突袭，不知道多少次大规模地掠夺破坏当地的文化资产，因此这样的控诉似乎达到了虚伪的极致。

在1月的第一个星期，霍森费尔德突然感到一阵钻心的疼痛，并且伴随着严重的呼吸困难，随后他被立即送入一家军事医院。医生诊断他患上了流感和胸膜炎，他需要在病床上躺一个多星期。1944年1月底，他前往塔劳休养两星期的申请获得了批准。与之前不同，这次他改变了往昔对工作废寝忘食的态度，选择尽量腾出时间陪伴家人，与妻子和孩子在家里快乐地聊天。德特勒夫现在是预备役炮兵，听说父亲回来了，他也申请了几天的假期回到家乡。他说："我清楚地记得，父亲给我们讲述了那些他了解的骇人听闻的真相，他谈到了集中营、对犹太人的灭绝屠杀和毒气室。此外，他还谈到有一支负责处理尸体的德军小分队全部被枪杀灭口了，这样就杜绝了他们今后向大众公布大屠杀情况的可能。"1944年2月，一家人享受着其乐融融的家庭氛围，可谁也想不到，这次的相聚竟是德特勒夫见到父亲的最后一面。

霍森费尔德刚离开家来到华沙，另一个忙碌的阶段就开始了。在车站接他的军士长让霍森费尔德赶快去做一个体检。这和当时的背景有关：为了填补作战部队中不足的兵力，判断一个士兵是否"适合作战"的分类标准放宽了。起初，医生给霍森费尔德的诊断书上写的是"中等适合作战"，但不久之后，"中等"这一限制就被另一位部队医生给划掉了。因此现在霍森费尔德的体检结果是适合打仗，这意味着霍森费尔德即将可能调往前线或其他德国占领的国家。他手下的波兰人都很惊愕，因为如果霍森费尔德不在波兰，就没有人会对他们伸出援手，他们将再次陷入万劫不复之境地。他自己一开始反应还比较冷静，但后来也涌上了一股深深的无力感，仿佛绝望将他牢牢抓住："现在究竟什么值得我们为之奋斗？对生活意义的怀疑像铅一样压在我身上。"他感觉自己就像一颗被来回推挤的棋子，陷入了抑郁的情绪。

他的上级还在试图把他留在华沙,但这些努力没有得到预想的效果。就目前而言,霍森费尔德不久就要调职的可能性很大。他一直尝试着安慰妻子,让她放心,说他相信自己大概率不会被调往前线。1944年3月12日,霍森费尔德举办了一场告别宴会,邀请同事们都来参加。霍森费尔德在这些同事之中已经有相熟不已、感情深厚的朋友了,他非常珍视这段友谊,所以他不希望这次调职之后自己就完全淡出了他们的生活。举办这场军营告别聚会之后,霍森费尔德一直在等待调任的通知,但通知却迟迟不来。此时,情况又变得不确定了,霍森费尔德的去留画上了一个问号。

　　但无论如何,他的日常工作还需要继续进行。由于晚上的宵禁,学生的课程参与度有时会下降,因此在教学设计上需要一些新的推力。霍森费尔德决定将课程转移到城市郊区的军队医院和一些军用建筑中,这样士兵们就不需要长途跋涉了。"我常常去军队医院,并借着这个机会去看望伤员。那里的情景总是让我热泪盈眶,那里涌现出的蓬勃的力量让我动容。我被这些在战争中落下残疾的士兵所感动:其中一个伤员躺在那里,他的双手被炮火炸断了,但他仍将残肢直直竖起在枕头上方——他还在试图做出一种敬礼的姿势。"

　　虽然现在霍森费尔德的前途未定,导致他有些分神,但是在工作上他却片刻不曾松懈。随着课程的进度,士兵们的反应不一:大多数士兵都很感激能有机会接受深造;但还有一部分人则不以为意,反而倾向于把课堂时间浪费掉。但好在霍森费尔德的努力颇有成效。1944年3月23日,他开心地记录道:"目前,我们有三个学生参加了高中毕业考试。"

　　而在这时,对什皮尔曼来说,为了生存而进行的斗争有增无减。有时运气好,他可以在朋友为他安排的藏身之处待上几周,还比较安全。但有时这样的日子只持续了几天,因为邻居们发现了他,什皮尔曼不得不逃离此地,以免被告发。在华沙,党卫军、秘密警察和一支专门检举揭发逃亡犹太人的团队在城内游荡,华沙四处都弥漫着恐惧的气氛。德国国防军现在处处挫败的处境导致高层气急败坏,这样的情绪更是进一步加剧了当地的严峻局势。在这样艰难的时局下，对一个具有影响力的犹太逃难者施以援手更是被明令禁止，所以没什么人敢铤而走险。而住宿并不是唯一的困难，现在食物也很短缺。更何况连坐制度，每个与什皮尔曼有关系的人都将置身险境。但令人感动的是，在这样的情况下，什皮尔曼的朋友仍然没有对他置之不理，只是有时供给确实会中断。

有一天，什皮尔曼看到一群党卫军进入他藏身的大楼，他们开始搜查各个单元，现在逃跑已经太晚了。他堵住了自己房间的前门，还在天花板上系上了一根绳子，这样在危急时刻就可上吊自尽。他不想活着落入德国人的手中，因为他知道活着被折磨反而痛苦得多。还好这一次安全警察没有找上门来，所幸这次突击检查不是针对他的。但麻烦的是，他住的楼仍然被里三层外三层地包围着，因此食物的供给被切断了。他在被围困的情况下吃完了所有的补给存粮，最后只能靠喝水度日。

什皮尔曼已经做好了饿死的准备。突然有一天，一个人敲开了他的房门，带来了一些吃的。终于有人来了！他告诉什皮尔曼自己叫萨拉。后来，什皮尔曼发现，这个人代表一个地下组织在整个华沙打着帮助什皮尔曼的名义募捐。"因为他知道，在拯救生命时没有人会吝啬，于是他借这个由头募集到了一大笔钱。但他明明向我的朋友保证，会天天来探望我，保障我的一切饮食起居。"而实际上，萨拉只是偶尔出现一下，补给根本不够，什皮尔曼几乎饿死在房间里。糟糕的环境之下，什皮尔曼得了黄疸病，同时还患上了胆囊炎，所以他需要依靠药物治疗。"如果秘密警察现在来了，我都没力气上吊自尽了。"大部分时间他都处于昏昏沉沉的状态。而一旦他醒过来，就被饥饿的痉挛所折磨。

幸好萨拉的谎言被戳破了，什皮尔曼及时得到了一位挚友的照顾，让他慢慢恢复了体力。"感谢上帝，没有让我在这个时候只能获得萨拉的'陪护'，而是由最好的、最愿意奉献的海伦娜·莱维茨卡照料着我。"在她的帮助下，什皮尔曼在1944年初逐渐康复了。

在写给妻子的长信中，霍森费尔德展开了对战后计划的思考，这些话他已经向赫尔穆特说过一次了。他自己没有其他的雄心壮志，只是想重新从事教育事业。但这会是一个艰难的开局，因为他们手头没有任何积蓄，没有自己的房子，工资仅仅勉强能够维持生计，而教师职业的清贫也让他知道自己将没有飞黄腾达的机会，但妻子同样支持他的这个想法。他还想为社会公益做出贡献："战后的重建一定是困难重重的，不可能会轻轻松松。我们得去为重建那些被摧毁的城市出一份力，帮助无家可归的人找到住所，并给他们提供保障生活的费用。"

霍森费尔德首先考虑的不是自己，而是战争造成的巨大社会问题。他相信，战争结束后，战胜国对德国人的态度不会是盲目的仇恨与报复，不会想要把德国人变成奴隶，因为和平与繁荣发展是每一个国家的心愿。"一个真正伟大的民主时代正在走来。"但是，德国犯下的罪行——屠杀犹太人、驱逐平民、强征劳工、摧毁城市……这些到底会带来什么样的判决？"毕竟从古至今，从未有过任何一场战争引起过这么多、这么声势浩大的群众运动：波兰边境的居民被迫举家逃离流亡，德裔波兰人全部迁居；俄罗斯平民忍受着战争中难以言喻的苦痛；法国、意大利、俄罗斯，到处都有难民；几百万犹太人被灭绝；德国城市被摧毁得如此严重，文物与工业遭到了严重迫害，居民无家可归；有几百万外国人被带到德国成为强制劳工；等等。这一切，都是因为几支敌对民族的军队剑拔弩张，他们胸中埋藏着仇恨，势要将对方摧毁。"（1944年3月25日，致安娜玛丽的信）

1944年3月底，虽然霍森费尔德还没有收到确切的调岗通知，当体育学校的波兰同事听说他即将离开，他们怀着不舍写下了一封感人的信。他们想让他知道，他们是多么感激他的帮助，感谢他的善良与友好。他们制作了一份证书，用波兰语和德语手写了一段话，最后还附有27个签名。排在第一位的是"切乔齐·A."，这是安东尼·切乔拉的代号，以此来隐藏自己的身份。信封上画着精致的树枝做装饰，上面点缀着精美的叶子和花朵。内文中，他们给收件人"霍森费尔德上尉"写道：

亲爱的上尉！在我们有幸与您合作的这段时间里，我们被您的善良深深折服。我们一致认为您是一个有良心的好上司，也是一位好父亲，所以我们很希望能够一直与您共事。

今天我们聚集在一起，不是为了和你永远告别，而是想要送给你一份小礼物，愿它成为一份永久的纪念，在未来漫漫长路上时刻提醒着你，有一群波兰的好朋友会永远想念着你。

愿琴斯托霍瓦的圣母[1]带给你和你的家人永恒的幸福。

1944年3月29日 于华沙

这几句平实的话语正是霍森费尔德所能想象到的对他工作的最高赞誉。在迫害和暴力的汪洋中，他以一己之力创造了一个人道主义的岛屿。而无奈的是，在1944年的春天，在这样人人自危的背景下，他的同事们不能在这封信中如实记录下霍森费尔德所做的具体善行，虽然那才是他们实际上想表达的东西。因为一旦被人发现，就会立即引火上身，甚至危及他们的恩人。然而没有人料到，如果这里他们详细地写明了霍森费尔德的所作所为，或许可以作为证据帮助霍森费尔德从苏联的囚禁中获释，但这又是后话了。

最近他总会出现一些不好的预感，并且这种预感比以往更强烈，他觉得即将会有灾难到来。果然不久之后，军事事件纷至沓来。几个月后，这些事件甚至将他卷入了一个生命受到威胁的危险境地。

霍森费尔德将这封他们写的信寄给了塔劳，他觉得把它放在那里比较安全，同时他还寄去了几份其他的文件。安娜玛丽很快就给他写了回信："今天我收到了你转寄来的信，里面是波兰朋友们的致谢，多么令人感动啊。我是真心为你能够获得如此真挚的情谊感到非常高兴。我相信等到你们

---

[1] 琴斯托霍瓦的光明山修道院是波兰最著名的圣母院。——译注

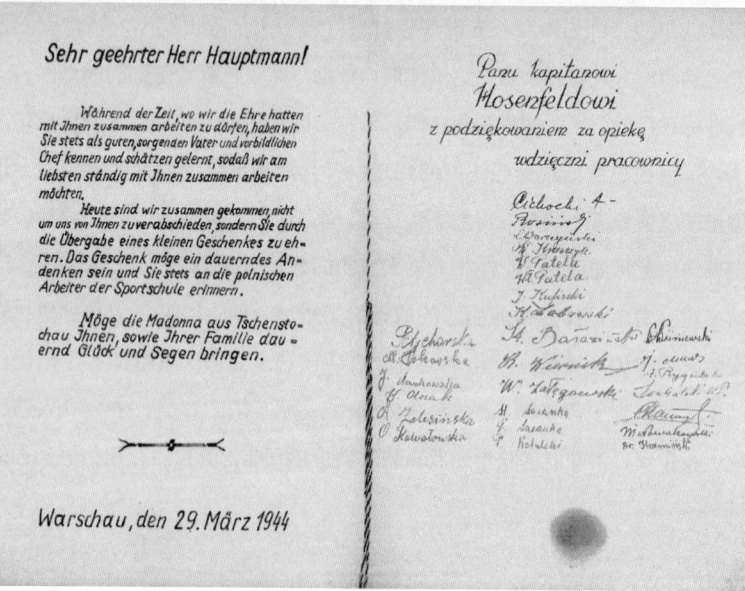

Sehr geehrter Herr Hauptmann!

Während der Zeit, wo wir die Ehre hatten mit Ihnen zusammen arbeiten zu dürfen, haben wir Sie stets als guten, sorgenden Vater und vorbildlichen Chef kennen und schätzen gelernt, sodaß wir am liebsten ständig mit Ihnen zusammen arbeiten möchten.

Heute sind wir zusammen gekommen, nicht um uns von Ihnen zu verabschieden, sondern Sie durch die Übergabe eines kleinen Geschenkes zu ehren. Das Geschenk möge ein dauerndes Andenken sein und Sie stets an die polnischen Arbeiter der Sportschule erinnern.

Möge die Madonna aus Tschenstochau Ihnen, sowie Ihrer Familie dauernd Glück und Segen bringen.

Warschau, den 29. März 1944

德国国防军体育学校中波兰同事送给霍森费尔德的信件

分别的那一天，他们会发自内心地不舍。"

在1944年4月4日给丈夫的信中，安娜玛丽誊写了曼弗雷德·豪斯曼的一首诗。她早些时候回了一次沃普斯韦德，在那里遇到了这位诗人。这次的回乡之旅让她能够与父亲和朋友团聚，和艺术家们打交道对安娜玛丽来说是一件乐事，让她跳脱出在塔劳的日常单调生活。"沃普斯韦德是我的另一个世界，对于这个伊甸园的思念一直萦绕在我的心头。"她还想顺道游览一下不来梅，但因为空袭频繁，这样做太冒险了。回程中，她在坍圮的汉诺威车站等待了好几个小时，终于等到了火车。

现在，城市被炸得满目疮痍，成千上万的人从城市搬到了农村，同样也搬到伦山区的塔劳小村。她向丈夫描述了她在富尔达和邻近村庄旅行时遇到的空袭难民列车："我看到了好多来自法兰克福、纽伦堡和卡塞尔的难民。一个女人带着四个孩子，一个还在婴儿车里，其他三个小孩子拿着包裹和背包在旁边跑。父亲带着两个行李箱，前面背着一个硕大的包。我看到好几个女士拎着包裹和行李箱，穿着胡乱搭配的衣服，显得很慌乱。以前，大家看到这样的场景还能笑一笑。可是今天，所有人都愁容满面。"

虽然纳粹政权在衰落的态势下仍宣称大家都满怀信心并随时准备为国牺牲，但在霍森费尔德的观察下，现实中的德国人绝对不是这样的状态。他写道，德国人士气低落，他们厌倦了，对战争提不起任何斗志了。每个人都在为自己的问题而苦恼。与一年前一样，一个为期两周的防毒课程定于1944年4月在西普鲁士的布龙贝格举行。霍森费尔德想和上次一样，与妻子以此为契机见上一面。现在长距离出行越来越危险了，因为盟军的轰炸机越来越频繁地攻击火车，但是安娜玛丽还是欣然前往。4月17日，安娜玛丽抵达布龙贝格，住进了她丈夫租下的丹齐格旅店。现在阿内蒙妮已经通过了护士考试，但目前还没有找到新的工作，所以仍然住在家里。安娜玛丽于是放心地在布龙贝格住了两个星期，因为她知道，阿内蒙妮可以把弟弟妹妹和这个家照顾得很好。

在回程中，这对夫妇先去了一趟格但斯克，然后又在格丁尼亚待了几天。德国人将格丁尼亚称为"哥登港",并把它变成了一个大型军舰的海军基地。两人参观了其中一艘停泊的船只,这是一艘重型巡洋舰,霍森费尔德对这样一艘船的精细做工和顶尖技术叹为观止。离开格丁尼亚后,他和妻子在波兹南附近的萨姆特与他们的波兰朋友一起小聚了一番。

回到华沙后,霍森费尔德惊讶地发现自己的工作场所并未更改,他没有被调往其他地方。1944年5月8日,他给塔劳寄去了一封信:"现在,我的工作又有了新动力。安娜玛丽,那段与你相处的轻松时光给我带来了很多快乐。"5月中旬,他准备再回一次塔劳,五旬节快到了,他想和家人一起度过。

6. 1944年的五旬节，最后一次回家休假——"是的，和你在一起的时光太美妙了！"

1944年5月27日至30日，霍森费尔德与他的家人在塔劳住了三天。除了德特勒夫在预备役炮兵营服役外，所有的孩子都回家过五旬节了。此次相聚之后不久，赫尔穆特又回到了法兰克福。没有人能预料到，这将是霍森费尔德最后一次回家休假。这一别后，安娜玛丽和孩子们就再也没见过他。安娜玛丽之后在信件中表达了对这次见面的留恋："我亲爱的维尔姆！一周前的那三天是多么地美好啊！这些短暂而幸福的记忆一直历历在目，给了我面对劳累和困难的力量。"

丈夫也完全同意："我亲爱的安妮米，我亲爱的三个女儿……我的思绪总是回到和你们在一起的时光，回忆那些美好的日子。今天，它就像一个梦一样出现在我的脑海。那三天里每天我们都有一个不同的主题：第一天我们在花园里工作，第二天是看着敌人的飞机隆隆地飞过天空，第三天我们一起运动。……在我回华沙的途中，当火车到达爱森纳赫车站时，警报突然响了起来。同行的乘客给大家讲了最近经常发生的针对火车的袭击事件。一瞬间，一种紧张的气氛笼罩着人们，但我心里却很安定，我感觉不会有事的……在车站，父母和子女拥抱着告别，这样的场景随处可见。在我脑海中有一个画面记忆得特别深刻：你和孩子们站在施马瑙的车站，向离去的火车挥手告别，我也在车里向你们告别。"在这封回信中，他多次强调了心中对妻子的情感："是的，和你在一起的时光太美妙了！"

1944年6月6日，美国人和英国人以坚不可摧的气势在法国大西洋海岸登陆。这次代号为"霸王行动"的军事计划打算让盟军从诺曼底海岸和空中两条途径对德国的"齐格菲防线"[1]进行突破。这也是斯大林一再要求开辟的第二条战线,旨在给德国造成新的压力,让苏联红军趁机在东部继续推进,对德国进行致命一击。霍森费尔德分析道:"大局已定了。"这是衰败的苗头。希特勒没有想过要投降,他还在一意孤行下去。霍森费尔德知道,西方盟军在海上和空中实力上都有明显优势。但他不了解的是,德国现在根本没有任何的防空军备。盟军在诺曼底成功登陆后,苏联将会趁机展开新的攻势,所以德军不得不严阵以待。在这样的前提下,霍森费尔德把返乡见家人的计划搁置了,但这就让安娜玛丽陷入了苦苦等待。在他的故乡塔劳,妻子正急切地希望他能回来——毕竟,上次五旬节的假期太短了。

从表面上看,最近几天华沙的一切如常。霍森费尔德还抽空拜访了一位生活在华沙的德国书商,他与这位书商相识已久。他欣然邀请霍森费尔德走进他的陈列室,那里藏有很多本当局划定的禁书。

现在霍森费尔德每天都会被调去做不同的任务,没有固定的工作地点。1944年6月15日,他在给妻子的信中说,他很感恩自己还能享受和平的每一天。但让人没想到的是,这封信中有一句话听起来像一句遗嘱:"一定要教育孩子们敬畏上帝。你可能会觉得很惊讶,我为什么会突然讲这些,但我是认真的。如果没有信仰,往后的一切都只是建立在沙子上,一吹就散。"

出于保密的考虑,霍森费尔德现在选择在信中隐去安东尼·切乔拉的姓名,而是称他为"我的熟人"。他邀请霍森费尔德参加1944年6月17日的礼拜纪念活动,这是纪念切乔拉成为牧师十周年的圣餐仪式。仪式在华沙的一座教堂里秘密进行。切乔拉牧师在战后出言证实了霍森费尔德当天确实全程

---

[1] 齐格菲防线是纳粹德国在第二次世界大战开始前,在其西部边境地区构筑的对抗法国马其诺防线的筑垒体系。——译注

在场，他身着全套军装制服，以弥撒侍者的身份完成仪式。这是一个令人错愕的场景：一身德军制服的霍森费尔德在一位被秘密警察通缉的波兰牧师，同时也是他用假名雇佣的体育学校波兰语老师面前跪倒。

有一天，他来到体育中心附近的一座教堂，那里正在举行孩子们的礼拜仪式。他刚一进门，就立即成为关注的焦点。有几个男孩从教堂外的运动场就认出了他，热情地和他打了招呼。"他们见到我非常开心，他们很想向我展示他们对我的友善。有一个男孩从教堂的另一端向我走过来，他站在我身边，一直对着我微笑。"

波兰人对上帝的虔诚深深地震撼了他的心。"参加这些虔诚教徒的聚会是那么让人舒心。"一切都是热情自发、随心而为的。霍森费尔德自己对基督教的理解已经超越了形式和仪式，他的信仰已经融入了他的精神世界。切乔拉神父有一次告诉他，德国人推倒了波兹南的一座耶稣圣心雕像。得知此事后，霍森费尔德在给妻子的信中写道，看得见的东西可以被摧毁和消灭，但看不见的东西是暴力无法企及的，比如宗教，比如信仰。"新异教主义正在试图根除宗教的影响，在这样的氛围中人们确实有时会忘记信仰。但是，你要相信，某一个时间，某一个地点，信仰一定又会萌发出来，显示它的力量。有时，信仰才是永恒的真实。"

在他的一封信中谈到了戈培尔故意散布的一个烟雾弹，戈培尔说德国很快就会拥有一种秘密武器。这款武器具有巨大破坏力，有了它，就有可能带来战争的转折点。霍森费尔德评论说："没有人相信他说的这一点。他自己（戈培尔）肯定也不相信。我们的朋友（指盟国）在空中作战比德军更有优势，双方空军实力悬殊。仅凭这一点，他们就能把胜利抓在手中。"

1944年6月29日，两名年轻的指挥部宪兵在午休期间去见霍森费尔德上尉，几人聊起了霍森费尔德的职位安排。最近一段时间希特勒亲自下令，在军队后方寻找人员储备填补前线的空缺。"这两位都来自前线，举止潇洒有魄力。他们胸口都挂满了勋章，举手投足间透露着对自己权力的自信。"霍森费尔德请他们到阳台来坐。但是令人遗憾，谈话并不和谐，霍森费尔德很快发现自己受到了严厉的审讯,这两位似乎是带着目的前来证明霍森费尔德在华沙的工作可有可无,因此非常适合被调去前线。他向两位展示了他负责组织的讲座目录和他多年来撰写的大量报告,并主动拿出了他曾经负责活动的材料。

原先,这两位宪兵已经胸有成竹,他们已经把霍森费尔德看成了下一位调去前线的候选人,觉得可以谈妥。可是霍森费尔德不卑不亢、充满热忱地讲解了自己的工作。在此之前,他们二位完全不了解体育官员这一岗位;可听完介绍,他们都被霍森费尔德的认真态度折服了。他们收回了继续劝说的想法。"两位收回了刚刚掏出的铅笔,有待填写的前线等级评价表还是一片空白。之后,我带他们去了游泳池,带他们参观了运动场和停船库。他们好像很感兴趣,并且积极地向我报名参加下一次的帆船训练营。"

霍森费尔德可以不用去前线了,可以说这是一场有惊无险的胜利。但这并没有让霍森费尔德开心太久,因为在接下来的几周里,周围发生的一切都并不顺利。民政部门下令关闭德国学校,所以德裔学龄儿童不得不离开华沙,很快,他们的父母和亲戚们也加入了离开华沙的队伍。在几天之内,就形成了一场大规模的逃亡运动,所幸这次的活动相对有序,没有出现极度混乱的事故。1944年7月24

霍森费尔德和他的女儿阿内蒙妮、约林德(站立着的女孩)于1944年五旬节,这是霍森费尔德最后一次回家休假

日,霍森费尔德在给妻子的信中说道,她一定无法想象在华沙发生了什么:"从昨天起,他们就开始撤离了。首先撤离的是德国老百姓,多为妇女和儿童,当然,只有平民才撤离。城市的大街小巷中全是卡车,拉家具的车停在房子边。他们只能携带生活必需品,所有那些自行没收的波兰财物一件也不许带走。货车上密密麻麻地堆着箱子和麻袋、散落着被褥和餐具,要撤离的人只能蹲在车上面。"

一直在参谋部和电话局工作的女助手们也离开了,她们主要辅助德国国防军的行政工作。原先逃离的只有民众,而现在占领军的工作人员也撤离了,这让人们清楚了德国占领军的态度——波兰的德国占领期要结束了。正如霍森费尔德描述的那样,仓库和工厂中储存的大量货物也被运走了,如果运不走就直接炸毁。他自己也采取了一些措施,把一些预计在华沙用不到的东西通过快递寄回德国。"我把所有的东西都打包了,但能不能拿得了这么多还是个问题。"他看得出不久的将来华沙会出现一阵轩然大波,他期盼着可以在这场混乱开始之前安全返回德国,但现在看来一切都是未知数。

现在最高行政区司令部和城市司令部之间一直有频繁的人员调动,但是由于体系的松散,导致这两个机构完全不知道对方那里在做什么。此外,德国国防军和民政部门之间的协调并不顺利,交接中充满了不确定性。7月26日,霍森费尔德在华沙日记中写道:"到目前为止,我还没有接到负责具体某一个项目的命令,所以我基本上都是做一些灵活机动的工作。比如今天我就要为400名劳工联系好一列火车,把他们拉去华沙南部的古拉—卡尔瓦利亚村挖一条坦克战壕。这项任务劳动局已经发出了通告,但没有一个人听从指挥,波兰人不再执行德国人的命令了。从这时起,民政部门退出了权力的舞台,国防军开始接管了指挥权。"

苏联红军对波兰首都的进攻预计会从古拉—卡尔瓦利亚开始。红军在那里停顿下来,做好战斗准备。华沙的居民拒绝了德国突击队提出的所有增援需求,不管是命令的口吻还是恳求的语气一律没有得到回应。

有几次，霍森费尔德观察到美国飞机穿越华沙，这些飞机是来运输补给的。但斯大林禁止从意大利起飞的盟军飞机空投补给物资到华沙后降落到苏联机场，这显然造成了不便。而德军这边，往常往西出发的休假专列都是满员，但现在空空荡荡。士兵统统取消了假期，增援前线的部队去了——局势并不明朗。为了准备即将到来的战斗，当局宣布华沙为"不撤退地区"。根据元首的命令，靠近战局前线的城市要在军事上特别设防，这样在必要时吸引敌人包围这些城市，从而束缚敌方的部队。

"几乎每个人都沉浸在一种紧张、不安的情绪中，有时自嘲与幽默也陪伴着大家，让人从积极的一面看问题。"霍森菲尔心里打鼓，他已经预料到了最坏的情况。在苏联红军夏季攻势的压力下，德军中线战队已全然崩溃，阻碍苏军向华沙推进的大坝轰然崩塌。"你在信中写到经常感到抑郁和悲伤。现在这样的时局下每个人恐怕都一样，每个人都要消化自己的悲伤。而只有当我想起你，想起我们的家时，我就感觉自己在向一座伊甸园般的小岛招着手——那是一片能给予我宁静的地方。"

1944年7月底，情况变得愈加危险了，苏联红军的几个部队已经踏进了距华沙50公里的范围。过不了多久，他们就能到达维斯瓦河。"前一天晚上大家都高度警戒，所有的士兵和官员都被部署了侦查和防卫工作。没有人上床睡觉，上级命令他们必须待在警戒哨或值班室里，全面做好战斗准备。"每天晚上，甚至包括现在，华沙郊区都能听到前线雷鸣般的枪声。我估计，俄国人将从西南面和东面逼近这座城市。他们还没有横渡维斯瓦河，但估计今天就有这个打算。今天我调到了华沙城市司令部，将和所有这些被分配到这里的德国士兵生死与共。如果不尽快撤离，我们可能谁也走不出去了。"（华沙日记，1944年7月30日）

幸运的是，什皮尔曼一直得到海伦娜·莱维茨卡的照顾，他从海伦娜那里听说了盟军在诺曼底登陆的消息。"值得庆祝的消息太多太多了，它们以闪电般的速度扎堆般地传到我耳边：法国被盟军占领，意大利投降，苏联红军正向波兰边境推进，卢布林解放了。"他还听说了华沙即将发起一场新的起义，准备工作正在如火如荼地进行。什皮尔曼还打听到了地下军队购买冲锋枪的情况，他们的实力不断扩大。在战斗开始前不久，海伦娜·莱维茨卡来到了他的藏身处找他告别。她哭着问道："我们还会见面吗，亲爱的瓦迪克？"

德国国防军最初曾试图在华沙以东的坦克战中阻止苏军的前进，此战虽然损失惨重，但还是暂时取得了成功。然而，防线最终还是失守了，敌人最后在维斯瓦河上搭建了一个驻扎点，在那里建起两个桥头堡，准备为以后的前线进攻扩大阵地。这一战局戏剧性的发展打破了驻扎在华沙的士兵和军官的希望，整座城市危在旦夕，苏军向西的进攻蓄势待发。"家乡军"是波兰地下军队的名号，他们与在伦敦的波兰流亡政府协商，认为在红军进军之前正是将华沙从德国占领下解放出来的有利时机，甚至说不定他们的行动还可以争取到红军的支持。1944年8月1日，武装起义爆发，其他波兰地下组织也纷纷加入。开始时，大约3万名战士攻占了城市的核心区域。这时，霍森费尔德受命担任城市司令部第三参谋部部长[1]，他负责审讯被俘的地下战士获取敌人的情报、侦察前线的情况等等。上述内容他每天都要向赖纳·斯塔赫尔将军汇报数次。

在1944年8月4日的信中，他向妻子讲述了地下军队起义的情况，他尽量态度乐观积极地和妻子解释他的工作。他写道，这是一个全新的领域，给他带来了很多新鲜感，但他仍需要花点时间去熟悉它——总的来说他做得不错。随后他补充道："这两天，我亲历了炮火的残酷破坏，见证着百姓们在双方武装战斗中失去他们的庇护所，这些景象深深刺痛着我。从前我一直未曾亲眼见到战争的恐怖，这些天惊心动魄的经历让我大受震撼。我真心希望一切都会好起来，希望能有办法离开这片暗无天日的混乱。"

地下军队的勇气和斗志深深地震撼了霍森费尔德："即使是出动坦克，

---

[1] 第三参谋部负责敌军情报以及反情报任务，又称情报参谋部。

或者对他们进行猛烈的空中轰炸，似乎也无法阻止反抗的势头。他们规划得很好，平民百姓先逃到某个地方集中起来，地下军队的成员再占据废墟，烧毁街道，然后向街上能看到的一切开火。"

霍森费尔德写下这段话的时候是1944年8月6日，他深信这些邮件一定会送到家人的手中。几乎每天晚上都有一支由坦克护送的车队开往华沙西郊，车队中存放的就是德国人写的一封封待寄出的家书和包裹，然后信件和包裹就被转移到火车上送去德国。但这些包裹在分发时就没有这么严密的管理了，因此经常有丢件的情况。安娜玛丽在1944年下半年寄给丈夫的大部分信件都没有保存下来，研究者推测，霍森费尔德应该是把这些信一起带进俄罗斯的战俘营了。1944年7月13日，她焦急地问道："你怎么样了？你收到我的信了吗？我想，柏林和莱比锡被炸的形势如此严峻，恐怕已经切断了邮政的交通。"这种漫长而又焦急的等待让她紧张到无法忍受，她在信的最后近乎绝望地问："亲爱的，你还保有勇气和希望吗？"

1944年7月16日，她又写了一封信，这是保留下来的最后一封由她写给霍森费尔德的信。她告诉丈夫，现在塔劳的邮政部门每周只派发一次信件。她的妹妹格特鲁德和丈夫住在慕尼黑，那里遭到了猛烈的轰炸。"我觉得我近期应该是没希望再见到你了。虽然只是猜测，但它真实得让我绝望。我有很多事情想和你讨论，最重要的是，我非常需要你，需要你的爱和你的安慰。你也是如此需要我吗？我们得知了很多近期前线的新闻，对此我们是应该感到高兴、松一口气；还是越发地恐惧、担心和焦虑？我想这两者都有可能。当俄国人来到华沙时，我真的不确定他们会做什么。我亲爱的丈夫，只要你一找到机会，就请立刻给我消息。只需简短几个字即可！在过去的几周里，我变得很紧张，这也可能是工作负担过重造成的。"

然后安娜玛丽记录了她那天的经历，比如庆祝孩子们的生日聚会、提纯蜂蜜以及在花园里除草。她还不忘提到家里那片盛开着罂粟花的花坛，霍森费尔德特别喜欢这种花，因为它有着柔软的叶片，在太阳下闪烁着光泽。

通过霍森费尔德对华沙的文字记录，他自然而然地成为此次历史事件的记录者，而这些事件后来都被写入了历史书。毕竟，整个世界的目光现在都汇聚于这座维斯瓦河上的大都市，在这一刻，华沙人民第二次奋起反抗暴虐的占领政权。在绝望中他们展现出了孤注一掷的勇气，决心重获自由。这次起义史称华沙起义。为了不惜一切镇压起义，党卫军全国总指挥希姆莱向华沙派出了冲锋队作为增援。日子一天天过去，城市中越来越多的地方沦为了废墟。"令人心碎的场景在着火的街道上一幕幕地发生：居民们全家老少都藏在地下室里，随后德国人来挨家挨户地扫荡，他们在行动中被赶到街上。前一天不论男女老少一律下令屠杀，而不知是谁发布了新指令，昨天只有男人成为行刑的目标，女人和孩子得以幸免。"

霍森费尔德从一名安全警察中尉那听说，希姆莱已经下了命令要杀光全部男性。希姆莱接到希特勒的命令，要"把华沙夷为平地"，且下命令"不加区别地屠杀居民"。1944年8月和9月，在他的授意下，党卫军全国副总指挥埃里克·冯·德姆·巴赫—泽列夫斯基（1899—1972）领导的部队杀死了数万名平民。这位上将从1944年8月底开始全权负责镇压华沙起义，他原先的大本营在华沙附近的索查切。

霍森费尔德相信，波兰人每多坚持一天都是一种胜利。他坚信苏军会发动进攻，只是时间还不确定罢了。红军已经养精蓄锐了这么久，德国国防军无法阻止他们的攻势。在征服华沙之后，红军恐怕也不会停住脚步的。他向自己的日记本倾诉："我已经认命了，我现在没办法离开华沙，对我来说最好的结局就是被俄国人俘虏。"许多德国军官仍然没有看出局势是多么无望，他们完全高估了国防军的力量，霍森费尔德对他们这种迟钝大感震惊。

霍森费尔德知道有一位军官即将离开华沙，准备回到下萨克森州的施塔德。霍森费尔德便把一封写给安娜玛丽的信交给了他，还有一只手表和一套银餐具，他拜托这位军官也带去塔劳。霍森费尔德一直把这些贵重物品贴身保管，但他觉得现在放在自己身边太危险了，但如果用寄邮件的方式他又放不下心。他没有告诉妻子真实情况的严重性，以免她更加担心。与此同时，一场群众暴动在华沙爆发了。在他的办公室里，霍森费尔德看着整个城市瞬间失去了繁华与秩序，只剩下奔波着逃离的人。这样看来，他们认输了，对华沙，对波兰，也是对整场战争。

"我们一直把自己当成了这里的主人，或者至少我们表现得好像自己是主人一样，仿佛自古以来一直如此。而现在大势已去，我们不得不意识到一切都结束了。在一瞬间，我们改变策略，着手摧毁一切我们在这里留下的痕迹。德国民政部门原来对这些自己带来的改变是多么引以为豪，他们将这些改变当作功绩，凭借这些成果向世界证明自己存在的必要性，证明自己统治的高明。现在，我们却要亲手毁了它们。这彻底宣告了我们东方政策的失败，华沙的毁灭就是这一政策的墓志铭。"

起义军期盼的、同时也是霍森费尔德意料中的苏联攻势起初未能实现。英国飞机在华沙上空盘旋，为革命战士投放救援物资。但有一些飞机进入了德国高射炮的射程范围，被击落了。红军没有采取任何措施协助这些地下战士，不仅如此，他们还有意无意地阻碍了空中支援。"俄国人直接粗暴地抛弃了波兰人"，霍森费尔德在给妻子的信中说。信中还提到切乔拉神父最近曾联系过他一次。他刚从一个营地中逃出来，找到霍森费尔德，希望他能开具一份假证明，表明他曾在德国军队中服过役。

1944年8月底，切乔拉牧师又来找了霍森费尔德一次。他看起来十分焦急，恳求霍森费尔德帮帮他。"我很伤心，但我已经尽力了。还能怎么做呢？他能挺过来吗？我肯定不能带他来我工作或居住的地方，这样太暴露了。他说他刚从修建路障的地方回来。波兰人现在不得不冒着自己同胞的炮火，在街上替德国人做基建维护工作。"切乔拉家所在的地区仍然在德军控制下，所以他不能回到那里去。"我十分同情他，但我又能做些什么呢？"

现在霍森费尔德与他之前的同事完全失去了见面的机会。他和其他几名军官一直待在城市司令部的办公室，很少出去呼吸新鲜空气，所以他经常感觉头痛。"城市司令部周围驻扎着一个由坦克、车辆和士兵组成的军营。司令部没有受到攻击，叛乱分子不会有什么重型武器来攻击这里的。你肯定会很担心我吧，老实说现在情况并不乐观，但我不会向你隐瞒。我相信如果真有叛乱发生，我们肯定可以及时逃脱的。"

7. "我尽力拯救每一个可以救下的人。"

"谁如果体验过见证一个原先文明辉煌的城市在死亡边缘沉沦,那么对他而言,所有的烦恼和困难都不再值得一提。我想把自己从所有这些负面的想法中剥离出来,想一想美丽和快乐的事情,但我不能。即使是向上帝祈祷,我的回忆还是充满着苦涩。这件事就拜托你来做了,说点让我开心的往事吧。我期待着你的回信!"

1944年8月12日,霍森费尔德在华沙给他的妻子和孩子们写下这几句话的时候,波兰的家乡军和德国国防军之间的战斗还胜负未分。但现在看来,推进到维斯瓦河的苏军尚未行动,起义军的败势已现端倪。战火多集中在华沙老城,城中有3万多居民被困在地窖和破败的房子里。市中心也是战况激烈。

霍森费尔德仍然在城市司令部就职。他日常的工作量很大,但他却并没有放弃把周围发生的事情和自己的感想记录在纸上这一习惯。也许是他估计着自己今后没有多少时间与家人频繁地书信联系,也没太多时间记录周遭发生的戏剧化细节,他抓紧一切时间做记录。

霍森费尔德现在担任城市司令部的参谋一职,成为赖纳·斯塔赫尔将军的得力助手。1944年7月,斯塔赫尔将军才从立陶宛调到华沙。先前,斯塔赫尔将军成功在立陶宛首都维尔纽斯打破了苏军的包围,并随后一路向西作战。斯塔赫尔将军现在担任华沙的城市指挥官,他给霍森费尔德下达过几个有挑战性的命令,例如要求他带着两名波兰牧师开车穿过城市,前往维斯瓦河另一边的普拉加。这项任务的目的是让波兰牧师看到一路上破坏的严重程度，随后敦促仍留守原地的普拉加居民赶快离开。将军告诉霍森费尔德与牧师，由于战斗迫在眉睫，撤离势在必行。

还有一次，1944年8月20日星期日，霍森费尔德奉上级之命，将华沙大主教区的副主教安东尼·瓦迪斯瓦夫·斯拉格夫斯基带去安全地带。首先他们先前往华沙以西约60公里处的索查切市，安排副主教住在那里的一家旅馆。第二天早上，霍森费尔德陪同他来到一所修女院，他们在那里为斯拉格夫斯基副主教安排了一间临时公寓。"最后一段路，大约1公里，我们要穿过游击队的领地。老先生已经八十高龄了，但此时情况紧急，他不得不钻进一辆装甲运兵车。副主教担心路上会突发变故，所幸一切都很顺利。"这座修女院的一位修女在先前营救一名受伤的德国士兵时卷入战火受了重伤，而另一名修女在此次交火中死去。斯塔赫尔将军给了霍森费尔德一些药品来探望那位受伤的修女。

历史学家沃格尔认为，斯塔赫尔将军给霍森费尔德下达护送华沙副主教的指令，此举可能是为了德方日后与起义人士谈判时争取到波兰有社会影响力的人士的支持。此次行动圆满成功，霍森费尔德的上司对他的表现非常满意，在一次大会上点名表扬了他。

战火越来越接近城市司令部。霍森费尔德不仅能听到机枪的射击声和大炮的轰鸣声，还能亲眼看到这些武器和划过空气的炮火。1944年8月23日，他目睹了位于500米外克拉考尔大街上的圣十字教堂化为废墟，那是一座美丽的巴洛克风格建筑。"从我的窗口，我看着庞大而宏伟的圣十字教堂被击落在火焰中。一座又一座塔楼沉入火海，现在只有一片废墟斜倚在升腾的烟雾之间。"

拉森克维斯卡街上的体育学校现在已经了无生气了，曾经霍森费尔德那么重视体育培养，体育教育欣欣向荣；而现在在体育学校被地下起义军占领下来作为自己的据点。党卫军部队对地下军进行了残酷无情的打击，不仅如此，他们还对平民展开报复，比如强奸妇女、无差别地枪击百姓等等，犯下种种恶行。党卫军队长奥斯卡·迪勒万格尤其心狠手辣，他是个"胖乎乎的家伙，面目凶狠。他穿着衬衫，袖子卷起来，简直像个屠夫"。根据历史学家沃齐米日·博罗杰的研究，迪勒万格领导的军团已经在东线战场后方造下无数杀孽："这个军团是由一群德国的罪犯组建成的——偷猎者、职业罪犯、被判处缓刑的党卫军成员等。"

在当时的情况下，家乡军成员但凡落入德国人之手就基本与结束生命画上了等号。一开始是直接不由分说，抓住就当场击毙；后来，德国人开始对他们实行拷问，如果他们能提供一些有用的信息，比如地下军队的规模或者战术，他们有机会活命——至少目前是这样。审讯囚犯是华沙起义期间霍森费尔德的主要任务之一。

霍森费尔德在笔记中写道，在审讯过程中，他多次出现良心上的煎熬。他经常遇到一些有朝气的年轻波兰人，他们的勇气和理想主义让他印象深刻。他曾经对一名19岁的少年做出审讯，他记录道："他在陈述之时大义凛然。我想他一定对自己身上的制服，对自己的起义军身份感到无上光荣。这身装备是他们从一个德国仓库缴获的。他穿着白色雪地伪装服，外面穿的是德国迷彩服和加绒长裤，脚上是德国式系带靴。他自豪地将象征波兰的鹰别在德式船形军帽上。"

一批年轻的女孩子也自愿为地下军出一份力，她们帮忙送信，平时也负责帮他们运输一些基本的生活用品。这些人也一并受到了审讯。在申辩时，这些女孩们没有可怜无助地乞求霍森费尔德保全她们的生命，而是不卑不亢，自信地面对他的提问。"对波兰人民来说，他们的生活真的是全无希望了：德国对波兰百姓没有一丝怜悯，盟国也不曾伸出援手。尽管如此，起义军领导人仍保有苏军即将扭转局势的希望。有一些囚犯受了伤，我觉得最重要的是要保住这些奄奄一息的生命，所以我留意着这件事，确保他们得到了救治。但现在，痛苦和不公已经成为生活的一部分，如果仅以个人之力去帮助他们似乎于事无补。但是，如果他们感到一点点的关怀，他们将会多么快乐啊。"

起义持续的时间越长，被带来审讯的囚犯数量就越多。霍森费尔德慢慢变成了他们的辩护人。他先去向指挥官斯塔赫尔游说，把起义的家乡军成员当作普通战俘对待，这样一来，对待他们的方式就会温和很多。斯塔赫尔断然拒绝，他说党卫军全国总指挥海因里希·希姆莱下达了一项命令，将家乡军成员直接定性为"土匪和叛徒"，需要毫不留情地剿灭。

霍森费尔德一直极力反对，表示这样太过不公正，最后斯塔赫尔将军命令他接受两名军队律师的"指导与劝解"。这两名律师说明了斯塔赫尔将军的授意，并对霍森费尔德说他无权过问对家乡军成员的处理方式，这要由他的上司来决定。然而霍森费尔德充满毅力，他再次找到斯塔赫尔询问俘虏的家乡军成员将如何处置，并尽力地说服他降低责罚。斯塔赫尔略带犹豫，但仍回答说他们将由保安局或安全警察执行判决。然而，不知何故，或许是被下属的坚持打动了，在霍森费尔德这次说情后，斯塔赫尔同意将家乡军成员归类为普通战俘。他们被安置在一个接待营看管，受伤的起义军战士也得到了医疗护理。霍森费尔德的愿望达成了，而此次行动中他又挽救了大约30名波兰人的生命。

"今天，又带来了一位革命者和一个16岁的女孩要我们审问，从他们俩这里都没能问到任何消息，但也许我可以试试救下这个女孩。昨天，一名女大学生被带了进来，她也参与了抵抗运动。然后是一名波兰警员，56岁。出于热忱而浓烈的爱国情，他们选择拿起武器，但我们却不能放过他们。我尽力拯救每一个可以救下的人，甚至那名警员我也尝试了一切办法。其实客观来说我非常不适合做这样的审讯工作，至少不是以这样冷酷无情的方式进行，虽然这种方式在这里司空见惯。然而，我很感激他们把这个工作分配给我来完成，因为只有这样，我才能尽我所能去弥补一些东西。"

在另一封信中，他向妻子描述了他正在处理的新案件："又来了三个年轻女孩，是学生，她们在运送传单和地图时被抓了。我现在应该如何处理这件事？如果严格按照设定的标准，那么她们就会被枪毙。如果有可能的话，我想把她们救出来。"从这些文字中我们看不出霍森费尔德究竟具体做了什么，毕竟直接在信件中记录这些细节风险太高了。

霍森费尔德有一天看到，那些被枪杀的游击队员的身份文件和个人物品经由整理后放在了他的桌子上。几乎在每个钱包里他都发现了一张圣母玛利亚的画像或者是一个装有圣像的圆形雕花小盒。"很奇怪，这个情景让我心上一颤，我大受触动。我们都觉得'虚无缥缈'的圣母是不会看到我们的，但谁又知道她不会这样做呢？"早些时候，他曾清点过一名英国飞行员的遗物，他的飞机在援助革命军时被击落。在点算过程中，霍森费尔德发现了一串念珠，这也让他产生了这样的震撼，这些勇敢无畏的人背后都有坚实的信仰做他们心灵的支撑，他再次坚定了心中的宗教信仰。

而二战结束后，当霍森费尔德自己身陷囹圄，并于1945年6月13日在明斯克接受苏联特工部门的审讯时，他说出了关于地下战士更详细的信息。历史学家翻查资料时找到了当日霍森费尔德在明斯克审讯的纪要：（在他的争取下）受伤的囚犯先在中心医疗站被包扎好患处，然后被送往波兰的圣罗赫医院。霍森费尔德先前总共审问了20至30名涉嫌为家乡军提供帮助的波兰百姓，其中三个人被移交给保安局进一步审讯，审问后上级下令将他们转到普鲁什库夫（华沙西南的一个小镇）收容所。"剩下的平民被我亲自带去了普鲁什库夫收容所。其间没有发生任何虐待或枪击事件。"

1944年8月24日，霍森费尔德调到第9集团军司令部所在的日拉尔杜夫工作，那是华沙以西约50公里的一座城市。他很高兴自己至少暂时能逃离华沙的瓦砾沙漠，逃离那片一直包围着他的荒芜，哪怕只有几个小时也好。农民在田间劳作，孩子们在一起快乐地玩耍，周围的一切都显得那样和平与安宁。但他知道，这只是骗人的假象，事实上没有一个家庭、没有一个村庄是无忧无虑的。

最近，霍森费尔德被斯塔赫尔将军委派了几项运送文件的任务。任务完成回到司令部后，他得知斯塔赫尔突然奉希特勒之命前往罗马尼亚首都布加勒斯特。原来是罗马尼亚改变了立场，开始向德国宣战。正如后来所知道的那样，斯塔赫尔不久就被苏联囚禁。1955年他收到了获释的消息，但不久却因心脏病发而亡。

霍森费尔德对妻子谈起斯塔赫尔的继任者汉斯·席尔默中将:"这是一个完全不同的人,这是一个要求下属只能一心埋头工作的上司。他不知道人与人的关系、人与人的交往为何物,他也不关心,他的心中只有工作和成绩。但其实在我看来,人际关系才是丰富有趣的、活生生的,它蕴藏着某种魔力。"他用三个词来形容这位新上司:高大、魁梧、无情。他在发表演讲时必须使用最精准的语言,不能容忍任何一个错误的表达,作为部下的霍森费尔德工作量陡然上升,他给妻子写道:"是啊,是啊,我马上就要50岁了,但现在还在被人'奴役',还像个小学生那样谨小慎微。奇怪,我亲爱的安妮米,我为什么要给你写这个?大概是我太想找个人谈谈心了。"

霍森费尔德与他所有在华沙的熟人断绝了联系,邀请好友到家中做客、休息时谈天说地、夜晚小聚一番的宴会都不复存在了。战争在华沙愈演愈烈,程度相较五年前德国人进攻这座城市时不相上下,甚至还更加残酷。而此时,在几乎其他所有战线上德国国防军都遭到挫败:巴尔干半岛和东南欧一带,东线以及西线都是如此。1944年8月25日,美国和英国的军队开进巴黎。当天,霍森费尔德写道:"这些消息又给了波兰起义军强大的动力,他们不会屈服。普通百姓也参与其中,其实大部分人若不到万不得已,谁又会放弃安逸来起义呢,但如今的世道似乎是除此之外他们根本无法脱身。"

另一个变化开始于1944年8月底,城市司令部突然被转移到城市西部的边缘地区,新的地址位于离市中心约6公里的一个名叫沃拉堡的旧堡垒中。所以从此以后,霍森费尔德便离开了市区的隆隆炮火。但他仍需要偶尔回到市中心处理公务,所以他经常往返于城中心和沃拉堡。他告诉儿子赫尔穆特:"我刚刚从城里回来,心中仍然无法摆脱那些我见到的悲惨恐怖的场面。没有什么比目睹自己同胞做出残暴行为更痛心的了。"

1944年9月初,在华沙老城,地下战士们不得不在德军大炮的猛攻下让步,部分家乡军的队员试图通过城市下水道系统出逃。一直被困的3万多名波兰居民现在也投降了,投降的居民中许多人都被赶进了火车车厢里。一部分人将前往德国,在那里等待他们的是强迫劳动;另一些人则会被送去集中营和灭绝营。霍森费尔德在信中对妻子说:"你可以想象从那里开出来的列车是怎样的阴暗与压抑。"

1944年9月10日,起义军的对外联络员开始与德方进行投降谈判。几乎在同一时间,苏联红军第一次有了动作,他们对普拉加地区的德军阵地发起了攻击。但其实家乡军一直对苏军抱有戒备,一旦苏军率先击溃德军进入华沙,那么波兰很可能会因此受到苏联的控制,走上另一条意识形态的道路。为了避免这样的结局出现,波兰的军队必须比苏军更早地解放华沙。于是家乡军随即放弃谈判,决定继续战斗,并将重心继续放在城市中心位置。这也是一种一以贯之的坚守,因为他们在起义尚处于星星之火之势时就选择了市中心作为阵营。"我觉得这一段反击应该很快也要结束了。波兰人没有重型武器,所以他们只能听从大炮和'斯图卡'(俯冲轰炸机)的摆布。这座城市现在已经什么都不剩了,只是一堆废墟。尽管条件已经如此不堪,但波兰百姓仍拼尽全力:起义军勇敢地保卫自己的家园;百姓们选择与城市共进退,地窖里挤满了人。有很多女性,特别是年轻女孩,也加入其中帮忙,她们大多作为医务人员,为起义军提供医疗救助。"

虽然工作调换了地点,但霍森费尔德对战争的进展情况仍然了然于胸。他把华沙日记藏在一捆衣服中间,然后送到塔劳。他在写给家人的信中知无不言:他描述了华沙市中心一栋16层的高层建筑被摧毁的场景,这栋建筑一直是家乡军坚实的大本营,现在却在德国炮弹的呼啸下轰然倒塌。

他完全可以预想到这些信给妻子造成了多么大的惊慌与不安。霍森费尔德虽然决心记录这一切,但他还是尽力不让安娜玛丽看到信后过于担心自己,所以只得不断调整信件记录的翔实程度,在有些时刻选择略去一些内容。1944年9月13日,他写道:"你为什么这么担心呢?你不应该为我担心这么多,我们并没有直接在战斗区里面。"他的华沙日记也在这时平安寄送到了塔劳,为了让妻子放心,霍森费尔德还在日记中加了一段解释:

"至于我日记中的记录,你不用太焦虑,那只是我担心会发生的事情。但在这样的形势下,我的精神和身体两方面确实都欠佳。在华沙起义的头几天，我的身体非常虚弱，眼前看到的一切都黑蒙蒙的。我身体出现这样的情况有很多因素的影响，在这里我先不再详细描述了。有一件事对我来说尤其愤怒，为什么那些波兰人、那些为祖国尽职尽责的无辜者会受到这样的对待。我发现我们大多数人都无法共情他人的苦难，对其他人的痛苦冷漠相待、毫无知觉，这让我很痛苦。具体发生了什么我之后再给你详细说。这份人性的恶给我的心带来了极大的伤害，就像我在1939年10月第一次产生这种感觉时一样，一想到它我内心就充满了刀割般的痛——战争开始了，杀戮也开始了。冥冥中我总是有一种感觉，我觉得作恶多端之人不可能一直这样顺利下去的，总有一天上帝对我们的惩罚将会降临。"

现在的局势确实已经不容乐观，此时德军要同时面对来自起义军和苏联红军两个方面的危机，虽说苏联红军现在没有动作，但他们只是在待命，伺机准备发起猛攻。可能是出于对家人的保护，也可能是由于审查制度的存在，霍森费尔德在信中一直对战局描述与时事评论采取模糊处理的方式。但其实就算只是这些含糊的句子，连同之前无数的笔记一样，如果被防卫队或秘密警察发现，霍森费尔德就会立刻被带到军事法庭。

霍森费尔德知道，德国占领军越是采取守势，就会越发急躁、耐不住气，也就会更加无情地迫害任何敌对阵营的人。而霍森费尔德态度坚决，从一开始就站在这一系列谋杀的对立面。其实他一直有一个重要的心灵支柱：自从霍森费尔德离开家到现在华沙之战还有几个月结束，妻子安娜玛丽自始至终地陪在他身边，给予他情感的支持。针对两人之间有时产生的危机和冲突，他向她保证：

"你在信中不断确认我们俩是不是彼此的唯一，一定是的，难道不是这样吗！对我来说，你一直都是那个唯一与我分享一切、共担风雨的女人。你再也不需要彷徨无措地寻找其他人的帮助了，有我便足矣。我们俩都是直脾气、急性子，尽管结婚多年，但一些观点还是不尽相同。我们就像两只刺猬，想要给予彼此温暖，有时就会伤害对方。"

9月的一天，在华沙的一个郊区，霍森费尔德和另一名军官发现了一片西红柿田，没有人来打理，或许是主人失了踪，又或许他们被德国人赶出了自己的家园。西红柿都已经熟透了，于是他们两人忙着摘西红柿，准备回去分给战友们。几个小时后，霍森费尔德回到住处，向妻子描述了这一天的经过。在无人的房间中，他想象着自己回到了故乡塔劳：

"现在，花园里的工作应该能很快完成。秋天来了，这意味着雾、雨和风暴也要来了，天也渐渐变冷。花园里的工作完成后，坐在房间或温暖的厨房里是多么惬意。当你打开门，苹果的香味从地窖里飘了出来，甜美多汁的梨子让人忍不住吃下好几个，把肚子撑得饱饱的。"在1944年波兰的秋天，霍森费尔德正做着一个逃离现实的田园诗般的梦。

在9月15日，霍森费尔德上报了对两名苏军士兵的审讯记录：他们乘坐一辆水陆两用车从普拉加出发渡过维斯瓦河，当时的普拉加被红军控制。而车开到对岸时，他们被捕了。其中一名士兵问，他们将被怎么处理，会不会被枪毙。霍森费尔德坚定地摇了摇头，他心中善良的本性让他愿意给予每个人活下去的机会。

审讯时，在他面前站着的是一个18岁的苏联红军士兵，他坦率地回答了霍森费尔德提出的所有问题。他的那位战友被子弹打穿了肺部，身体情况不允许接受审问，于是被送进了一家军事医院。霍森费尔德询问了很多细节，关于苏军的囤粮、战士们的士气、燃料的供应等。事后，他立即将这些信息上报给了陆军总部。为了进一步进行审讯，霍森费尔德把他带到了位于华沙以西50公里处的第9集团军总部日拉尔杜夫。

在他的行李中，霍森费尔德发现了20公斤左右的冶炼银，这些银子是这个苏联士兵从一个波兰富人家拿出来的，他们家的房子在战火中被烧毁了，霍森费尔德把这些冶炼银悉数上交。党卫军收集了成吨的黄金和白银，而其中大部分都是抢夺的犹太人的财产。在回来的路上，他在日拉尔杜夫这座小城繁忙的市场停下了脚步。"我停下来买了几公斤的梨子。有件事似乎显得有点荒谬：从这再往前走几十公里，波兰人和德国人正打得你死我活，而我在这里，作为唯一的德国人，却得到了波兰百姓礼貌友好的服务。"霍森费尔德在信中再次表示了对波兰百姓武装抵抗的理解，这完全是出于他们对自由的热爱："起义当然有它的理由，这一点毋庸置疑，即使我们一直在片面地污名化它。尤其是像我们这样一个深受民族主义影响的国家更应该理解这样一个事实——任何一个民族都必须为其自由而战。"

在1944年8月初，华沙起义刚刚开始时，什皮尔曼仍然藏匿在独立大道上那栋大楼内。每天给他运送食物的任务也由海伦娜的一个朋友接替了，那人住在同一栋楼，会更加方便。仅仅几天后，整条街就成了激烈的战场。从窗口，什皮尔曼看到党卫军部队架起重炮正在攻击起义军，然后拉走被俘的士兵。不久，他所在的建筑遭到了炮火袭击。火势愈演愈烈，房子最终被烧毁了，他别无选择，只能放弃他现在的藏身之处。他下楼时，楼梯间内一具烧焦的尸体挡住了他的去路。"你可以听到屋顶上橡子在燃烧的嗒嗒声，天花板倒塌的隆隆声，周围的枪声和人们的尖叫。"

更多的尸体躺在街道的废墟中。在大街上，什皮尔曼警觉地一次又一次把身体紧贴住栅栏和墙壁，这样不容易被子弹击中。倘若有党卫军士兵出现在附近，他就立刻躺下装死。饥饿和干渴也折磨着他，最后在一家医院的废墟中，他发现了一缸混浊的水，随后又在其他地方发现了发霉的面包皮，他饥不择食，贪婪地吞下了这些面包。什皮尔曼也是那段时期历史的亲历者。尽管盟军的飞机间或会为起义军投放物资，但双方实力悬殊还是客观存在，本土起义军对德国占领者的抵抗在一步步减弱。起义带来的激情现在全都被新一轮的绝望取代，什皮尔曼的一位朋友说，他觉得波兰人的生存斗争远未取得胜利，最糟糕的情况可能还在后面。在居无定所的流浪避难期间，他总是随身携带一把剃须刀。他不想活着落入德国人的手中，受那种非人的折磨。他做好了准备，一旦被活捉，在审讯之前就割腕自杀。

1944年9月19日，德国国防军把司令部搬到了更西边的地方，那是离马切日什不远的一处波兰庄园，附近还有一座广阔的公园。现在华沙的战火只能远远听得到了。在这里，原来尘世里的喧嚣和市中心的骚动统统都让位于一种罕见的平静。搬到这里后，这也是很久以来霍森费尔德又一次渴望骑马,他希望自己有一匹马来探索美丽的秋季风景。现在,他有更多的闲暇时间,这一点从他信件的长度也可以看出来,有的时候甚至会长达数页。虽然日子更加闲适,但他收集有关战斗进展信息的工作并没有停止,而是以一种不疾不徐的速度进行着。

霍森费尔德了解到,在红军的指挥下,波兰国家层面的正式军队也已经赶到,为赶走德国占领军提供支援。霍森费尔德称呼他们为"苏维埃波兰军",因为这一支军队虽然前来帮助华沙的起义军,但他们却必须服从苏维埃的命令。霍森费尔德在1944年9月23日的信中写道:"直至现在,苏联红军与苏维埃波兰军还未能成功渡过维斯瓦河,试图渡河的一千余人或是被俘,或是被击落后淹死在河中了。而直到最后,他们也没能与城里的起义军取得联系。"

事已至此,起义军已经无力回天了。家乡军还是将投降谈判推迟到9月下旬,因为西方盟军偶尔的几次空中增援还是能不断唤起波兰人民对扭转局势的希望。但起义军渐渐意识到,苏联红军没有真正发动大规模进攻的打算,因此这一幻想也随即破灭了。1944年10月2日,双方签署了投降条约,这份协议明确了15000余名家乡军战士的身份,保证他们都会被当作普通的战俘对待,不会受到虐待私刑。在这些起义军中还有2000名女人,德国国防军将她们运送到德国下萨克森州西部的上朗根营地,那里离荷兰边境不远。不久后,1945年4月,波兰和加拿大军队为她们恢复了自由。

1944年10月5日,霍森费尔德注视着这批囚犯离开华沙。"我今天在城里看到了那一群被抓的起义军成员,队伍特别长,无尽延展着。那队人向前走去的骄傲姿态让我们惊讶不已。他们穿戴整齐,胡子刮得无可挑剔,似乎是精心打扮过。他们都是年轻人,只有军官与我年龄相仿,但也为数不多。这支军队在德国统治下已经成立并运行了五年之久,而我们竟然没有审问出任何线索。一群大约十岁的男孩骄傲地戴着象征他们身份的帽子,他们在起义军中担任情报传递员和物资输送员的角色。他们高昂着头,似乎能与身旁的大人一起走进牢狱是莫大的荣幸。这些人排成了一个个约60人的方阵,姑娘和妇女走在每个方阵的最后一排。他们高唱着爱国歌曲，脸上没有丝毫难过的神情，没人看得出他们其实经历了那样的危险。"

霍森费尔德前往查看了一个离旧时碉堡不远的接待营，波兰起义军在被押送上路之前都被安置在那里。他想起了帕比亚尼采，在那里他经常听到波兰囚犯的祈祷，听到他们吟唱颂歌，他还想再一次体验这种宗教的炽热与虔诚。他注意到，现在这些叛乱者不再被定性为"土匪"，而是终于按照国际守则以战俘的规格被对待。他说，起义军对英国人潦草敷衍的空中支援感到失望，但对苏联红军士兵的失望更甚，他们有一种被抛弃了的感觉。波兰人和俄国人之间的不信任感陡然增加。家乡军的领袖都猜测自己有朝一日会被送去西伯利亚。

在那座波兰庄园里，霍森费尔德很快又成了波兰百姓寻求帮助的联络点。消息很快就传开了，大家都知道这位德国军官对平民百姓的苦难很是关切。一开始基本是有人来请霍森费尔德帮忙拿到过境证，有了过境证，因战火而分离在华沙内外的家庭就能团聚。在霍森费尔德的安排下，这座庄园的主人也成功地把已经在地窖里避难了几周的妻子和孩子带出了这座战火之城。

霍森费尔德在他的日记中列举了最近他成功帮助波兰百姓找到亲人的例子：从攀谈中得知，一位波兰农民最近在收容所寻回了年迈的母亲，但他已经两个月没有妻子和两个孩子的消息。一开始妻子和孩子乘坐马车去往邻近的一个城镇，在市场上卖菜谋生，此后便杳无音信。霍森费尔德尽力帮他打探寻找，最后查出他妻子被人拖去了西里西亚的一家医院，有人让她在那里打扫卫生。

还有一次，一个年轻女人——她的父亲是波兰人，母亲是爱尔兰人——想回到华沙寻找自己丈夫的母亲，并且心心念念想从房子的地窖里抢救出她收藏的艺术品。房子已经炸毁了，可能希望渺茫，但霍森费尔德还是成功地做到了。霍森费尔德还遇到一个与妻子和孩子分离的德裔波兰人，他决心去前线附近寻找他们。霍森费尔德劝他打消念头，这太危险了。"他告诉我说，两个月来，他只有一个念头，就是能再见到妻子和孩子一次。现在他还没有尝试过全部可能的方法，他不能就这样一走了之。他拿到我准备的通行证后，抓起沉重的行李走进了黑暗的雨夜。"

寻求帮助的人越来越多，仿佛潮水一般涌来。但很快，霍森费尔德的救助行动遭到掣肘。德国国防军禁止任何平民返回华沙城内。危险仍然存在，大范围的爆破把城市大部分的建筑物和房屋都毁了，总共30多万人流离失所，被迫要离开家乡。由于禁止返城的命令，霍森费尔德无法再帮他们拿到通行证。1944年10月8日，他遗憾地写道："每天都有人来找我，拜托我帮他们拿到一张进入城市的通行证，想从被烧毁的房屋中拿一点家用物品或衣服来用。今天，一个女人赤着脚走了进来。她衣服单薄，只穿着一件薄薄的夏季单衣。但我实在爱莫能助，当局下令平民百姓不得再进入华沙，这数百个来求助的人我必须把他们送走。"

在他的信中，霍森费尔德一再恳求安娜玛丽留在塔劳，等待战争的结束。无论是德国、波兰、法国还是荷兰，哪里的百姓都在被迫承受着这种可怕的命运。他说，战争持续的时间越长，人民之间的仇恨会降得越低，一个新的和平时代将由此出现。人们很快会意识到，德国与敌军之间投掷的武器其实都是一群被蒙蔽的人造就的"杰作"。"这场世界大战发生在我们这一代，这是我们的命，我们只得挺过去。但是我们不应该被动地让自己耽溺在苦难中，而是应该听从上帝的旨意，向身边人传达乐观的精神与纯净的爱。"

晚上，霍森费尔德和同事们坐在庄园的客厅里，那里已经变成了一个供大家休闲的娱乐室，有时他也会回到自己宽敞的房间里。他的房间也改成了临时的文书办公室，白天的时候，会有一位年轻的士兵在这里做文书工作，负责根据地图将当前的战斗情况做成详细的报告。红军零零散散地攻击了华沙以北的德军，但其他位置的红军士兵仍处于待命不动的状态。大家围坐在电台前，关注着电波中的信息，但所有人都不相信由国防军最高行政区司令部发布的报告，尤其是霍森费尔德，他知道最高行政区司令部的新闻宣传手段。"德国国防军的报告总是在说德方又取得了胜利,但事实上情况就是我们一直在走下坡路。但他们选择眼不见为净,甚至还妄图掩盖真相,不让人民百姓发现。这种欺骗的行为还要持续多久?"

在1944年10月19日的信中,霍森费尔德给妻子描述自己在卧室里是多么惬意舒适:瓷砖炉子散发出令人愉快的温暖。墙上挂着一幅黑衣圣母图,这是一位军官从华沙市区给他带来的,他非常喜欢。但他周围环境的宁静并不能给他真正的安抚,他写道:"持续的不安和对未来的担忧让我的内心沉重。"三天后,新任接管司令部指挥权的赫尔穆特·艾森斯塔克将军(1892—1959)让霍森费尔德陪同他去华沙城里转一圈。这次出行散心也未能如预期那样让霍森费尔德的眉头舒展,他去体育学校、体育场和其他体育机构看了看:"我也去看了一眼我原来的办公室,但一切都被破坏得干干净净,我感到有点害怕。我只拿了门牌,想留个纪念,然后就匆匆离去。那架大钢琴和风琴仍然矗立在大厅里,雨水从天花板上滴落下来。窗户被书籍、课桌和床垫挡住了。"

附近的教堂成了废墟;他后来参观的剧院也是一幅被摧毁的景象:窗帘、服装、乐谱,一切都散落在废墟中;曾经宏伟的国家图书馆也是一片破败萧条。

庄园旁有一个公园,只要时间充裕,霍森费尔德就会去那转转。他发现一排郁郁葱葱的树后面有一片新挖的墓地,在华沙的战火中死去的德国士兵被埋葬在那里。因为有时没有足够的时间埋葬全部死者,所以一些尸体就直接被摆在了草地上。有一天,他再次来到墓地附近。他的步伐慢了下来,因为他远远地看到"有一个人躺在那里,他的双臂叠在身后,头靠在树上。他看起来很高,有人拿来帐篷帆布给他包裹住了身体,但是不能覆盖完全。我站在死者面前,我的脚沉重得一步也迈不开。如果这是我的儿子呢?我会任由他躺在这里吗?我在他身边跪下,掀开蒙住脸的布,看着这一张年轻、美丽的脸,他的眼睛微微张开,嘴唇也同样如此。他的脸上和身上看不见任何伤口,头发一绺绺地挂在额头上。我握住他冰冷的手,抚摸他的脸颊,最后把他的头发整理好。我注视了他很久,我想我是世界上最后一个见到这个男孩的人。我心中漾起了一股莫名的情愫,一瞬间我仿佛就是他的父亲母亲,他的兄弟姐妹,他最亲近的家人"。

霍森费尔德向官员打听了一下这位牺牲士兵的姓名。他是一名19岁的上等列兵,叫约瑟夫·齐林格,来自巴伐利亚。他于1944年10月14日在维斯瓦河的一条支流纳雷夫河上阵亡。霍森费尔德还找到了男孩父母的地址,并于1944年10月25日给他们写了一封长长的信:"我其实不认识你们的儿子,我只见过他这一次。我是最后一个看到他的人,那个你们最爱的人,他的眼中含有温情,我相信这是他让我转达给你们的最后一次问候。也正因如此,我才写下了这封信。我自知没有能力真正安慰你们,只有上帝可以。"这一封信展现了霍森费尔德的柔软内心,面对一个他完全陌生的死者,他表现出了无尽的温柔,以及对死者家人的深切同情。夫妻俩是通过霍森费尔德这封信才知道儿子的命运,后来还特地感谢了霍森费尔德——可以这么说,几乎再也找不出一封信件能像这封信这般对苦难感同身受,而文字中展现出的霍森费尔德设身处地为他人着想的美德也令人动容。

1944年10月28日,司令部从城市的西部边缘搬回了华沙城内。很明显,这是德国国防军在为与红军的决战做准备。而华沙也特此宣布成为"要塞",此后将被严密地防守保护,以抵御敌人长期的围攻。霍森费尔德的上司艾森斯塔克将军被授予"要塞指挥官"一职。于是霍森费尔德工作上短暂的平缓期结束了,随之而来的是好一阵忙碌。他与艾森斯塔克一起访问了几个指挥所,顺便侦察了当地的情况。10月29日,他从华沙给妻子写信说:"我们已经回到了城市里,并搬进了这里的指挥所,我们回到了战火的中心。你一听又要着急了,但其实你不用担心。听说我有一个甚至两个大房间住,周围是厚厚的地窖墙。而且到目前为止,没有人往这里开过枪。"

一天上午,霍森费尔德接待了一群前来现场报道的欧洲各国记者,他带领记者团穿过华沙的"令人心痛的坍圮废墟"。他没有参加随后在路德维希·菲舍尔总督家中举行的招待会。他现在对与那些恶贯满盈的纳粹高层进行社交完全提不起兴趣，他更愿意把时间花在自己想做的事情上。

1944年11月初，霍森费尔德得知了一个他渴望已久的消息：他晋升为了996国土守备营的首长。突然的官职调动更像是战争最后阶段的应急方案，预估来看这次变动似乎也不会持续太久。其实在接手管理体育学校之前，他一直在996国土守备营中工作。霍森费尔德负责的996国土守备营主要由老兵和因身体原因不适合上前线的士兵组成，该营的任务是负责履行警卫和安保职能，不让波兰居民进入城市。霍森费尔德在笔记中写道，之前在参谋部的工作中，他在很大程度上失去了与底层士兵亲密相处的机会。现在他清楚地意识到，下属们是多么渴望一个宽容善良的上司。因此他也非常珍惜在996国土守备营的工作机会，渴望打造一个和谐的团队氛围。但仅仅几天过去，霍森费尔德就收到通知，996营要被运往前线增援，这让霍森费尔德刚刚接手的工作又成了泡影。

城市中散落四周的瓦砾对霍森费尔德产生了一种神奇的吸引力，他开始探索着穿过城市的每一条街道。他在一座教堂的废墟中发现了一个金色的圣体匣[1]，它夹在烛台、油画和法衣中间，有将近一米那么高，是哥特式的设计风格。一开始他不以为意，没有注意到它的艺术价值；后来，他走上前去，仔细地端详着这个盛放圣餐的礼器。这种礼器在天主教礼拜仪式中非常重要，被每个教堂虔诚地敬奉着。霍森费尔德被这件精致的艺术品迷住了。教堂内还有一个略小的圣体匣也让他赞叹不已。霍森费尔德知道斯拉格夫斯基副主教一直在收集各处的教堂圣物，希望可以让这些精美的法器在战火中得到妥善的保护，所以他联系了这位自己的旧相识。

1944年10月和11月，霍森费尔德和安娜玛丽进行了密集的通信往来，华沙传来的消息让身处黑森州小村庄的安娜玛丽十分担心。安娜玛丽这段时

---

[1] 圣体匣是天主教教堂中用来存放祝圣面饼的小柜。——译注

间书写的信件没有得以保存下来,但从丈夫写给她的回信中我们也能推测出她的惊慌。霍森费尔德小心翼翼地在信中措辞,旁敲侧击地让她对他预见的阴暗结局做好心理准备。他在10月27日写信给她说:"我们也要承担可以预见的苦难。"还有一次,他在11月8日的信中写道:"你说你觉得我对这场战争又做了错误的预判,你觉得战争不会马上结束。也许是现在的时机还不成熟,但我觉得战争的结尾也不会再等太久了。你很快就会看到,这一切都在慢慢地、不可阻挡地走向高潮,然后将迅速走向尾声。但这场战争是如此声势浩大,我还无法预测具体还需要几周或是几个月的时间。但有一件事是肯定的,它正以大踏步的方式走向尽头和终结。"

因为霍森费尔德目前没有职务,长官让他暂时负责士兵们的身体素质培训,其中体育实操锻炼是培训的一部分,保健护理课程是另一部分。作为一名曾经的体育官员,霍森费尔德有足够的实践经验。每天清晨,他都会把一些年龄稍长的战友从宿舍里召集到空旷的乡间,和他们一起做晨间运动。一开始他们中大多数人都嗤之以鼻,但当他们也加入运动后,很快就乐在其中了。体育训练主要在华沙的沃拉堡垒进行,霍森费尔德以前曾在那里驻扎过。清晨,他骑车离开市中心,前往城西的沃拉堡垒。那里有很多旧炮台,现在这些炮台再次成为华沙要塞防御工程中的一部分。一天,一位年轻的医生给士兵们做了一个健康相关的讲座,霍森费尔德记录道:"他说话的语调是多么地冷酷、理智、不带有一丝情感。一共180名士兵站在狭窄、黑暗的防空洞里,只有前几排可以看到讲师,其他的人水泄不通地挤满了这个沉闷的房间。士兵们像是温顺听话的绵羊,他们默默承受着一切,忠实地、顺从地听从指挥。"

1944年7月20日,在"狼穴"指挥所[1]刺杀希特勒的计划失败后,元首害

---

[1] 第二次世界大战时希特勒一个军事指挥部的代号,位于东普鲁士的拉斯滕堡。——译注

怕再有类似的事件发生,于是加强了意识形态的管理,自此生活中的问候语也发生了改变。从现在起,不允许再用"你好"或"早上好"来相互问候,只能说"希特勒万岁"。根据希特勒的说法,只有"犹太人和其他下等人"才会这样打招呼,而"纯正高雅"的德国男人不会。霍森费尔德是否遵守了这一点,我们不得而知。然而眼见军事形势如此不利,现在还在下达有关称呼的指令,可以推测他一定认为这个不合时宜的命令荒谬又可笑。1944年11月11日他写道,他一心想着其他事情:"这是一个如此奇怪的时代。看起来现在前线属于停滞状态,没什么变化。我最近没听广播,也不看任何一家报纸,我也对他们报道的内容没有什么兴趣,我只读了德国国防军的报告。我有一种预感,感觉最近周围有一件大事正在酝酿,并且正在向一个决定我们命运的高潮推进。"

1944年11月中旬,二儿子德特勒夫也被征召加入德国国防军。霍森费尔德安慰自己说,"究竟为什么要让一个这么小的孩子也上战场?"他应该会先去完成一个长期的培训课程,可能说不定培训之后战争就结束了。战争如果没有结束,那么他的儿子也将不得不走上这条危险的道路。这个消息让他的心情很是阴郁。现在他的卧室建在地下室层,里面没有电,而蜡烛的供应量也是有限的,所以他一直睡得很早。在晚上,当他无法入睡时,他的思绪常常被那些已在战争中丧生的友人缠绕:"是黑暗的长夜,还是我的孤独感在召唤他们?"但他却常常能在与逝者的交流中找到一些安慰,他又想到了他的家人和朋友,那些给予他温暖和力量的,需要他好好呵护的人:"我感到有一股力量在心中升腾,我仿佛被紧紧包裹在一个亲密温暖的怀抱中。这时,仿佛一切琐碎的烦恼和愁绪都会消失。"

霍森费尔德一直经历着工作上的调动。1944年11月23日起,他当了十天的团副官,协助团长处理战术安排和训练事宜,同时也承担士兵督查官的职责。之前在1941年时,霍森费尔德就曾担任过这项工作,但现在已是时移世易,一切都不一样了。

这时,华沙城内外的战火已经基本停止了,但苏联红军不可能会在没有取得任何成果的情况下离开维斯瓦河。因此，这是一个练就耐心的考验，但霍森费尔德和战友们渐渐发现，这样的等待会销蚀所有的积极情绪。

1944年11月22日，霍森费尔德在信中说，自己非常渴望收到妻子的来信，回复信件比自己从头执笔要容易得多。但现在邮件从塔劳到达他办公桌上的时间会比平日长得多。近来听闻的德军军事动向寥寥无几，他在这方面也就没有什么可告诉安娜玛丽的。"等待是难以忍受的，时间越长，我们的处境就越无望。唉，我觉得你总是对我的军事分析和预测不以为然。"

和从前的每封信一样，他在里面强调自己一切都好。他觉得自己头脑清爽、身强力壮。他说自己每天清晨都会进行体育锻炼，会有一只小狗跑过来陪着他运动。"跑步结束后，我和它一起去教堂。这是一座古老的哥特式教堂，宏伟宽阔。一开始，我走进教堂时还会有些害怕，那里到处都胡乱地堆着旧衣服、制服、床板、担架，还有散落一地的子弹和武器——一切都被破坏了。我站在又大又黑的房间里做着晨祷。"这封信的结尾是霍森费尔德诚挚的请求："亲爱的、勇敢的安妮米，等着我！我一定会回到你身边，然后亲吻你。你的维尔姆。"

8. 最大胆、最危险的救援行动——"请您坚持住！"

1944年秋天的华沙，凡霍森费尔德目之所及都是废墟。城堡、教堂、有几个世纪历史的文化古迹、博物馆和图书馆……大片大片的地区都变成了瓦砾。德国国防军和党卫军突击队造成了这一切，他们先赶走居民，然后再用燃烧弹、炸药和火焰喷射器将整座城市夷为平地。曾经的华沙风光无限，因为它的繁华优雅被称为东欧的巴黎；但现在的华沙已经死了，没有文明，了无生趣。在第二次世界大战期间，没有其他任何一座欧洲大都市像华沙，这座维斯瓦河畔的城市经历了如此程度的破坏，有超过80万居民丧生于德国占领期的各种恐怖、高压的政策，其中包括50万名犹太人。

在堆积如山的瓦砾和灰烬中，有少数几座建筑仍然挺立，没有被炸毁。又或者有些仅仅留下了烟囱部分，它们歪歪斜斜地躺在地上，上面覆盖着烟尘和黑色的烧痕。在废墟下，无人收埋的尸体已逐渐腐烂。有些居民舍不得屋子里那些或多或少的财物，返回去取，最终却丧生于火舌之下。华沙起义中的牺牲者最终只能静静地躺在废墟中的某个角落，无人顾及。尸体的气味从地窖的井道中散发出来，飘至地面。

家乡军与德国占领军的战争已于1944年10月走近尾声。家乡军的勇士们还满怀希望地希冀着那些已经抵达维斯瓦河的红军前来帮助他们，但最终希望落为一场空。因为斯大林在背后另有计划，他想……红军在休整过后对德军使出全力一击——正如两年前在斯大林格勒发生的一模一样。现在，华沙已经是斯大林通往柏林道路上的最后一个障碍了。

华沙起义被镇压后的几个星期里,那儿安静得可怕,只有在远处才偶尔有炮火响起。虽然有明确的命令,入城被严格禁止,然而还是会有居民偷偷回来碰碰运气,寻找家里的贵重物品和食物。

只有少数波兰居民选择了留在城市里,他们中大多数人忙着在华沙寻找避难所,比如瓦迪斯瓦夫·什皮尔曼就是其中一员。到1944年秋天,他已经经历了一段漫长的漂泊。他经历了种种磨难依然生还,这简直是一个奇迹。什皮尔曼亲身经历了自1939年秋天德国国防军入侵波兰以来对华沙犯下的全部恶行,现在它们一幕幕如走马灯般浮现眼前:华沙犹太人区的悲惨生活;他的犹太同胞在1943年奋起抗争;他的父母和三个兄弟姐妹被驱逐到特雷布林卡灭绝营;华沙百姓被迫从一个藏身处逃到另一个藏身处;在大街上顷刻间发生的枪杀;他还目睹了乌克兰和立陶宛辅警的凶残,他们抓住婴儿的腿,把他们的头用力撞向墙壁,以此为乐。

华沙起义被德军的大炮和坦克击溃的那段时日子里——从今天看,这是红军将德国国防军赶出华沙之前德军最后一次获得的胜利了——什皮尔曼在一栋公寓的阁楼里找到了一处避难所。他现在肉体上和精神上都濒临极限,为了活下去,他必须找到食物和水,这是一个非常棘手的问题。现在德国人和乌克兰人组成的巡逻队正一间间地搜查房屋,他们在大肆搜刮可以卖钱的"战利品"。

什皮尔曼只有在万不得已时才敢想办法离开他的藏身之处,其他时候只能忍受着极度饥饿的折磨。在之前几个月里,他用尽全力,凭借难以想象的意志,保住性命存活了下来。白天,他片刻不离他的小房间;晚上,他去地窖里寻找食物。然而,这种寻找食物的方式并不能维持长时间的生计,通常情况下找到的东西只够吃一两天。

他打起精神,强迫自己进入一种有规律的日常工作状态。在没有纸笔和琴谱的情况下,他逼着自己在脑海中回忆他曾经演奏过的所有作品。这种近乎极端的努力对他以后的作曲之路大有裨益,在很多什皮尔曼以后的作品中我们还能看到这些音乐片段的影子。他还试图复述他之前读过的书的内容，并练习英语词汇。但现在，在1944年秋天，这种状态下什皮尔曼只想着存活下去，他已经无暇顾及容貌之类的细节了。有一天，他看到自己映在窗户玻璃上的脸，被自己的样子吓了一大跳：他的头发蓬乱，缺少光泽，胡须一绺一绺的，上面满是污垢。他皮肤蹭满了灰，额头上满是结痂。他牺牲了一些宝贵的饮用水，节省下来偶尔洗一洗他的脸。他一直被这样的问题折磨着：作为一名废墟中的逃难者，他还能忍受多久这种悲惨的生活？红军何时才能来结束德国人的恐怖统治？

在1944年11月中旬，突然有一个德国人站在了他的面前——"一个高大、优雅的德国军官，他的双手抱在胸前。"那天，什皮尔曼在一栋公寓的食品储藏室里发现了几份罐装食品。他正兴奋地专注于这一发现，甚至没有注意到这位德国军官从旁边的厨房走了进来："您在这里找什么？"什皮尔曼正惊喜地翻找，没有抬头，所以军官又重复了一遍他的问题，并补充道："难道您不知道华沙要塞司令部的工作人员马上会搬进这所房子吗？"

什皮尔曼大吃一惊，在惊慌失措之下，他一句话也说不出。他想逃跑，但他还能去哪里呢？将要再一次颠沛流离、居无定所的绝望夺走了什皮尔曼最后一丝想要逃跑的力气，他只得无奈地回答："我不会放弃的，我不走了。反正我的命在您手里了，您想做什么就做什么。"这位军官，其实就是霍森费尔德，向他保证自己无意伤害他。他开始与什皮尔曼攀谈起来，并主动询问了他的职业。"钢琴家。"什皮尔曼回答道。

听到这话，霍森费尔德指了指旁边的客厅。什皮尔曼看到那里有一架钢琴，他大概能猜测到接下来会发生的事。"弹点什么吧。"霍森费尔德建议道，他继续恭敬而礼貌地对待这个逃犯。什皮尔曼犹豫了一下，他在想要不要答应在钢琴前坐下。窗户玻璃早已被压力波击碎了，因此每一个音符都会完完整整地穿透到外面。钢琴的声音很容易引起怀疑，暴露什皮尔曼的行踪。他一直躲到现在，不想功亏一篑。但霍森费尔德已经想好了该怎么做："您放心地弹吧！如果有人来，就躲到储藏室里。我就说是我在弹钢琴，是我想试试这个乐器。"

战后,什皮尔曼在《一座城市的死亡》一书中记录下了这一次的经历——这一次改变他一生的经历:他颤抖着双手走近键盘,他很紧张,因为已经不知道有多久没有练习了,他感到自己的手不听使唤。"自从我藏身的房子发生火灾后",什皮尔曼还一次指甲都没有剪过。水分改变了钢琴的内部结构,琴键移动起来很艰难。他选择演奏的是肖邦的《升C小调夜曲》。但他坐定后,就在突然间,琴声从他的指尖倾泻而出。"玻璃般的琴键叮当声还略带乐器的走音,在空荡荡的公寓和楼梯间里回荡,穿过建筑飞过街道,又舒缓地、哀伤地旋转回他们身边。"

在第二次世界大战结束前不久,在混乱黑暗的战火中上演了这样感人又伟大的一幕:一位德国军官和一位波兰犹太人;一位是教育家,另一位是钢琴家。他们在已化为废墟的华沙市中心一栋大楼里相遇了,命运是如此地奇妙,就是这次两人的相遇救了什皮尔曼的命,也同时让世界知道了霍森费尔德的仁义之举。经过两人的互相试探与攀谈,最初的不信任逐渐被难以置信的惊奇和欣赏取代——一切都显得如此不真实,但又相当真实。

当最后一个音符消逝后,他们沉默了一会儿,互相看着对方。在逃亡数月后,本来优雅的钢琴家看起来像一个衣衫褴褛的乞丐。霍森费尔德思考着沉默了一会后说,自己打算带他离开城市,去华沙外的一个村庄,留在这里太危险了。但什皮尔曼摇了摇头。霍森费尔德疑惑了,他不明白是什么阻碍了他的逃亡,一定不是他狼狈的外表。难道是因为这座城市仍在德国人的控制之下吗?应该也不完全是。突然,他好像想到了什么,问道:"您是犹太人?"什皮尔曼点了点头。

在他的书中,什皮尔曼详细地描述了这名德国人,这个与他素昧平生的"敌国"的人听到这话后的反应,他想在这种绝境下为自己辟出一条生路。霍森费尔德想到了一个好主意,这栋德国国防军要塞区司令部大楼有一个鲜有人知的阁楼,那上面可以作为什皮尔曼的藏身之处。霍森费尔德彻底又专业地检查了一遍,发现阁楼只有通过梯子才能上得去。霍森费尔德说,他住在这里很安全,只需要每次把梯子拉回阁楼里,再盖上那块可以移动的板子就好了,没有人会发现他住在这里。然后霍森费尔德又关心起了什皮尔曼的物资,问他是否有足够的食物。什皮尔曼如实表明了自己的情况,霍森费尔德答应会送给他一批物资。

霍森费尔德准备离开阁楼,这位钢琴家终于鼓起勇气问了一个问题:"您是德国人吗?"在这一切噩梦般的经历之后,他不敢相信德国军官居然还会这般善意地待人,居然还会有这般高尚的恻隐之心。在什皮尔曼眼里,德国人已经把华沙夷为平地;他们杀害了自己的父母和兄弟姐妹;而现在,他们也在准备摧毁他的生命。但此刻,一个穿着德国国防军制服的人站在他面前,而这个人还在为他找寻一个安全的藏身之处,给他提供食物补给。霍森费尔德顷刻间明白了这个问题的弦外之音。什皮尔曼还记录下霍森费尔德愤怒悲怆喊出的话:"是的,我是德国人。而现在,在这一切发生之后,我为之感到羞愧。"

三天后,霍森费尔德又来了一次,和说好的一样,他带来了果酱和面包。他神色有些匆忙,因为哨兵看到他走进了这栋大楼,所以他不能久留。什皮尔曼仍在关心苏军的推进情况,他想知道红军部队在这段时间有没有离华沙再近一些。霍森费尔德的回答让他又充满了希望:"他们已经到华沙了,在维斯瓦河的另一岸——普拉加!请您坚持住!只有几个星期了!请期待吧,整个战争将在这个春天结束。"

什皮尔曼在过去的几个月中曾数次闪过结束自己生命的念头,但听到这句话后,他重获希望。他又从一张用来包面包的报纸上看到了这个好消息,面包是霍森费尔德带来给他的:德国国防军正在遭遇着一场又一场的失败,几乎所有战线上的德军都在撤退。

然而,对这位钢琴家来说,现在希望与危险并存——他就藏身在司令部大楼的侧翼。身处上方的阁楼中,他可以看到城市司令部的士兵从楼里进进出出。晚上,楼外巡逻卫兵的脚步声让他十分紧张。他心下默默地不安,被发现的危险现在变得更大了。

什皮尔曼和霍森费尔德的最后一次见面是在1944年12月12日。这次霍森费尔德带来的食物配给比平时更多，尤其是面包的量。霍森费尔德还带来了一条温暖的毯子和一件军大衣。因为冬天已经到来，什皮尔曼住在阁楼里，正好在屋顶下方，所以冷气尤其逼人。霍森费尔德和他说，他们德国人马上就要离开华沙了。他言辞恳切地劝说什皮尔曼，他希望波兰百姓不要放弃，要坚持下去。红军的大规模进攻就快来临了。

霍森费尔德提及了苏联进一步的大规模进攻，这反倒让什皮尔曼思绪不宁，动乱下他该如何生存呢？霍森费尔德再次向他强调了"生存下来的勇气"，他鼓励道："既然您和我都已经经历了五年多地狱般的生活，还依然站在这里，那么显然是神的旨意让我们活下来。您要坚信这一点。"

钢琴家想在霍森费尔德离开华沙之前送他一份礼物表达感谢。由于他现在身无长物，于是他做了一个大胆的决定——告知他自己的名字和身份，希望两人等战争过去之后重遇。在他们先前的交流中，霍森费尔德没有透露过自己的名字，这是一种战争背景下无可奈何的谨慎，而霍森费尔德也没有要求什皮尔曼说出他的名字。什皮尔曼说："如果我能活下来的话，肯定会努力生活下去。我会立刻开始工作，和战前一样在波兰广播电台。"他还说，"如果您遇到了什么事，或者以后我能以任何方式帮助到您，请您来找我，记住：什皮尔曼——波兰广播电台！"什皮尔曼还在《一座城市的死亡》中记录下了霍森费尔德的反应：他笑了笑，半是将信将疑，半是不好意思。"我在这种情况下仍天真地、真诚地、'不识时务地'愿意帮助他，令他十分感动。"

霍森费尔德在他的信件和笔记中都只字未提1944年11月他第一次见到什皮尔曼的经过。他对所有向波兰人施以援手的经历都采取了这种低调谨慎的态度，甚至还有很多故事都是在战后才得以公开，比如他救下过一位无辜的波兰人，那是切乔拉牧师的一名表兄，他和其他人质一起被带上一辆卡车拉去枪决。受委托而来的霍森费尔德找了一个借口拦下了卡车，说现在紧急需要一名劳工，最后从车上救下了他。

根据现有的资料显示，如果加上被霍森费尔德救下的家乡军地下战士，他一共挽救了超过60位波兰人的生命。霍森费尔德没有以任何书面的形式记录下这些义举，信件、笔记里都没有。这样做的理由不言而喻，他不仅是为了保护自己，更主要的是保护了那些被德国人迫害并遭受死亡威胁的波兰人。其中，他搭救什皮尔曼的决定是风险最高的，也是最彰显人性光辉的——把一个波兰犹太人藏在德国国防军要塞区司令部大楼里，一旦暴露，他们两人都会立刻被送至行刑大队，没有任何脱罪的可能。在他所有的救援行动中，这是最大胆、最危险的一次。但是，从他们见面的第一刻起，霍森费尔德就决心要帮助这位钢琴家，没有一丝一毫的犹豫和迟疑——什皮尔曼在他的书中写下了这段让每一位读者都感动不已的总结。

在这次与什皮尔曼会面后不久，霍森费尔德被分配到一个新的连队担任连长，因此谁也想不到，这竟然是两人的最后一面。这时，霍森费尔德还分配到了一栋小楼里的房间作为新的住所，这栋建筑在华沙起义期间就被德国国防军占领了，他终于不用住在地下了。他指挥的部队约有200名士兵，责任区扩展到了城中多个区域，这些士兵守卫着无线电大楼和各式仓库，另一些人在华沙周围负责扩建军事防御设施。这次刚刚接手的新连队给霍森费尔德带来了不小的麻烦，他们目无军纪、全无斗志。例如，在一次夜间演习中，有两名士兵一直待在自己的房间里，完全没有参与。在一个哨所内，几个士兵喝到酩酊大醉后吵打作一团。到现在，士兵们已经再也没有一心求胜、斗志昂扬的信念了。他们只希望能活着，打完仗之后立刻回家。

德国的紧急电报纷至沓来，都是士兵的亲人死于空袭的噩耗。一般情况下，霍森费尔德都很通情达理地直接批准下属回家，让他们照顾幸免于难的亲人。他对某些下属偶尔的越轨行为表示理解。毕竟，他的团队是由一群被其他军团除名的人组成的，这群人明显是在原属地留不下去了，才被踢出来。"我原本不想对他们施以处罚，但由于军队的纪律都有明文规定，最后也不得不做。"

在圣诞节前的日子里，作为连长，霍森费尔德努力营造节日的气氛。

他布置了一个公共活动室，里面摆着一架钢琴；他还让人从以前的体育学校带来了口琴。由于时间安排有些小错误，导致基督降临节的庆祝活动与一门关于火箭筒操作的军事讲座在同一天进行。那天两项活动期间还穿插着大家的合唱——有流行歌曲也有圣诞颂歌。颂歌的最后一句歌词是"哦，快乐的，哦，祥和的圣诞时光"。1944年12月19日，他在家信中记录下了当日的情况："圣诞节温馨的气氛笼罩着我们。活动结束得比较早，最后'同志们好！''上尉万岁！'声浪高呼，洪亮宛如惊雷。"霍森费尔德将自己定位为全连队中"父亲"的角色。他再一次体验到了他一直渴求的战友情谊，尽管此时心境完全不同：现在已经到了辉煌的尾声，每个人都将面对一场咎由自取的、灾难般的战争败局。

1944年12月26日，在圣诞节的第二天，霍森费尔德在信里描述了这次和一百多名同胞在华沙度过平安夜的经历："体育馆里摆放了两棵大枞树，装饰得非常漂亮。士兵们从各处带来了很多圣诞装饰品，桌子上准备好了丰盛的晚餐和圣诞红酒。"今年尤其特殊，我们在一大片废墟中过圣诞节。聚会期间，霍森费尔德发表了一场即兴致辞。随后当他点亮了象征伯利恒之子的蜡烛时，一些士兵竟然不解这个仪式是什么意思。这些士兵只知道"耶鲁节"，这是在纳粹宣传下用来替代基督教圣诞节的节日[1]。

安娜玛丽和孩子们正在塔劳翘首以盼霍森费尔德回家过圣诞节，但是事与愿违。今年过节，17岁的德特勒夫也不在家。就在几天前，他被征召到迈宁根，加入了一支坦克侦察部队。23岁的赫尔穆特即将完成大学的医学学位。现在，他成了家里的主心骨，原属于父亲的光荣任务就交给他了——平安夜在家人面前读《福音书》。在接下来的几年里，他作为长子，一直都主持着这个仪式。随后在场的所有家人齐声唱响古老的圣诞颂歌，最后小女儿

---

[1] 耶鲁节是由古代日耳曼民族所庆祝的宗教节日，相当于圣诞节的前身。在20世纪30年代左右，纳粹曾尝试重新解读基督教节日，以增强日耳曼民族的文化影响力。——译注

乌塔朗诵了一首圣诞诗。

1944年12月28日,安娜玛丽给德特勒夫写了封信,信中写到两天前盟军的空袭对富尔达、施马瑙和周边地区造成了惨烈的破坏,700余人丧生。"我们在地窖里都非常害怕,乌塔和约林德都在哭。我怀里抱着乌塔,邻居曼斯小姐抱着约林德,乌尔夫人搂着自己的孩子。据说富尔达看起来很糟糕。梅勒斯工厂、橡胶厂、贝林格工厂以及火车站和货运站都受到了直接打击。[1]很多地方的储藏室都坍塌了,许多人也都命丧当场……"

这一年的11月底就已经发生过空袭。空袭间,塔劳家家户户的窗户玻璃都被震碎了,居民们惊慌害怕,逃进了地窖。霍森费尔德也在竭力思考应该怎么样保护家人,他在信中写道:"我认为最好的保护措施是在靠近教堂的地方直接靠墙挖一个壕坑,或者在教堂和圣器室之间的那个墙角处挖一个壕坑,这样更好。我相信空军不会轰炸教堂。"

德国百姓在担惊受怕中结束了1944年,而1945年又以噩耗开局。霍森费尔德在国防军1月4日的军情报告中获悉,富尔达和周围地区遭到了持续轰炸。得知此事,他写了一封信寄向塔劳:"我最担心的就是你们……你们圣诞节到底是怎么过的?你们一切顺利吗?"他收到了小女儿乌塔寄来的几句话,看到女儿的慰问对他来说是最大的安慰。乌塔写道,希望父亲没有因为无法和家人一起度过圣诞节而伤心,她会为他向上帝祈祷的。

1945年1月17日,霍森费尔德再次寄出了一封信,历史学家分析后确认,这是他在被俘前写给妻子的最后一封长信。信里他讲述了自己为连队内的新教徒组织了一场礼拜,他找到了一位因为脚伤卧床的新教牧师,说服他来主持仪式。还有一次,作为天主教徒的霍森费尔德和一位天主教牧师讨论了《旧约》第九十篇的内容,主要是关于人类生命短暂无常的真相。他还组

---

[1] 梅勒斯与贝林格都是企业名。——译注

织了一次教徒聚会，专门讨论一些宗教的、思辨的话题。聊天时，他不仅关怀着坐在身旁的这些士兵，同样也思念着他在塔劳的家人："愿上帝的恩典保护你们。我去睡觉了，带着对你和亲爱的孩子们的思念，然后第二天再开始我的工作，再见了。你的维尔姆。"

先前几天，在1945年1月12日的另一封信中他只写了几行字，内容都是一些生活化的琐事，比如他说自己在这里买了把梳子，想寄给塔劳。最后，他再次安慰家人道："我很好。"就在同一天，按捺已久的苏联军队强劲主攻终于到来了，东线战争的前线推进至波罗的海与喀尔巴阡山一线。原来所谓固若金汤的"华沙堡垒"也仅仅在红军的攻势下抵御了四天。最后一封由霍森费尔德写给儿子德特勒夫的信从华沙寄了出来，于1月16日写毕："你很快会从德国国防军的报告中读到，俄国人已经攻击了华沙。他们正从南方过来，向维斯瓦河以西进军，俄国人可能会从后面攻击我们。"

1945年1月16日晚，德国军队不顾希特勒的命令，撤离了阵地。希特勒希望不惜一切代价要守住要塞，但在这种情况下，任何抵抗都只意味着流血和白白牺牲，于是德国国防军部队从华沙往西面逃离，但苏联的坦克移动得更加快。霍森费尔德领导的连队最终在华沙以西约30公里的布洛尼市附近被包围了，这下向西的逃生路线被牢牢封住。此次双方短暂的小规模交火中也出现了一些伤亡。1945年1月17日，霍森费尔德和连队内的大部分士兵选择了投降。他是如何被捕的，其间发生了什么，这些信息我们不得而知。

什皮尔曼坚强地活了下来，几周后，德国人被赶出了华沙，他终于重获自由。但霍森费尔德给他的御寒军大衣却引起了没有预料到的后果：他穿着大衣走到街上时，波兰同胞激动地把他错认成了德国兵，想立刻射杀他。在千钧一发的时刻，他高喊出自己的身份。什皮尔曼的名气还是相当响亮的，许多人都认识他。但正值战乱，又许久没有他的音信，大家都以为他已经遭遇不测，所以这次意料之外的重见才更让人激动和欣喜。1945年，波兰广播电台恢复了运营。什皮尔曼录制了肖邦的《升C小调夜曲》作为音乐节目的前奏，这正是两人初见时他弹奏的曲目，他想借此纪念那位对他伸出援助之手的德国军官，那位他甚至不知道名字的恩人。

1945年1月底，波兰小提琴家齐格蒙特·莱德尼奇回到了华沙。战争打响时，他一直都在郊区躲避着。现在他想步行回到城里，回到波兰广播电台，那是他战前演出的地方。在路上，他经过一个由俄罗斯士兵看守的德国战俘营，囚犯们都蹲在地上。当莱德尼奇看到蹲在地上的德国囚犯时，他的内心瞬间翻涌，想冲着他们大声控诉德国人的野蛮行为：他们以文明人，以尊贵的种族自居，但实际做的事却卑鄙可耻，比如他们抢走了他视为珍宝的东西——他的小提琴。

莱德尼奇刚走到铁丝网前，一个囚犯就站起身，走到他面前，问道："您认识什皮尔曼先生吗？"那正是霍森费尔德。小提琴家诧异地点了点头。霍森费尔德压低了声音说："……什皮尔曼之前藏身在华沙要塞区司令部天花板上的阁楼里，我曾经帮过他的忙。请告诉他，我现在被关在了这里。告诉他要救我。我请求你……"他正准备说出自己的名字时，一名警卫走来，打断了他们的对话，警告莱德尼奇不准逗留，也把霍森费尔德带走了。小提琴家走了几步，又回过头来，听到霍森费尔德转身又向他说了几句话，但他没有听懂。他急切地想知道这个德国人的名字，但那时霍森费尔德已经从他的视野中消失了。

这段战俘营围栏边的经历被什皮尔曼写进了新版《一座城市的死亡》的后记，如果当时没有那么多波折，霍森费尔德或许可以早点得到营救。莱德尼奇在波兰广播电台遇到什皮尔曼后第一时间告诉了他这件事。电光石火间，什皮尔曼的脑海中就出现了自己恩人的脸。然而，他依旧不知道霍森费尔德的姓名和身份。什皮尔曼得知莱德尼奇在战俘营见过霍森费尔德后立刻动身前去找寻，但却没有任何踪影。他尝试了所有可能的途径，但都没有获悉霍森费尔德的去向。"战俘营已经被转走了，具体去向是军事机密，所以没有人知晓。我在想，也许那个德国人，那个我遇到的唯一一个身着德国制服的好人，已经平平安安地回到他的国家了……"

第四章

成为苏联的俘虏

1. "我一直牵挂着你们。"

霍森费尔德在那个华沙的临时营地待了大约两周,然后被押送至白俄罗斯。他的监禁总共持续了七年之久,从华沙一路辗转,最后一直到斯大林格勒,之间各个阶段他都遭到了不同程度的折磨。这七年中,他停留过的站点都有比较明确的记录,然而这段时间他遭遇的细节却缺少完整的资料。他在营中写在明信片上的信件基本上被保存了下来,然而,由于篇幅的限制,这些只言片语承载的信息很少,也很片面。在当时的条件下,他只能在其中含糊、简单地写下两句。后来通过被释放的战俘的证言、为他治疗的德国医生提供的信息以及霍森费尔德手写的审讯协议等等资料,我们才能从中了解事情的真相。

霍森费尔德被带离华沙之后到的第一个地方是白俄罗斯布格河畔的布列斯特镇。历史学家托马斯·沃格尔写道,1945年2月至5月期间,苏联官员在布列斯特对他进行了审问,询问他在华沙担任什么职位。沃格尔推测霍森费尔德在此次审讯后被列入了重点人物清单,因为审讯之后他被转移到明斯克的一个德国军官营,并一直处于拘留状态。

1945年6月13日,在当时的白俄罗斯苏维埃共和国首都明斯克,内务人民委员会[1]的官员开始了对霍森费尔德的一连串审讯,具体经过被按批次记

---

[1] 内务人民委员会是苏联在斯大林时代的主要政治警察机构。

录在几份审讯协议中。沃格尔在他所编写的《维尔姆·霍森费尔德：我尽力拯救每一个可以救下的人——一位德国军官用日记与信件记录下的人生》一书中首次公开了这些资料，并进行了注解。

第一次审讯问的是霍森费尔德的家庭成员、战前的职业、服兵役的情况以及他在德国占领华沙期间履行的任务和担当的职位——体育官员、毒气防护官员以及士兵职业培训的最高负责人，他回答道。在1945年7月23日和10月22日的审讯中，苏联官员对他第三参谋部的职责特别关注，他们让霍森费尔德写下了自己主要负责的任务，共有六项：

1. 负责绘制德国第9集团军负责范围内俄罗斯前线重要站点地图。
2. 负责绘制华沙起义局势图。
3. 作为指挥官部署工作。
4. 收集下属单位的报告，并向前线军队汇报。
5. 审讯带来的被俘平民。
6. 与党卫军、保安局和安全警察高层保持联系。

审讯的军官们想知道德军是如何知晓波兰叛乱分子的情报的。霍森费尔德回答说，这些信息一方面由党卫军、安全警察和保安局的工作人员搜查而来，另一方面来自对被俘的家乡军战士和波兰平民的审讯。从一开始，霍森费尔德就在实事求是、光明磊落地回答问题，不掩盖德国人在波兰犯下的罪行。但从今天的角度看，这是一个错误的决定。他如果隐瞒自己第三参谋部部长的身份，说不定可能逃过一劫。他不仅对自己的行为真实不虚地呈现，还清晰地点出了那几个恶贯满盈的战争罪犯的姓名。不仅如此，他还强调德国人民对这些罪行一无所知，人民是无辜的。"我自己在力所能及的范围内帮助每一个与我有过交集的波兰人。今天仍有许多证人在世，他们可以为此做证。在华沙起义之前，我就一直用人道的态度对待波兰人，并且可以举出许多证人，他们都可以证明我说的句句属实。我曾经冒着被秘密警察发现的风险，不顾自己的生死安危，救下了好几个犹太人。"

囚禁中的霍森费尔德提出可以在波兰报刊和广播中发布信息，找到他提到的证人，比如副主教安东尼·斯拉格夫斯基、莱昂沃尔姆－瓦尔钦斯基、瓦迪斯瓦夫·什皮尔曼、安东尼·切乔拉以及国防军体育场的30名波兰雇员，来证明他所述的真实性。如果霍森费尔德当时询问了这些波兰人的详细信息和地址的话，联系上他们，他们全部可以为他做证，证明他对这场自己同胞发动的战争是多么深恶痛绝。在揭露战犯的过程中，他同样始终放在心上的是对德国人民以及对那些与罪行无关的德国士兵的保护。

"是一小部分奉行军国主义的人和他们的追随者自作主张地犯下了这些罪行，此次罪行绝非以德国人民的名义。俄罗斯和波兰人民，尤其是波兰的犹太百姓，以及全人类，都有权知道究竟是谁犯下了战争罪行，这样国际社会才有可能做出公正的判决，让真正有罪的人承担责任。"

审讯人员对华沙起义时德国国防军、党卫军和安全警察分别做了什么非常关注，他们让霍森费尔德不要漏掉任何细节。霍森费尔德如实回答后，他还补充说明了自己为家乡军战士所做的努力：他说服了斯塔赫尔将军将他们归类为正规军而非土匪，使他们获得了战俘身份，这样待遇就得到了保障。他转述了自己和斯塔赫尔将军针对这个话题的讨论："我认为斯塔赫尔将军观念上最严重的错误在于，他没有把波兰起义军看作是为民族权利而战，而是把他们说成是要被无情消灭的土匪和叛军。"斯塔赫尔不接受霍森费尔德的论点，他说"战俘"那一系列准则是国际法规定的，但波兰已经被德国占领，名存实亡，因此国际法不适用。"我回答说，波兰在伦敦有一个政府，尽管国土被德国占领，但波兰人民坚定地维护国家主权，每个民族都有权利为自己的自由而战。"正如之前提到的，经过多番劝说，霍森费尔德才成功地改变了他上司的想法，霍森费尔德还对斯塔赫尔说，波兰军官非常注重善待被俘的国防军成员，但对待党卫军、安全警察和保安局成员就是完全不同的态度，直接枪毙了。

在审讯期间，霍森费尔德已经多次讲述了他帮助犹太人的事迹，也表达了他反对纳粹主义的态度，但苏联军方和审讯者没有任何放过他或为他求情的念头。也许他们由于自己有与德国国防军打交道的经历，认为德国军官不可能会怀着善良的心去拯救波兰人的生命。他们不相信坐在自己对面的是一个善良的、全无加害之心的体育官员，知道他在第三参谋部中工作过之后，反而怀疑他在里面担任反苏特工的职务。

在审讯中，调查人员奉上级命令行事，他们有个不成文的目标，就是在战争结束后扣住并惩处德国战犯，数量越多越好。而现在面前却是一个把波兰公民从迫害和死亡中解救出来的德国上尉，这根本不符合他们的计划，所以也自然没有人对霍森费尔德所述的真相感兴趣。到最后，霍森费尔德通过诚实和坦白打动审讯者的期待化成了泡影。1945年10月22日，他签署了第三份审讯协议，确认他是"在没有胁迫的情况下自愿做出的陈述"。

由于需要审前拘留，霍森费尔德一直被关在"隔离室"，时间一直延续到1945年12月。"隔离室"指的是建筑侧翼里的一间特殊单人牢房，据德特勒夫的陈述，父亲在"隔离室"关押期间可能受到过几次酷刑。几个月的单独监禁让霍森费尔德身心都饱受折磨。

克劳斯·瓦格纳是一名与霍森费尔德同狱的犯人，比霍森费尔德年轻24岁，战时是一名突击炮大队的指挥官。他于1949年1月获释，之后就写信向安娜玛丽汇报霍森费尔德的情况：

"您丈夫终于从为期六个月的审前拘留中获释，现在他每天傍晚都会去散步，调理身体。当时我们在明斯克有2000多名军官，就被安置在一个闲置营房的一张张木板床上，这里原本是德国国家劳役团[1]的营房。在（1946年）3月，我们被一起送到一处所谓的康复营，那里的条件实在是拥挤得令人不快，感觉有数百万只虫子和跳蚤。"这是一段极其黑暗的时间，霍森费

1　国家劳役团是纳粹德国重要教育组织。从1935年6月始，每个德国男青年需在18岁兵役前，首先履行6个月的劳动义务。——译注

尔德当时不能向家人送出任何消息。这段时日，逼仄的环境与隔绝亲人的孤独感使他饱受精神压力。在单独监禁后，他回到了德国军官的普通牢营，在那里他可以相对自由地活动。他也和一些人建立了亲密的情谊，其中就有写这封信的克劳斯·瓦格纳。瓦格纳还写道："……他告诉我，俄国人不相信他做过体育官员，只相信他曾与为德国服务的反苏特工接触过。但是，霍森费尔德依然相信，这种无端的假设和猜度是无法掩盖真相的。"

最终，霍森费尔德还是获得了写信许可。但按照规定，他只能使用红十字会印制的战俘明信片纸。他写信的内容、篇幅甚至频率都有着严格的规定，也会受到严厉的监督。家人都不知道他的具体地址，给他回信时的通信地址只能写：莫斯科红十字会第56号信箱。1945年12月25日，他从明斯克向家人发去了圣诞问候。他可以想象所有人有多担心，为了让家人们放心，信的内容全都是安慰和打气的话："我身体很好。在写这封信时，我感觉自己仿佛就在你身边，和你亲密无间。"霍森费尔德虽然寄出信件遭受限制，但是接收完全没问题，所以他急切地等待着家人的来信。"我希望你们都平平安安地度过了这段困难时期，我现在怀着坚定的希望，我觉得不久后一定能再见到你们。我向你们致以最热烈的问候，最亲爱的安妮米、赫尔穆特、阿内蒙妮、德特勒夫、约林德、乌塔，你的维尔姆，你们的父亲。"

1946年1月1日，他写下了一封新年贺信寄送回家，信中写满了对孩子们的关切："亲爱的孩子们都在家里吗，他们的近况如何？如果我对他们的大事小事都悉数了解该多好！我一直在牵挂着你们。"在家中收到这封信后五个多月里，不知为何，霍森费尔德一封信也没有寄出，所以安娜玛丽就没能再得知丈夫的近况。根据克劳斯·瓦格纳提供的信息，1946年5月底，包括霍森费尔德在内的军官将被转移到博布鲁伊斯克的战俘营，位于明斯克的东南部，据说他们将在那里被释放。

在白俄罗斯博布鲁伊斯克囚禁期间，霍森费尔德在约五周后才收到了安娜玛丽1946年4月22日寄出的回信。读了信后，他心里的大石终于落了地：战争结束了，他最亲近的家人全都平安无事。他的儿子赫尔穆特已经如期从德国国防军退役了,他还通过了国家考试,完成了博士学位,现在在富尔达的圣灵医院担任助理医生。德特勒夫也从松德斯豪森兵营中逃了出来,步行回到塔劳。"你们都健健康康的,我太开心了。两个男孩这么快就回家了,战争结束了,这真是太好了,我最担心的就是他们。现在,奉上帝之名,我一定可以乐观地等待,等待着监禁结束,忘记与你们分离给我带来的痛苦。"

他再次让安娜玛丽放宽心,他向她保证,他很健康,一切都好。他经常利用空闲时间晒太阳、做健身操。因为他厌恶纸上谈兵,喜欢动手实操,所以他主动参加了木工工作。这项工作在营地以外进行,工作环境不固定,比如需要从河里拉出原木,又或者在木匠的工作车间里切割木材。虽然现在上级规定霍森费尔德每个月只能寄一张信卡,但历史学家发现他在1946年6月和7月多寄出了几封信回家,可能因为营地也曾指派他来负责分拣邮件,他利用机会寄出了信。

安娜玛丽等待了很久,才了解到更多关于丈夫的细节。1946年1月,牧师约瑟夫·吉特告诉了她一年前他和霍森费尔德被苏联俘房的经过。吉特最终于1948年获释,他在狱中经常和霍森费尔德来往,能够提供很多相关信息。1946年7月,安娜玛丽在焦急的等待中盼来了丈夫寄来的好几封信,虽然又是明信片大小的信卡,但她仍然欣喜若狂。她回信道:"在最困难的时期,我们在塔劳彼此打气,与你相比,我们做出的牺牲太小了。当你回到家的时候,也就是对我们一家考验最终结束的时候,这也是对我们最好的奖励。"

自从战争结束后,安娜玛丽那里的生活处境也是每况愈下。为孩子们的生计,她坚强地扛起了一切。乡村学校里来了一位新老师,按规定她要搬出房子,把住宿的地方让出来。她向负责住房问题的学校董事会说明了情况,经过了一段时间的沟通,1946年夏天,安娜玛丽终于得到了董事会的保证,他们一家可以继续住在房子里,使用部分房子和花园。"我们现在受到了学校董事会和军政府的保护,现在我们不会再受到任何欺压了。"

安娜玛丽没有任何收入，一直到1949年，她才拿到手一笔微薄的养老金。"阿内蒙妮现在是军政府公务员，她的薪水支撑我们在塔劳的大部分开销。"赫尔穆特现在住在富尔达，在一家小型医院上班，每个星期天都会来塔劳，帮帮母亲和弟弟妹妹的忙。

1946年8月初，安娜玛丽收到了很多张从博布鲁伊斯克战俘营寄来的信件。这些明信片都有编号，所以她可以很方便地查看是否按照顺序收到了丈夫的每一张信卡。由于霍森费尔德的性格，他在信件中都是报喜不报忧，所以信中内容都能让安娜玛丽很安心。战争结束后，她身边有了一台打字机，寄丈夫的信件就不再全是手写稿了，还有一部分是用打字机打出来的。1946年8月6日，安娜玛丽给他写了封信，她说之前有段时间没有获悉他的消息了。幸好当时安娜玛丽得知两个儿子都在战争中幸存了下来，这是那段时间唯一开心的一件事了。信中还写道："我们无家可归，身无分文，没有任何权利，也没有什么庇护，但我们坚韧地、自豪地扛下了一切。我把我的命运交到了上帝的手中，这让我平静又安心。你的信给我带来了多么大的力量，多么大的慰藉，多么大的幸福。在多年前当我与你相遇时，我对你的爱就像燃烧的光，我把它紧紧放在我手中。今天，我自己也变成了一团火焰，燃烧自己，为你闪耀，给你温暖。每次听到你告诉我的好消息，我是多么高兴。听你的描述，你的伙食比我们还是丰盛不少呢。"

霍森费尔德一直试图把白俄罗斯的战俘营生活写得舒适一些，首先是因为审查制度容不得负面的言论，使他自行略去了某些话题；而更关键的是他对妻子的关心，她要承受的已经太多了，他不想再给她增加负担。但现实完全没有描述的那样轻松舒适。为了让自己不被苦闷的情绪控制，也为了让自己点燃对生活的希望，他开始锻炼身体，做一些身体训练。除此之外，他还训练自己在精神上保持灵敏。霍森费尔德求知若渴地阅读了一切手边可以获取的德国文学。他还保持着原先的习惯，记录下当天发生的事件。他还创作了诗歌，记录了随笔，但很遗憾，这些纸质资料最后全都遗失了。

霍森费尔德的身边常常聚集着一小群志同道合的朋友，他们一起学习俄语。他营地里的朋友有克劳斯·瓦格纳和天主教神职人员约瑟夫·吉特等等，几人经常谈心交流。霍森费尔德常常聊起他的华沙岁月，德军的东线战役，还会聊起1944年秋季的华沙起义。霍森费尔德狱中与其他大多数军官没有什么来往，因为他不认同那些军官对德国战败的归因，并且他们对战争的态度与霍森费尔德完全不同。

有一些军官和士兵十分不理解他对基督教信仰表现出的虔诚，但对于霍森费尔德而言，他被囚禁的时间越长、条件越艰苦，对基督教信仰的坚定之心就越强烈。他把自己的弥撒书和念珠用心地保存了起来。瓦格纳在给安娜玛丽的信中写道："在艰难的岁月中，宗教信仰大概就是他最笃定的支柱。还有就是他对您，亲爱的夫人，以及对孩子们的爱，使他拥有刚毅的意志和耐力，直至最后返回家园。但最近有某些'德国同胞'对您丈夫这样正直的人有意见，认为他1939年响应了国家的号召，现在不应该被释放。"

1946年7月15日，霍森费尔德不知用了什么方法在一名即将被释放的囚犯的鞋子里藏了一盒5cm×5cm的磁带，并拜托他交到安娜玛丽的手里。其中录下的信息是：亲爱的安妮米，你可以给以下几位波兰人写信，告诉他们我的地址，我之前帮过他们的忙，现在可以去请求他们的帮助。

1. 住在彼得库夫的约瑟夫·帕察诺夫斯基
2. 住在帕比亚尼采的约阿希姆·普鲁特（这是我的老相识）
3. 住在波兹南萨姆特区的安东尼·切乔拉牧师
4. 波兰广播电台的钢琴家瓦迪斯瓦夫·什皮尔曼。

因为我被限制了自由，所以我现在没办法自己联系到他们。

在霍森费尔德的笔记本上我们可以看到一篇他在1944年2月26日写下的文字，其中提到了上述的那一位约瑟夫·帕察诺夫斯基，后文还写到了一个名叫"维克多"的人，大概是约瑟夫的弟弟。在审讯期间，霍森费尔德将约瑟夫·帕察诺夫斯基和他的家人都列为证人，因此可以推测，霍森费尔德给帕察诺夫斯基一家提供过庇护。

在1946年7月中旬寄出的这封密信中,有两个名字是安娜玛丽认识的:约阿希姆·普鲁特和安东尼·切乔拉。万幸的是,她最终成功联系到了现在身处波兹南的切乔拉牧师,并向他讲述了情况,请求他的帮助。1946年7月22日,切乔拉牧师寄来两份文件,一份是德文的,一份是波兰文。这份文件非常详细,看得出笔者投入的心血。两年前,切乔拉和体育学校的其他波兰雇员与霍森费尔德的告别太过仓促,只说了零零散散的只言片语,而今天他用这份文件表达了心中想说的话:

> 本人安东尼·切乔拉牧师,居住在波兹南的马里亚克大街15号,现在本人发表声明如下:
> 1. 我从1942年起就认识霍森费尔德上尉。
> 2. 在我亲人的请求下,霍森费尔德上尉无私地帮助了我,他在华沙找到了我,凭借自己国防军体育学校负责人的身份雇用我为办公室文员。为了帮我摆脱秘密警察的追捕,他冒着风险违规为我办理了必要的身份证和工作证,两次救我于性命危难之际。并且在那时宗教自由被限制的背景下,全因为有了他的帮助,我才能每天都做弥撒。
> 3. 霍森费尔德上尉对波兰百姓和蔼有礼,每个人的命运他都放在心上。他的义举获得了波兰人民的真诚信任。他总是用波兰语说他是我们这些波兰员工的亲人。
> 4. 霍森费尔德上尉是一位虔诚的天主教徒。我们经常看到他去教堂忏悔、参加圣餐仪式,有时甚至去波兰教堂参加弥撒,尽管这些都是严令禁止的。……

在那份波兰语的声明中,切乔拉还强调,霍森费尔德对波兰人永远都尊敬温和,而且他还会严厉地惩罚他手下欺压波兰百姓的士兵。上尉从来都不是希特勒的鹰犬,也不是法西斯分子——所有在体育学校工作的人,"人数超过30个，包括两名用化名的犹太人",都可以证明这一点。

知道妻子联系上切乔拉后，1946年10月和11月，他一直焦急地等待着对方的这一纸证明，并在信中多次询问此事。切乔拉寄出信件后过去了几个星期，这封文件辗转到了塔劳，安娜玛丽又立刻把它转寄到博布鲁伊斯克。等到霍森费尔德取到这封信时，时间已经过去了很久。

据历史学家推测，霍森费尔德立刻将这份文件上交到了管理人员的手中，然而却没有等来任何回应，甚至这份重要的文件最终是否进入了霍森费尔德的监狱档案也是未知数。霍森费尔德还有过一次自救的尝试，但同样不遂人愿：他曾向波兰官员递交过一份申请，申请在陪同下前往波兰，希望能够在那里找到证人证明自己的清白。据悉，战俘营地的有关人员确实转达了他的这一请求，然而却没有得到任何进一步的消息回复。

1946年7月17日，霍森费尔德在一封长信中对孩子们说："……要听你们母亲的话，兄弟姐妹之间要友善互助，不要再因为顽皮和小孩子脾气给妈妈添麻烦了。你们要互相帮助，要体谅妈妈。我亲爱的赫尔穆特、阿内蒙妮和德特勒夫，在一些重要的事情面前，你们务必都要与母亲商量。我和你妈妈想法一致，所以她嘱咐你们的话，也正是我想告诉你们的。你们要照顾妹妹，不要在母亲面前老是争吵。别让她再心痛了，也不要再让她承受每一次琐碎的烦扰了。"他补充说，自己作为父亲无法陪伴在孩子身边，表达他的爱和感情，这对他来说简直就像是一种惩罚。

他常常牵挂家人，心系孩子们的人生规划与发展。也许他不需要忧心忡忡，因为孩子们都很懂事，相互之间感情也很深，他们也非常孝顺母亲。赫尔穆特长兄为父，为家庭承担了很多。约林德回忆道："对他人的责任——这是父亲教给我们的品质，这对我有很大的影响。对家庭负责，对那些在你身边的人负责，对那些和你一起成长的人负责，对那些一起共事的人负责。我父亲他自己为我们树立了一个榜样。"

约林德还说，母亲在充满期待的等待中生活了很久："父亲一定会回来的，他一定要回来。大家都很挂念他，无论他身在华沙还是后来身陷监狱，只要他一寄信回来，就会是全家话题的中心。我们每天都为他祈祷。每次停电了，没有亮光，什么都做不了的时候，我们就坐在厨房里，对着念珠祈祷父亲平安归家。我们一定要常怀虔敬之心，为了从善良的主那里把父亲求回来。"

现在，约林德成为一名医生，除此之外她还专注于科学研究，经常在医学期刊上发表文章。她由衷地感谢大哥在战后对几位弟弟妹妹的照顾，他的品行给年龄更小的孩子们树立了榜样："战争结束后，赫尔穆特揽下了父亲的职责，照顾起了全家的方方面面。我哥哥真的为家庭做出了巨大的牺牲，现在来看，我好像明白了，我觉得他这样不辞辛劳地付出，就是为了乞求仁慈的上帝保佑父亲能够回来。母亲还总是要求我们：要做一个乖孩子！你们一定要好好学习，否则父亲就不会回家了。这样的叮嘱填满了我们的生活。我感觉自己一直处于自加的压力之下，什么事都想要做到完美，希望这样真的能让父亲回来。"

1946年7月17日，在德特勒夫19岁生日那天，他收到了父亲寄来的一封长信。霍森费尔德详细地描述了他在相隔千里的白俄罗斯博布鲁伊斯克的监禁生活："在我们之间相隔着数千公里的土地，还有一层战俘营的铁丝网，它紧紧束缚着我，将我与外界隔绝。我坐在营房西侧屋檐下的长椅上，离我几步远的地方就是长长的铁丝网，向左望去绵延了一百米远，向右望去又有两百米长。岗亭里有一个哨兵在值守。在围墙后的道路上，一列长到没有尽头的马车队奔驰而过，扬起了一层尘土，拉车的马原是属于德国国防军的。我眺望着远方碧绿的柳树枝叶，它们被博布鲁伊斯克的房屋挡住了一部分。再往上，在这一切之上，我看到了蓝天，光芒四射的太阳和硕大的云。虽然我身处异乡，在德国以东无尽旷远的土地上，但我在脑海中见到了故乡，那么亲切，仿佛我就置身其中。我看到了我的亲人，还有你，我的小寿星，那景象是如此真实，就好像你站在我面前一样。"

霍森费尔德和儿子在信中聊到了职业规划问题，德特勒夫将在1947年春天参加高中毕业考试。"当一个医生或神学家吧。"父亲建议。现在看来，

1944年2月的那次回国探亲假是霍森费尔德最后一次见到儿子德特勒夫。1944年五旬节的回乡假是霍森费尔德人生中最后一次回到故乡塔劳,但当时德特勒夫不在家中。"我上次与你分别是在卡塞尔,离别的路上我很难过,我们俩当时在卡塞尔的车站站了很久。我知道不能永远陪在你身边,但我现在还是会遗憾,要是能把你一直送到你服役的炮兵连就好了。这几年来,这段回忆一直在我心头,一想到当时的告别可能就是永别,我就心如刀割。"

1946年7月下旬,霍森费尔德的思绪久久不能平静,心情一直在点燃希望和失去希望之间大起大落。目前战俘营正在安排返回德国的释放人员名单,他期待着自己会成为离开营地的幸运儿之一,但是这个微弱的希望又破灭了。他在1946年7月27日写道:"你可以想象这对我的内心有多大的打击,我的心像被撕碎了。我沮丧了好几天,甚至都不愿再祈祷了。但现在我已经恢复了平静,并心甘情愿地在上帝的指引下接受命运的安排。我之前太糊涂了,竟然会怀疑上帝的仁慈和怜悯。"

除了这封信,他还给妻子寄去了一条他经常佩戴的围巾。这条围巾已经算不上崭新漂亮,但他不愿意去洗它。霍森费尔德认为这条围巾代表着他自己:"我永远爱你,这句话甚至都不能完全概括我对你的情感。"1946年8月28日,安娜玛丽在回信中告诉丈夫她收到了围巾:"我整天都戴着它,围巾正好就包裹在我胸膛前,紧贴着我的心脏。我晚上也不脱下来,它在我的脸颊旁陪伴着我。这样,你就会一直和我在一起。"当安娜玛丽得知丈夫暂时没有获释的可能时,她瞬间陷入了苦痛的情绪。

她在1946年10月4日写给丈夫的信中提到,一名和霍森费尔德同一营地的囚犯已经回到德国了。这件事让安娜玛丽激动不已,她觉得丈夫也能很快回来:"昨天我非常想你,几乎哭了一整天。"接下来她又说道,女儿约林德非常懂事,在家里帮忙,手很勤快。她也是班上最好的学生,被老师选拔跳级到中学四年级听课[1]。她还说道:"我自己写了一篇文章,名字叫《葆拉·莫德松的童年回忆》,现在已经刊登在豪斯曼主办的报纸上了。我把这个消息告诉你,希望你听了也会开心一些。"她在信中说一些家中高兴的事,可能既是为了丈夫一展笑颜,也能让她自己受到积极情绪的激励。

1946年11月初,她写信给丈夫说,塔劳又开始举办教堂纪念日集市了,和战前差不多一样,有舞蹈表演和鳞次栉比的摊位,集市中心还立着一些装饰华丽的巨树。然而,她和孩子们并没有参加村里的庆祝活动。德特勒夫正在备战高中毕业考试,"赫尔穆特在帮助他"。

---

[1] 此处为德国九年制中学算法,换算成中国学制则为初中二年级。——译注

2. 尝试营救——"牵动神经的紧张局势"

战争结束后，安娜玛丽一直在为了营救霍森费尔德辛劳奔走。她前往哈瑙找到了卡尔·霍尔勒，请他为丈夫说情。他曾担任过霍森费尔德体育学校的员工。霍尔勒由于自己以往工会会员和共产党员的身份遭到了当局迫害，在集中营中受到了严重的虐待。后来自1943年以来，在霍森费尔德的帮助下，他一直在华沙体育学校办公室工作。1945年11月9日，霍尔勒写了一封信给霍森费尔德做人品担保。这封信先寄给了安娜玛丽，后来再转寄至霍森费尔德处。在信中他说道，自己经常劝说霍森费尔德，让他不要过于直率地公开批评纳粹党卫军，希望他明哲保身，因为一旦有人告密出卖，后果不堪设想。而且由于霍森费尔德一贯言辞激烈，甚至有可能被立即逮捕。所以霍尔勒的书信证明了霍森费尔德明确表达过反对的态度，他的反法西斯精神一直堪称典范。

霍尔勒最后写道，他相信，在新的德国，霍森费尔德一定会将他的全部精力投入到民主道路上的青年教育中。这句话大概是为了宽慰安娜玛丽的担忧，她担心丈夫由于曾经纳粹党成员的身份在获释后会失去教师的工作。

1946年即将结束，但却没有任何迹象表明霍森费尔德即将从囚禁中获释。安娜玛丽寄来了一张她自己的人像照，1946年11月19日，霍森费尔德寄信一封，他告诉妻子已经收到了照片。与平常不同，霍森费尔德在这封信中描述了很多监禁生活的细节。例如他写道：他有时会被派去博布鲁伊斯克市区；现在冬天已经来了，好在他有温暖的衣服，食物也很充足。"与一群人生活在一起往往不太容易，人类的弱点在囚禁中暴露无遗。你们和上帝是我的支持和安慰,是我的安全感。虽然我在这里也有朋友,但我时常感到很孤独。我们是集体行动,工作和生活都在一起。我主要的任务是锯木头,偶尔还做做木匠活。在手工技能方面我比那些军官拿手。"

七天后,1946年11月26日,他给家人送去祝福,祝愿他们圣诞节快乐——"一个身处监狱的人发来祝贺",他自嘲道。他向家人保证,明年他肯定会和他们团聚。"我不会屈服的!我最亲爱的家人们,感谢你们和我一起勇敢地扛下一切。我们还有很多事都没有一起经历呢。"1946年的最后一天,他正在监狱的医务室接受支气管炎的治疗,在这个房间里他写了一封信。在信中,他再次表达了对与家人团聚的渴望。安娜玛丽一直在信中说想知道丈夫现在的身体状况,想知道他是否因为劳累而变得瘦削。在这封信中他回答道,自己的体重一直都属于正常水平。他还幽默地开解说,自己的脸上长出了皱纹,但里面都盛满了智慧。霍森费尔德还说自己需要一副新眼镜,希望妻子能寄来。最后,他写道:"我期待着切乔拉和霍尔勒的来信。"

1947年1月5日,霍森费尔德给孩子们写下了新年的第一封信。他把没能对女儿约林德言传身教视为一大憾事,所以他叮嘱她说:"你要努力学习,但也不要低估手工技能的培养。我在囹圄生活中看到了学会一门手艺的重要性。"他祝德特勒夫在即将到来的毕业考试中一切顺利,但霍森费尔德很自责,感觉自己没办法帮上什么忙。他还让女儿阿内蒙妮继续给他讲讲战后德国的情况。家里的一切他都很好奇,他想多听些,聊以慰藉。他曾打过一个比方:在营地里,他就仿佛生活在月亮后面,这使得外界的一切都很陌生。"你为什么不多告诉我一些亲戚和朋友的近况呢?"除此之外,他还提出一个要求,就是希望安娜玛丽以后寄信的时候往每封信上贴一枚火石,那是他的打火机要用的。

1947年1月16日,霍森费尔德回想起战争刚刚结束时的情景:"我最亲爱的……两年前的今天,是我自由的最后一天。这两年来的时光啊!它是浪费了吗?不,这段经历实际上也是一种宝藏,在监狱中对性情的磨炼让我变成了那个你最喜欢的样子。亲爱的，我知道你也是孤独的，但你不会有我孤独。尽管对家中大小事务的照料让你没有一刻闲下来，但你的心却紧紧地围绕着我，时刻关怀着我，从未离去。你不会一直孤独下去！我每一次的愿望和祈祷都是有关同一件事：让我成为更好的自己，为未来陪伴你的日子做好准备。"

到了寒冬，大风凛冽，室外已经不适合工作了，霍森费尔德被安排在营地厨房削土豆。他毫无怨言地接受了这项任务，任务的变化也就意味着能给生活增添些许新鲜感，他也能借机和同伴聊聊天。在德国，冬季也是如此严寒，1月更是刺骨的寒冷。妻子告诉他，塔劳气温已降至零下23度。战后的一代人都对这一年的严冬记忆深刻，因为寒潮的影响，战后全国的困境雪上加霜，各个领域的发展都寸步难行。

霍森费尔德与大多数监狱里的人都保持疏远。但他没有完全封闭自己，没有拒绝交谈，只不过对他来说，他自己有意义的生活比其他东西更重要。他读到妻子在信中写的那些囚禁士兵释放回国的消息后，回信说："大概率他们不认识我。在这段被囚禁失去自由的时间，我往往都是自己一个人独来独往。因为我有富足的内心，所以我不需要任何人。在我这个年龄，再也找不到另一个灵魂契合的人去与之为伴了。我的心封闭了，除了你和孩子们，没有任何人可以进得来。"

这还是华沙时代的那个霍森费尔德吗？那个与人亲近，热情地接受新的挑战，将热心助人视为己任的霍森费尔德？他已经被囚禁了两年之久，营地里的禁锢把他解构成了最单纯的存在——不再有任何头衔，也没有人再给他下命令了。他开始回忆以出色的能力完成任务的日子，那时他的自我成就感达到顶峰，然而往事已烟消云散。心中铁一般的纪律、对上帝的虔诚、回家的希望和对家人的爱——这些都是现在他在囚禁中生存下去的精神支柱。

每逢节日，霍森费尔德都会尤其沉郁，在塔劳的家人也同样如此。过去那些快乐的、一家人其乐融融的画面会瞬间闯入每个人的记忆，而他的缺席就会更加让人思念。霍森费尔德已经寻找到了一种帮助他转移这种情绪的良方:在写作时,他会情不自禁地想象,将自己置身于家人的陪伴中。通过这种方式,他得以排遣自己的负面情绪,可以至少几个小时投入一种专注、宁静之中。

1947年的复活节,一位囚友在他的明信片上画了一幅田园风光做装饰:他画的是霍森费尔德的故乡塔劳,背景是一座教堂,周围是树林和山丘。在这风景山色之间,有一只匆忙奔跑的野兔,背着一个装了复活节彩蛋的筐。一旁还有几只复活节彩蛋。1947年4月8日,他给妻子寄去了一幅自己的画像,是由另一名囚友所绘。素描中的他面容严肃,上唇和下巴都有胡须,头发梳向一边。他说:"我对画出来的效果并不完全满意,但不得不承认,我看起来就是这样的。"

他还在1947年4月14日的信中附上了一幅简笔画。画上是一对年轻夫妇,他们站在森林边缘。这是霍森费尔德在回顾两人婚礼前的时光,但经过了艺术上的加工,流露出神圣的氛围:"在5月的这天,我们静默无言地站立着。我们一只手伸向虚空,另一只手相互紧紧握住,眼睛凝视着远方。我脱口而出一句情话,但你没有听到。我们正值最好的年华,被年轻的光辉照耀。我们像不谙世事的孩子一样站在陌生的海岸前——那是人生的新旅程。在犯了错、受过苦,经历了原谅和受伤后,我们已经踏上了渴望已久的土地,重拾勇敢、开朗、认真的生活态度。随

霍森费尔德肖像画,绘图者不详

后我们的孩子降生了,他们对我而言,就像黑夜中的流浪者看到的一颗又一颗星星一样。"

即使在监狱中,霍森费尔德也一直在履行着自己作为父亲的教育职责,教导孩子的同时,他也以身作则,树立了一个好榜样。"我一直没有停止俄语学习,"他在1947年5月31日写信道,"要让孩子们认真学好语言。学习一门语言就好像打开了一扇理解一个民族的窗户。"1947年的夏天相对很平静,从塔劳寄来的信件经常是一批批地送到霍森费尔德那里。有时他能一下拿到六七张卡片。他非常高兴,一次又一次地把信拿在手里看。他给妻子写了几封长信。因为这些信太长了,所以他一直没有寄出去,他想细水长流地寄向塔劳,让妻子慢慢看。然而历史学家最后清点书信的时候,这几封信件也不知所踪了。

在他定期书写的信件中,霍森费尔德不断地强调他身体健康,一切都好,也鼓励家人保持积极的心态等待自己归来。然而事实上,没有任何迹象表明他将会被释放。但他不想让自己放弃希望,同时鼓励亲人保持乐观的心。1947年7月4日,他写信道:"我听说阿内蒙妮觉得我很快就会回家,所以她说你们不需要再给我写信了,很快就能见面了。但其实还有一段时间要等呢。我这边一切都好。在这样的一个夏天,我坐在凉亭里往栅栏外面看去:劳作的那一支分队正在返回营地,他们一贯地迈着平静的步伐,低着头,表情无喜无悲。在我周围,有几个囚友,一个在看书,另一个在写作,其他大多数人盯着远处思考。东面的天空中,奇妙的白色云山堆积在柔和的蓝色天空上。蓝天下有几座小木屋,在我前面六步远的地方是铁丝网。现在,它消失在我的目光中,我的目光投向它上面的高高的云塔。"

1947年7月27日,正值盛夏,霍森费尔德也已监禁了两年半之久。在博布鲁伊斯克集中营中,他突然遭遇了严重的健康危机。他突然患上了中风,并且中风导致身体右侧瘫痪,同时,这影响了他的语言中枢。头晕、头痛和瘫痪,这些症状都表明霍森费尔德大脑的血液循环出现了问题,甚至可能在华沙的时候就已经存在了,但在各项身体检查中都没有发现。

尽管他自己不承认身体出了问题，平时也注意训练自己身体和精神的灵敏度——因为他不想以一个病恹恹的身体状态回到家人身边，但营地恶劣的生活条件还是严重损害了他的健康，而那长达六个月的审前拘留尤甚。1947年8月2日，中风后才过几天，他就拿起笔给家人写下了几行潦草的字，这再次说明了他坚强的意志力："亲爱的安妮米，亲爱的孩子们，现在我在用我的左手给你们写信。自7月27日星期日起，我的右侧手臂和腿部突然瘫痪，并出现语言障碍。我只能躺在医院的床上，有人照顾我。我想我需要几周时间才能恢复健康。我现在心情很豁达，毫无怨怼地听从上帝的圣意。祝愿亲爱的德特勒夫明天生日快乐。上帝保佑你们——你们的父亲，你的维尔姆。不要担心！"

在接下来的几周里，霍森费尔德就在病床上用左手给家人写信，信中往往只有几句话。笨拙的笔迹以及信中的内容实在让他的家人放不下心来。然而，他自己却很乐观。1947年8月10日，他给妻子写了封信，说明年8月想和她一起去维岑豪森旅行，那是三十年前他们相遇的地方。一个多月后，9月11日，他又执笔写了一封，这封信中他告诉妻子自己收到了家里寄来的8张卡片。"我的身体恢复了一些，但右手仍然没有力气。请不要担心我。相信我，回家的日子越来越近了，只是日期未定而已。你们尝试一下通过波兰领事馆或美国当局联系切乔拉吧！另外，希望家里不愉快的事能得到解决，这件事让我非常挂心。"他所说的是最近教师公寓的纠纷，妻子再次被要求搬离房子的那件事。

接下来霍森费尔德引用了《圣经·新约》中使徒保罗写给加拉太人的信中的一句话："你们各人的重担要互相担当，如此就完全了基督的律法。人若无有，自己还以为有，就是自欺了。各人应当察验自己的行为；这样，他所夸的就专在自己，不在别人了。"最后，他对家人说："不要再为我回家的事劳心劳神了，你们会因此心力交瘁的。你们的愿望、你们的诉求都紧密地牵动着我的心。"

这段时间，霍森费尔德在他写的好几封信中多次引用了《圣经·新约》中的段落，一写就是一长段，虽然他写字还是十分费力。最近邮政出了一些问题，收到每一封丈夫寄来的邮件都需要漫长的等待，所以安娜玛丽现在不得不保持耐心。1947年9月10日，她写的信以一声深深的叹息开始："哎，我亲爱的维尔姆！这种难以忍受的等待让我很痛苦。我已经有15天没有你的消息了。我为什么总是忧虑呢？如果我知道你的情况就好了！我脑中只关心一件事，那就是你的命运。在一天中的早晨，阳光带来了力量和新鲜感，这个时候我就会被勇气和信心包围；但每到天黑，当我孤独地、疲惫不堪地躺在床上时，这份焦虑逼得我透不过气。我在不住地为你祈祷，甚至有时是没有意识的喃喃自语。"

目前，所有的努力和请愿都没有结果，再加上她丈夫中风的消息，安娜玛丽已经完全惊慌失措，绝望的她再次向霍尔勒寻求帮助。1947年10月5日，霍尔勒以哈瑙地区纳粹政权受迫害者协会主席的身份直接向博布鲁伊斯克战俘营指挥官送出了一封信函，呼吁他立即释放霍森费尔德。

霍尔勒还给安娜玛丽寄了一封回信。在信中，他首先给安娜玛丽介绍了自己德国共产党干部的身份和职权，然后描述了霍森费尔德当时得知他在集中营受到严重虐待时焦急的反应。"这让我认识到了霍森费尔德的那片真挚的同情心，他一定是这些纳粹罪犯的反对者。从现在开始，只要有可能——因为我们还是要始终保持必要的谨慎——我们就多进行舆论攻势，特别是要针对德国民政部门在被占领国执行的那些没有意义的、残忍的政策。"

霍尔勒还提到了霍森费尔德的那本华沙日记，这本日记现在被寄到了塔劳，里面清楚地记录了诸如毒气室之类的德军对犹太人的迫害和酷刑。1947年10月间，霍尔勒与安娜玛丽一起出发前往东柏林，他们去拜访了奥托·努施克。努施克是一名共产主义政治家，后来成为民主德国的副总理，霍尔勒曾和他有一段一起被关押在集中营的经历。会谈上，霍尔勒用他全部的名誉和威望来担保，希望可以让霍森费尔德获释。努施克答应尽己所能，这让安娜玛丽激动不已，重燃希望。她记在了她的便签日历上："德国共产党出面请求释放战俘,届时会有专人前往莫斯科。"然而,最终即使是努施克出面也未能取得什么结果。

1947年10月中旬,霍森费尔德获得准许,可以离开战俘营的医院了。他告诉儿子赫尔穆特,他又开始恢复用右手写字了,但手还不能控制到最完美。他在1947年10月18日写给妻子道:"成功的秘诀是实践和毅力。尽管还有希望,但实际上我的归期仍然没有明确的说法。战争给我们留下的灾难太大了,我们都是战争的受害者。可能你会认为战争结束了,一切痛苦也都随之结束了,但事实并非如此。"在1947年11月,他多次向家人们讲述了营地里的饮食情况和他的健康状态:"食物充足,每天有三顿750毫升的汤,外加一共670克的面包,20克的糖,20克的黄油。我拿到的食物的量应该比你们都多。"他现在又开始抽烟了,但抽得没那么多。"晕眩感现在已经减弱。不要为我感到难过,我正走在一条辉煌的苦难之路上,身体上和精神上的磨难是上帝给我们的考验。"

在下一封信中,霍森费尔德询问安娜玛丽在柏林有什么进展,他自己甚至都对这条路产生了怀疑。他又一次询问了切乔拉牧师的情况:"现在与切乔拉联系上很重要,他能在华沙寻找到更多我帮过的犹太人。"但霍森费尔德的身体状态听起来没有那么让人放心:"……经常头晕头痛,血压高了一些,现在血压是130/180。可以跑步,身体右边和左边一样能使力了。现在体重也从69公斤下降到了62公斤。可以用右手写字了。归国日期不确定。生活越来越难了。"

早在1947年11月25日,霍森费尔德就给家人寄去了写上圣诞祝福的信,因为他将被转移到另一个营地,所以他担心由于更换地址而导致送信时间变长。他告诉妻子自己在着手写一篇圣诞童话故事,准备作为礼物送给安娜玛丽。1947年12月初,他被转到乔尔米地区的一家医院,位于白俄罗斯莫吉廖夫的东部。转院的原因没有写明,历史学家推测是因为他的健康状况又恶化了。

1948年3月,由于乔尔米的医院关闭了,霍森费尔德被转移到70公里外奥尔沙镇的一家医院。他在医院一直住到1948年5月中旬，在此期间进行了另一次审讯，主要询问的是霍森费尔德是否曾在华沙担任过指挥官一职。

从奥尔沙医院出来后，霍森费尔德被送往维捷布斯克的劳动营。霍森费尔德预估自己最终会被转移到华沙，让他在那里指证德国战犯——这是一件他一直都想做的事。牧师约瑟夫·吉特在博布鲁伊斯克患上了与霍森费尔德差不多的病症，也被送到了莫吉廖夫来医治。他之前就和安娜玛丽通过信，信中提到了她丈夫的情况。这次他又写了一封："维尔姆推测自己将被俄国人移交给波兰那边，波兰需要他前往华沙作为证人，出席波方对德国军官的审讯会，并接受询问。"

然而，吉特担心转移到华沙会再次拖延他归家的时间，因为此次转移不是在引渡，而只是苏联批准"借出"囚犯："我们有一次路过布列斯特－利托夫斯克，遇到了有过同样经历的知情人，他们告诉我们，囚犯被'借出'后最后还需要再回到苏联。"吉特在莫吉廖夫的时候突发严重的肾脏感染，一病不起，霍森费尔德对他悉心照料。他对霍森费尔德的战友情谊充满敬意："我太难受了，病痛下我已经放弃了自己，拒绝吃下给我的食物——是维尔姆在那里不停地劝我，不让我放弃，他一直鼓励我，直到我开始吃东西。他会从他的口粮中拿出最好吃的分给我，让我对食物不再抗拒。他在虔诚的宗教信仰中获得力量并给予我鼓励，于我而言，最直击我心的莫过于此。"

现在霍森费尔德担心的是，他在各个医院和营地之间辗转会导致自己与家人失联，他们已经近五个月没有成功收到他的信了。1948年5月15日，他在维捷布斯克劳动营写了一封给家人的信："亲爱的安妮米，亲爱的孩子们！几天前，我给你们寄过去了那张编号49的卡片。你们可能会认为我的字迹反映出了我健康方面的问题，但其实它误导了你们。尽管字迹写得不太清楚，但我真的很好，只是右手仍有一些无力感。感谢善良的主，是他让我恢复到了现在这个状态。……明天是五旬节！我的心与你们同在！衷心向你们问好，你们的父亲维尔姆。"

在维捷布斯克劳动营中，由于身体原因，霍森费尔德已经不再有重体力活的任务了，他利用这段时间重新集中精力学习俄语。最近一段时间他的监禁地点频繁更换，一方面他十分抗拒被安置在一个陌生的环境中，但改变也确实能给他带来新鲜感。因为这里是劳动营，战俘们在其中要完成规定的体力劳动。霍森费尔德观察到这里的气氛相对活跃，战俘要更健康、更快乐，甚至看起来更年轻。

他刚开始适应了新环境，就又发生了变动——他又被送回了博布鲁伊斯克战俘营。1948年5月底，霍森费尔德从维捷布斯克被转运回博布鲁伊斯克。在此之前，霍森费尔德让同伴鲁德哈德·恩德斯通知赫尔穆特这次地点变更的情况。赫尔穆特现在是富尔达圣灵医院的一名医生。1948年5月28日，恩德斯在给赫尔穆特的信卡中写道，霍森费尔德对这次地点变更表现出了欣喜的神色，"因为他希望能有机会在那里为自己平反。而且，他还能再次见到老朋友……"

然而，霍森费尔德在回到博布鲁伊斯克战俘营时突然意识到，他的一部分战友已经不在那里了，他们被释放回国。失去朋友的陪伴让他有点伤感，但至少吉特牧师还陪伴在他身边，虽然只是很短的一段时间，因为之后吉特也被释放了。现在，吉特获得准许，可以在周日做弥撒，这对霍森费尔德来说正是最好的心灵安慰。

1948年6月，霍森费尔德热切地期望着自己被释放，或者起码被转送到华沙。在他看来，到了华沙，至少能让他离家更近一点。他希望"俄国人能够履行承诺，在1948年底前释放所有战俘"。这是1947年4月23日，苏联在莫斯科举行的四大战胜国外交部长会议上做出的承诺。

从1948年8月开始，霍森费尔德给塔劳的信中甚至已经不再提及获释或是转送到华沙了。1948年8月1日，他写下这样几句话："有时我被严重的头痛侵扰，使我感到难受。但大多数情况下我还是健康的，精神状态良好。等待和失望是我们战胜自己必须克服的困难。"一个星期后，他给家人汇报说："昨天又有一辆运输车离开我们的营地开回德国了，里面坐着的是可以回家的幸运儿。但所有之前安排好可以回国的军官都被划出了名单，我们还得继续等待。"

吉特牧师已经被释放回家了，在米尔海姆的家中他又写了一封信来鼓励安娜玛丽，告诉她不应该让自己的信心受到动摇。这些日子里，每天都是未知的。直到最后一秒其实都不确定谁可以坐进汽车被送回家，谁不可以。"这让人的精神特别紧张。"吉特还指出霍森费尔德面临的健康风险其实不容乐观："我觉得这一次次的失望和严重的精神压力给维尔姆的健康埋下了隐患。因为我自己也亲身经历过，我知道这些对我自己的影响有多大。维尔姆从奥尔沙医院出院时，他的健康状况其实还算不错，除了高血压带来的轻微头晕之外，其他都相当好。像我们这种有高血压的人头晕是很正常的症状。最近他基本上每一天都在阅读中度过，空闲时学习俄语，偶尔下下棋，现在的他很少有针对政治辩论的机会。他是一个很享受独处的人，所以他并不觉得无聊。"

博布鲁伊斯克战俘营里还囚禁着一些德军参谋部军官，他们在被俘期间只关心自己的利益，霍森费尔德不想和他们打成一片，也没有让自己随波逐流。在那样的环境中，流传着一些针对霍森费尔德的尖锐言论。一些军官甚至不能理解霍森费尔德拯救波兰犹太人的行为。

1948年已经过去了，霍森费尔德状况平稳。然而经历这个相对稳定的阶段后，霍森费尔德又因为几次突发的头晕和高血压住进了军事医院。这段时间，他听妻子的话，在信中诚实地写出他的状态和感受。安娜玛丽也从陆续被释放的同伴那里了解到丈夫更加详细的状况。

安娜玛丽自己也在与疾病做斗争。持续的压力、恐惧、等待以及失望……所有这些因素也影响了她的身体状态。即使战争结束了，她也觉得她生活的环境充满敌意：房子的居住权问题，不宽裕的收入，不确定的未来……她曾无比渴望战争的结束，可现在却面临着比战时更大的问题。她在1948年9月7日的信中写道："仇恨的飓风淹没了国内所有那些所谓'相互理解'和'情谊至上'的呼吁。"1948年10月28日，她在信中讲述了最近一家人的日常生活。冬天来了,他们在为过冬做准备:"今天我和德特勒夫从教堂出来时,外面下雪了,达尔德尔峰被厚实的白雪覆盖。我们都很害怕严寒的侵袭。我在客厅里生了火,这样德特勒夫学习时就可以舒服一些。"德特勒夫准备攻读医学专业,正在做着准备。

1949年初,斯大林并没有遵守释放所有战俘的承诺,霍森费尔德的几个已经获释的战友便立刻联系了安娜玛丽。克劳斯·瓦格纳说,俄罗斯没有履行遣返所有德国战俘的承诺,现在战俘的家人们群情激奋。一位霍森费尔德的囚友,来自慕尼黑的伊格纳茨·福纳默不久前刚刚被释放,他给安娜玛丽带来了丈夫的问候。

囚犯没有其他选择,只能选择在营地里坚持下去。霍森费尔德不再对近期获释回家抱有什么希望了,对他来说,每次失败都意味着要自己消解失望的情绪,这太折磨人了。马上要迎接圣诞节和新年了,对过节的期待让他非常兴奋,甚至这种激动的情绪都让他的血压再次上升到接近危险的程度。他抱怨说高血压弄得他感觉不舒服。1949年1月中旬,他又被送去驻军医院住了几个星期。在这期间,霍森费尔德的右臂和右腿出现了神经性的颤抖,这种症状让他很是担心。1949年3月1日,他在给妻子的信中说:"有好几天我躺在床上,饱受头痛的折磨,经常犯恶心想吐,没有食欲,精神不振。接下来一段时间我的状态好了一些,我可以简单活动活动,比如做做操,散个步,有时会下棋和阅读。我现在血压在170左右,胳膊和腿部的力量也增强了。但如果我一旦头晕的话,那么就只能像老人一样发呆了,而且这时候会下巴发紧,还会出现轻微的语言障碍。"

1949年5月9日,他嘱咐在富尔达的一所高中就读的约林德:"要努力学习,要像一块渴求雨水的田地一样;但不要轻视手工技术人员,还要重视动手能力。我的一位朋友最近和我讲道,在他上高中的时候,有两个年轻女孩给他留下了非常深刻和美好的记忆。一想到我也有这样可爱的女儿,我就幸福地乐了出来。"

小女儿乌塔也通过了高中的入学考试。收到录取消息后几天,霍森费尔德写信给她:"你长大了,变化很大,在那张你和德特勒夫还有一只小狗的合影里,我都差点认不出来你了。我现在挺好的,周围的条件勉强让人能坚持。我想,我们很快就会回家了。我们都拿到了蓝色的制服,但不知道这意味着什么,我们已经失望了太多次了。我的孩子们,你们真的帮了我很多!我们一定会在很幸福的情况下相见的,总有一天,俄罗斯的铁轨会把我送回家见你们的!"

他告诉妻子,让她千万不要觉得他已经变成了一个悲观主义者。尽管发生了这一切,他仍然是一个热爱生活的人,也还在热切地等待见到妻子。在近期的另一封信件中,霍森费尔德请格哈德·克鲁马赫尔医生,也就是安娜玛丽的哥哥,帮他弄到一种名为"海德金"的新型降血压药,这种药物只在瑞士生产,请瑞士红十字会尽快把它直接寄到战俘营。

1949年6月,霍森费尔德看着另一批囚犯离开战俘营,而他自己却仍不在名单之列。他给阿内蒙妮写信,这个姑娘现在在富尔达的圣安东尼乌斯市立医院做护士。她与鲁德哈德·恩德斯订了婚,这个小伙子是霍森费尔德在博布鲁伊斯克的战俘营中就认识了,他获释得很早。信中写道:"我不想再谈回家的事了,这件美好的事在我心中甚至和死后上天堂是一个地位,然而奈何营地一直不公布最新的消息。虽然有时我会抱怨,但我对两者——回家和上天堂都抱有积极正向的希望。你帮我问问亲爱的鲁德哈德,战俘营的'红房子'到底是怎么回事。一旦踏入其中,就像被死神吞噬了一样,它会榨干你所有的希望。"

最后这句话的具体含义仍未得到破解。从驻军医院出院两周后,也就是1949年5月29日,霍森费尔德又接受了一次审讯,再次被问及他在华沙从事的工作。在那栋"红房子"中是否真的存在逼供的酷刑?一些迹象表明确实如此。这个房间会是军事检察官的办公室吗?1949年4月开始,军事检察官办公室就按照新的标准开始审查。按照新标准,像霍森费尔德一样曾在司令部和参谋部工作的国防军军官直接与党卫军的秘密警察和保安局成员画上等号,直接被当作战犯对待。

3. 一场殉难结束了——"他的死亡突然到来。"

在给家人的信中,霍森费尔德还是没有给出一个清晰明确的回家日期,因为他自己也全然不知。想到他的处境,这种一再没有确切消息的事并不让人惊讶——战争已经结束四年多了,他也已经等待四年了,霍森费尔德看不透到底葫芦里卖的什么药。在这样看不到未来的日子里,他还能坚持多久呢?

他给弟弟鲁道夫写了一封信,在信中,他形象地描述了想象中当他获释回家时兄弟二人在家乡麦肯泽尔见面的情景。他们一起拜访亲人,像孩子般探索周围的乡村,那是他们小时候玩耍的地方。家乡的树木已然成了"有生命的实体,我像期待见到好朋友一样期待着见到它们"。霍森费尔德是个心思细腻的人,他能够在想象中将自己传送到一个完全不同的世界,这种天赋可以帮助他至少暂时摆脱作为战俘看不到尽头的绝望。他在战俘营的生活仍然是在希望和失望之间摇摆,因为这段时间他身体一直在抱恙和稍稍好转之间变化,他生病时要忍受着头晕和难挨的头痛。

20世纪40年代末,苏联由于没有履行承诺,在1948年之前未释放所有战俘而受到了国际舆论的压力,彼时仍有约50万德国人还被关押在苏联的战俘营中。而且还有许多德国人在苏联的建筑工地、农田和森林中劳作,在俄罗斯人、乌克兰人和白俄罗斯人的监督下为德军在战争期间造成的破坏做出补偿。在他们的劳作之下,一栋栋公寓拔地而起,住宅楼和街道也渐渐竣工。

根据克里姆林宫的说法,这些囚犯最终将在1949年被全部遣返。但人们发现,苏联还是没有遵守这一承诺,而是忙不迭地在一系列审判中给德国战犯判刑，然后将他们关押在苏联。各地的审判都遵循相同的模式，几乎每一场审判都以一个相同的判决结束：受审战犯在战俘营中关押25年。霍森费尔德，那个包括什皮尔曼在内许多波兰人的救命恩人，对他来说，被判25年的牢狱之灾所受的折磨完全不亚于被判了死刑。

时间已经到了1949年的秋天，那时他对自己的获释还抱有希望。1949年9月16日，他告知安娜玛丽，营地将更严格地处理信件："我们以后每个月只允许写一封信。如果没有我的消息，请不要紧张和惊讶。或许甚至书信都用不上了，我快回来了。虽然过去很长一段时间内我们经常失望于悬而未决的归期，但现在上面应该是真的在谈这件事了。我预计最迟会在11月回家。我不想告诉你们一个确切日期，因为真的没有人知道，甚至战俘营的长官也不知道。"

霍森费尔德很清楚，他和其他战俘的命运不是博布鲁伊斯克的营地决定的，而是克里姆林宫，也就是由斯大林本人决定的。"上面规定不允许我把你们寄给我的信带回德国。真希望你在家里留了你们寄来信件的副本。我想好好收藏这些信，以后再拿出来看。"1949年9月24日，霍森费尔德又用一张明信片写了封信，这次是写给阿内蒙妮的。从这几句话中可以看出，霍森费尔德已经确信自己要获得自由了："你妈妈最近应该收到了我寄来的卡片，编号是45号，我当时以为这是我最后一封从俄罗斯寄出的信了，但现在看来，给你的这一张才是最后一张。我希望我没有判断错。如果在我回来之前又延误了一些时间，请不要焦躁不安。"他有两个星期没有收到任何信件了，于是在信中他询问妻子和每一个孩子的情况。这是霍森费尔德从博布鲁伊斯克营地发出的最后一封信，此后的很长一段时间里，他的家人没有收到任何一则他的消息。

1949年10月底，霍森费尔德回到了白俄罗斯首都明斯克的战俘营，这是五年前他刚刚被囚禁时住的地方。他已经遭受了这么长时间的痛苦，健康状况每况愈下已是必然。他不清楚这次的转移又是出于什么目的。他大概是把从博布鲁伊斯克转移到明斯克看作是即将获释的信号，但事情的结果却截然不同，在明斯克的牢狱生活甚至比之前几年囹圄生涯中发生在他身上的所有事加起来都更糟糕，更残酷。现在，他彻底落入了苏联军事司法系统手中，它似乎下定决心要将他定罪为战犯。

1949年12月14日，霍森费尔德被发放了逮捕令，警卫们还搜查了他所有的随身物品，最终一无所获。霍森费尔德不解又惊诧。这时他才意识到，他被归档为罪行最严重的罪犯之一，将会面临死刑。随后他便被再次要求隔离监禁了，他在最开始入狱时已经遭受过一次这样的隔离监禁，现在又以"防止越狱"为由再度侵犯他的自由。并且霍森费尔德现在不允许接触任何信件。在接下来一次次的审讯中，调查人员都在试图迫使他招供，但却一无所获。

通过其他被释放的战友提供的消息，安娜玛丽了解到丈夫越发艰难的情况：大约有400人同霍森费尔德一起被隔离监禁。他收到了一份起诉书，但他没有在上面签字，因为一旦签字就相当于承认了罪行。1950年春天，她心情沉重地发起了一次新的救援尝试，请求日内瓦的红十字会国际委员会介入此事，为此她想方设法获取新的证人证词。1950年3月29日，她向家住下萨克森州博姆利茨镇的沃尔夫冈·维尔纳求助。沃尔夫冈·维尔纳曾是一名国防军士兵，之前参加过由霍森费尔德主办的国防军专业进修课程讲座，当时学的是医学。安娜玛丽写道："为了向红十字会提出这项申请，我们需要一些之前战友的声明，需要他们客观地描述我丈夫在战争中的活动，证明霍森费尔德从未参与过任何泯灭人性的罪行。这项要求是霍森费尔德寄信告诉我的。您应该和我丈夫一起在第三参谋部工作过。他先前在第三参谋部里的审讯官工作只是代职，任职时间也非常短暂，并且他告诉过我，在他任职期间没有下过任何一次死刑判决。我知道，当他帮助波兰人民时，他的内心是无比快乐的。请求您尽快给我回信……"

仅仅几天后，安娜玛丽就收到了回信。在信中，维尔纳还评价了霍森费尔德负责课程安排时的表现：这些课程完全是技术上的交流研讨，与军事和政治毫无关系，而霍森费尔德也因为他热情的性格与温和的态度而备受推崇。他始终强调，每一个参与者都应该怀着轻松的心情来到课堂上，因为每个人都是自由的，可以畅所欲言地表达。"希望华沙的霍森费尔德的朋友们能够鼓起勇气为一个无辜的好人站出来说话，表达所有人对他的感激。如果无辜的人要代替真正有罪的人受苦，那将会是这个不公正世界的荒诞。"但遗憾的是，这次营救活动还是失败了。

1950年5月27日，在佐洛塔雷夫上尉的主持下，白俄罗斯内政部军事法庭在控辩双方缺席的情况下于明斯克秘密开庭。在此次不公正不公开的审讯中，霍森费尔德上尉被判处了25年监禁。2000年，赫尔穆特设法拿到了这份判决书，他看到上面写的判决理由是："霍森费尔德自1939年以来一直在德国军队中服役，1939年9月和10月这段时间，他负责看守帕比亚尼采战俘营，里面关押了波兰军队的士兵和军官。之后，他在华沙城市司令部担任军官。1944年8月，他本人亲自审讯了革命的波兰公民，并判处他们监禁。他的所作所为巩固了德国法西斯主义，并助长了针对苏联的敌对势力。"

这一判决绝不是基于法治的精神，完全不是，这只是一种官僚主义的行为，法庭将原本此类"罪行"应判的死刑转判为长期监禁，这无不证明了该司法系统的随意性。克里斯蒂安·迈尔－雷歇内克是一名来自德国巴德特尔茨的医生，他和霍森费尔德一起住在隔离监禁室，由于他的医生身份，他时常为霍森费尔德诊疗。1950年11月，已经获得释放的迈尔-雷歇内克写了一封信给赫尔穆特，信中披露了从1949年12月到1950年5月宣判前霍森费尔德的健康状况。他写道：霍森费尔德在监禁中患上了严重的神经衰弱。在单独监禁期间他还有一两次轻微中风发作。随后，他在驻军医院接受了治疗。但这封信没有确切说明霍森费尔德是否受到了酷刑逼供，也没有写明审讯的流程和方法。但无论如何有一点很明确，他的精神和身体状况都很糟糕。"当我认识霍森费尔德时，他已经会偶尔有一些神志不清了，经常需要其他人的提醒，才能从一种神游的状态中回归。他还经常徒劳地挣扎着说出那些他想表达的东西；如果有人给予他善意的帮助，他就会开心地笑，并表示感谢。"

在护心药物、维生素C和鱼肝油的帮助下，他的病情得到些许改善。他走路时平衡性仍然受到一些干扰，手和头的颤抖也困扰着他。霍森费尔德病情好转一点后，很快又竭力回报他人的帮助。迈尔－雷歇内克说："在我们相处的时间里，他帮了我很多忙，我很感动。我自己其实健康状况也不好，肺部有病症，四肢也落下轻微残疾。他常常给我们拿食物，洗衣服，打扫房间，加热炉子，并且总是在我想向他抱怨时说出安慰我的话……每次我让他不要再干活了的时候，他都恳切地表示请一定要让他工作，否则无所事事的状态会让他疯掉的。"

法庭做出了判决，眼下这批250名被定罪的战俘将全部从明斯克转移到斯大林格勒的362营。霍森费尔德针对这一判决向白俄罗斯最高军事法庭提出了上诉，然而申请被立即驳回。法官们甚至懒得为驳回的决定想一个理由。最终，霍森费尔德与其他战俘一起被运往斯大林格勒——那座伏尔加河边的工业和港口城市。沿途他们经过了布雷斯特的一个营地，布雷斯特的营地一直是囚犯们前往明斯克途中的中转站。在布雷斯特，获释的迈尔－雷歇内克医生踏上了去往慕尼黑的归途，那是霍森费尔德最后一次与他见面。

根据现存的资料，历史学家无法判断霍森费尔德前往斯大林格勒的途中发生了什么，是否一切都顺利。霍森费尔德于1950年8月抵达斯大林格勒。历史学家沃格尔研究指出，原先362号营关押的都是普通战俘，但他们都已经遣返回国了，"因此，这个营地专门作为被定罪战俘的拘留中心，受到更严格的看管。1950年夏天，当霍森费尔德到达362号营时，这里已经拥挤不堪，共有大约2000名囚犯，他们都住在石头搭建成的简陋房子中，大部分房间还位于地下。生活条件相当简陋，口粮也不充足。"这种情况直到1951年的春天才有所改变，那时囚禁者们终于可以接收信件了，而且还允许接收食品包裹。1951年5月26日，霍森费尔德写了一张明信片，联系了一年多没有收到他消息的家人。他说自己自从恢复接收信件与包裹的权利后，收到了先前滞留的22张卡片、6张照片和两个包裹。"寄来的蓝色上衣派上了大用场，我对一切都很满意……"他又一次托安娜玛丽让格哈德·克鲁马赫尔送来"海德金"降压药。但是他自己的健康状况他却含糊地一笔带过了。

尼古劳斯·丹尼尔是一位同样被迁往斯大林格勒的医生，在接下来的两年里一直自愿负责霍森费尔德的治疗。丹尼尔医生在后来写给安娜玛丽的信中透露了更多他身体状况的细节："霍森费尔德先生长期以来一直患有严重的高血压、晚期动脉硬化以及心肌衰弱，他脑血管的动脉硬化较为严重。在斯大林格勒治疗期间，霍森费尔德先生曾三次中风，右半身两次暂时性偏瘫，左半身一次。"丹尼尔医生的医疗措施成功地把霍森费尔德几次从死亡的边缘拉了回来，脱离了生命危险。幸运的是，在后续治疗期间，霍森费尔德的偏瘫痊愈了，所以直到生命的最后，他行走都算自如。

莱昂·瓦姆是霍森费尔德在华沙时雇用的几个波兰犹太人之一，因为霍森费尔德施以援手他才得以逃出迫害。那时，瓦姆在前往特雷布林卡灭绝营的路上幸运地从运输的牛车上逃了出来，随后联系了他的姐姐。他姐姐被华沙的冯·肖内夫妇雇用工作，冯·肖内夫妇正好是霍森费尔德的挚友，他经常在他们那里做客。当霍森费尔德得知有一位犹太人，也就是莱昂·瓦姆成功逃脱的消息后，便为他办理了新的身份证件，并给他起了一个假的姓"瓦尔钦斯基"——就和安东尼·切乔拉的情况一样。最后，霍森费尔德还雇用他在体育学校工作。

1950年11月14日，莱昂·瓦姆想办法找到了霍森费尔德的家庭地址，他准备移民澳大利亚了，在出发之前他来到塔劳亲自感谢救命恩人。当他得知霍森费尔德仍是一名苏联战俘，还未释放归家时，他非常惊愕。安娜玛丽给他看了霍森费尔德从白俄罗斯寄来的信件和明信片，还包括那盘录有获救者姓名的磁带。莱昂·瓦姆非常愿意帮忙做些什么，安娜玛丽对他说，如果能联系上什皮尔曼就再好不过了，他应该能帮上霍森费尔德。

莱昂·瓦姆立即着手给身处华沙的什皮尔曼写了一封长信，恳请他为霍森费尔德做些什么。信中他描述了迄今为止大家对霍森费尔德的营救工作，他还强调霍森费尔德的家人已经一年多没有收到他的任何信息了，那时通信完全被切断了。而霍森费尔德现在的健康状况不容乐观，瘫痪、心脏病和抑郁症都困扰着他。"现在的事实是，恶棍和坏人逍遥法外，而值得尊敬的人却要受苦。"

由于莱昂·瓦姆即将前往澳大利亚定居，于是他建议将他住在法兰克福的妹妹作为联系人。他在写给什皮尔曼的信中还提到了一些人的名字，他们现在应该还在华沙，或至少在波兰境内。他们都接受过霍森费尔德的帮助，一定会尽全力支持营救行动的："查姆塞克，莱昂，克拉齐克，瓦克洛，帕特拉，扎勒戈斯基，维克托，维尔尼克-托卡尔斯卡，玛丽亚，还有住在波兹南的切乔拉牧师……我和霍森费尔德先生焦急万分的妻子以及五个孩子一起，把霍森费尔德先生的命运交到你的手中。作为一个我们信任的朋友，也是霍森费尔德先生的故交，我恳请你立即写信告知我妹妹收到了我的这封来信，并告知她你对此事的看法。很遗憾我不知道你的确切地址，我也是通过我的一个朋友把这封信转交给你的。怀着深深的敬意和对你真诚的信任，你永远的莱昂·瓦尔钦斯基。"

什皮尔曼收到了信，霍森费尔德仍被监禁的消息也让他非常震惊。他立即采取行动。凭借自己音乐家的身份和声誉，什皮尔曼联系上了波兰二战后的安全局局长雅库布·贝尔曼。什皮尔曼后来向歌手兼作曲家沃尔夫·比尔曼透露了自己与贝尔曼会面的情况。比尔曼曾经为《一座城市的死亡》德语版做过宣传。什皮尔曼向他承认，终于知道1950年伸出援手的那名德国军官的名字之后，自己羞于去见贝尔曼。正派的波兰人不会和他所恳求的这个人说话。但最终，他把自己知道的一切都告诉了贝尔曼："霍森费尔德不仅救了我，还救了很多犹太儿童。许多人能够在战争中活下来，其实都要归功于这个德国人。"

贝尔曼对他很友善，承诺一定尽力。几天后，什皮尔曼在电台工作时贝尔曼打来电话，遗憾地解释道，他也无能为力。他说："如果这个德国人还在波兰，我们可以想办法把他释放出来，但现在苏联那边不愿意释放他。如果他的身份是东德人，那其实也容易办，尤其是东德的一个高级国事访问团即将抵达波兰。只可惜霍森费尔德是西德人。"就这样，最后一次救援尝试也失败了。

时间来到了1952年夏天,霍森费尔德从斯大林格勒寄往塔劳的信反映了他让人揪心的身体状况。有几次,他甚至只能请囚友帮他写下几行字寄给他的家人。有一次,信中写道:"我现在写出来的笔迹已经很难辨认了,我担心这封信不能通过审查。所以我正在口述这封信的内容,然后请一位朋友代笔。我现在的身体状况不太稳定,而且开始变得健忘。虽然如此,但是请不要太担心。"他反复在信里提到收到了食品包裹、照片和日用物品。令人唏嘘的是,见到这段话的时候,塔劳的家人们等待的已经不再是热忱的、对上帝坚定虔诚的、秉持纪律的、对与家人重聚充满希望的霍森费尔德了,而是一个多年监禁下身心俱毁的人。

1952年6月25日,这是他一生中写给妻子的最后一封信。信的结尾写道:"祝愿我所有的孩子,特别是姑娘们取得好成绩!我头痛的情况已经缓解了。请帮我向祖父送去一个迟到的生日祝福!不要为我担心,我现在身体还是和之前差不多,不好也不坏。我热情地问候你们,祝愿你们一切顺利。"

1952年底,德特勒夫、安娜玛丽和赫尔穆特

以上这段话也是一位因友代笔所写。最后，他用笨拙、颤抖的笔迹补充道："你们的维尔姆。"

1952年8月13日晚，霍森费尔德的战友兼医生丹尼尔在晚间探视时收到了紧急通知，霍森费尔德的病情突然恶化，他立刻赶去查看情况："刚进房间时，我看到他心脏和循环系统非常衰弱。值班室刚好有无菌注射器，我就立即给他注射了强心剂和医用樟脑油。但是很遗憾，霍森费尔德先生在注射过程中死亡，再也没有恢复意识。"由于已经高度硬化的主动脉突然撕裂，他在两三分钟内突然严重内出血。"他的死亡发生在顷刻间，应该没有感受到任何苦痛。"霍森费尔德于当日晚9点50分去世，享年57岁。最后霍森费尔德被埋葬在斯大林格勒的营地公墓，令人唏嘘的是，墓地现已不复存在。

几周后，1952年10月21日，安娜玛丽还不知道丈夫的死讯，她还给霍森费尔德写了封信："我亲爱的维尔姆！今天我为你做了一场礼拜，最小的三个孩子也都参加了。我们很久都没有听到你的消息了，很是担心。一切都在照常进行，我也恢复了健康，之前是因为牙病导致我身体有些不舒服。在开学之前，德特勒夫一直在家里帮忙。赫尔穆特也在星期天回家了，他在他工作的医学院学到了很多。他说他在圣灵医院工作时被一个病人认出来了，这个病人是你在鲁道夫山的学生。他说赫尔穆特特别像你，所以虽然没见过赫尔穆特，但还是一眼就能猜出来……"

这是一封寄向虚无的信，没有收件人会收到了。几个星期过去了，安娜玛丽才得知她丈夫的死讯。当安娜玛丽手握死亡通知书时，她感觉地动山摇，几欲昏倒——长达6年的战争加上7年的囚禁，太久太久了，每天总是在等待、燃起希望最后又回归等待的循环中度过。而最终一切都徒劳无功！他们承受的太多了。安娜玛丽用尽最后的力气给在学校的约林德打了个电话，她和乌塔大惊失色地跑回家。"当我们赶回家时，母亲已经把家里蒙上了黑纱。她在撕心裂肺地哭泣，一句话也说不出来，一直到赫尔穆特和德特勒夫赶回家进了家门，她才慢慢平静下来。"

后记　迟来的荣誉——"国际义人"

霍森费尔德去世后，安娜玛丽还可以使用塔芳学校的公寓，但花园和种植区的使用受到限制，她一直在这里住到了1954年。1955年，她在彼得斯堡的斯托克尔斯区租了一栋独立的小房子，彼得斯堡这座小城位于富尔达东面。1957年11月的一个周日清晨，安娜玛丽迎来了一次特殊的拜访，后来她在一张长长的纸条上记录下了那一天的经过："冰冷的风掠过霜冻的田野，几个行人从教堂出来，匆匆走向自己温暖的家。突然，一辆优雅的法国汽车停在我们的门前，一会儿，两位先生站在门前，用蹩脚的德语说，他们是来找霍森费尔德先生的。年长者介绍自己是来自华沙的什皮尔曼，他向我们介绍了他身旁的朋友，是一位波兰裔美国音乐家。"

后来我们知道，他身旁的朋友是1937年移居美国的波兰小提琴家布罗尼斯瓦夫·金佩尔，显然他们并不知道霍森费尔德已经在五年前去世了。"'是的，1952年我丈夫已经在俄罗斯的监狱中去世了。'什皮尔曼先生惊愕地看着我，我们沉默地坐了良久，他向我说起了那一次他们两人的相遇。"安娜玛丽正是从什皮尔曼口中才得知了霍森费尔德与这位钢琴家的奇遇，了解他是如何救下什皮尔曼的。他说："就在1944年11月17日，您丈夫救下了我的命。虽然他是驻扎在华沙的德国军官，但他对犹太人区里备受折磨的人民心存同情与悲悯，他拯救了许多波兰百姓和犹太人的生命。"自此次拜访后，霍森费尔德和什皮尔曼两个家族之间一直保持着联系，尤其是孩子们之间关系非常亲密。

20世纪50年代末，安娜玛丽患上了肠癌，病情发展得很严峻，连维尔

霍森费尔德

什皮尔曼

茨堡大学医院都对手术提出了担心。但是有一位年轻的外科医生敢于接下这个责任,做了此次手术,这位医生和赫尔穆特认识很久了,约林德在法兰克福学医时也曾听过他的讲座课。最后手术很成功。德特勒夫说,母亲手术后又无病无痛地度过了十年的时光。安娜玛丽于1971年去世,享年73岁。她生命最后的病痛使得五个孩子更加紧密地联系在了一起,兄弟姐妹间相互照应、陪伴。德特勒夫说,阿内蒙妮为家庭牺牲了很多,她一直未婚,一直在无微不至地帮助母亲。阿内蒙妮在医院做了几年的护士,之后在哥哥赫尔穆特任职的富尔达儿科医院工作。德特勒夫也对大哥赫尔穆特为这个家庭付出的一切表达敬意:"由于父亲一直不在家,大哥就代替了父亲的职责,照顾两个最小的妹妹,他真的功不可没。我深深地感激哥哥在我学医期间和之后我在慕尼黑、伯尔尼和海德堡职业培训期间给予的毫无保留的帮助。"

赫尔穆特心中一直有一个坚定的信念——要铭记在囚禁之中含冤而逝的父亲。经过不懈努力,他成功获得了父亲的审讯记录和1950年在明斯克的罪行审判文件。通过外交部,赫尔穆特向白俄罗斯共和国提交了为其父亲恢复名誉的申请，但此申请被拒绝了，官方给出的理由是现在已经过了复议的最后时限。赫尔穆特还向以色列犹太屠杀纪念馆申请颁发给父亲"国际义人"称号，这一称号是犹太民族授予冒生命危险拯救犹太人生命的非犹太人的最高荣誉，但遗憾的是也失败了。

在拒绝的回复信函中，以色列犹太屠杀纪念馆指出这样决定的原因是霍森费尔德曾有过25年的服刑期。负责此事的纪念馆领导莫迪凯·帕尔迪尔曾给什皮尔曼的儿子，住在德国的安杰伊·什皮尔曼写了一封信，信中说："这次申请的对象是一名驻扎在华沙的德国军官，他任职期间正是德国军队对华沙犹太人犯下最严重罪行的时候，并且他也因担任重要军事职务而获判战争罪，最后身陷囹圄。以色列犹太屠杀纪念馆正在考虑是否要将犹太民族的最高荣誉授予这样一个可能引起争议的人，此举需要多么谨慎地思虑，我相信你会理解的。"

安杰伊·什皮尔曼移居德国之后，从事着牙医的工作，同时他也继承了父亲的音乐才能。此时的他希望重版《一座城市的死亡》。安杰伊在德国汉堡的家中举办过一次小型的聚会，沃尔夫·比尔曼、赫尔穆特及德特勒夫都前往出席，几个人决定正式启动该项目。这个版本问世后迅速成为畅销书，并被翻译为包括德文在内的多种语言。

在安杰伊·什皮尔曼等人的大力推动下，《一座城市的死亡》一书的德文版于1998年出版，其中补充了霍森费尔德华沙日记中的一些选段和沃尔夫·比尔曼撰写的一篇长文。安杰伊13岁时自己偷偷读过这本书的初版，读完后他才明白为什么他在家中见不到爷爷奶奶，因为他们全部在集中营中死去了。在读过这本书之前，他对自己的犹太血统一无所知，甚至还像他其他波兰同学一样开着歧视犹太人的玩笑。也是在读了这本书后，他下定决心，要更深入地了解那段历史，了解父亲的颠沛流离和祖父母的命运遭遇。但他的父亲永远对那段历史保持沉默。他不想谈论他生命中最艰难、最黑暗的时期；又或许他也不能谈论，每当他想到这些经历，这一段往事似乎像一堵黑墙一样压迫着他喘不过气。

瓦迪斯瓦夫·什皮尔曼于2000年7月6日去世，享年88岁，他在有生之年见到了他的回忆录的再版。但他其实一直都反对再版这本书，因为每一次的回忆都会给他带来一遍折磨。安杰伊说："直到生命的最后一刻，我父亲都感到深深内疚，因为他活了下来，而他的父母和兄弟姐妹却死了，他没能拯救他们的性命。他生活在这种无休止的痛苦之中。每当夏天华沙天气酷热时，他从心理上便抗拒喝水。在那个让他们永远分离的华沙转运枢纽，没有人给他们提供一滴水，极度的干渴让他们痛苦不堪。在我父亲的意识中，与家人永别的梦魇与这种缺水的痛苦无法分开。最后，什皮尔曼就是在7月的高温下由于突然中风去世，而他即使在生命受到死亡威胁的情况下也不愿喝水。"

什皮尔曼新出版的回忆录成为罗曼·波兰斯基2002年执导的电影《钢琴家》的剧本基础，而波兰斯基本人也是大屠杀的幸存者。这部影片获得极高的评价，赢得了许多奖项，包括美国电影学会颁发的三项奥斯卡奖[1]。这部电影讲述的重点是什皮尔曼，而不是霍森费尔德，他只在最后的一个场景中出现。尽管出现的时长很短暂，这部影片还是让全世界广大观众第一次了解到这段德国军官营救波兰犹太钢琴家的往事。霍森费尔德和什皮尔曼之间的故事也让所有人知晓了这名德国军官对整个纳粹体系的反抗，而霍森费尔德代表性的"救援性抵抗"也作为专有名词写进了历史书。

对于安杰伊来说，《钢琴家》这部电影有着特殊的意义，因为它勾起了自己对父亲的回忆。"霍森费尔德"这个名字一直放在什皮尔曼心中最深情、最柔软的地方，交杂着无尽的感激与遗憾。如今，通过努力，安杰伊成功与霍森费尔德的子女取得了联系。在往后的每一年，安杰伊都坚持让华沙的波兰军队主教座堂为霍森费尔德做一次弥撒。

2005年，波兰电视台制作了一档名为《感激我们的恩人》的专题节

---

[1] 最佳导演、最佳男主角和最佳改编剧本。——编者注

目。执行导演马雷克·德拉泽夫斯基邀请了一部分霍森费尔德曾经救助过的波兰同胞以及他们的家属来到现场，和霍森费尔德的子女见了面。这次集中展现了霍森费尔德对受迫害者具体做出的努力，霍森费尔德这份在当年波兰人道主义分崩离析

罗曼·波兰斯基和霍森费尔德的儿女

的背景下仍保有的悲悯之心令人动容。

安杰伊·什皮尔曼尤其不能接受2000年以色列犹太屠杀纪念馆对霍森费尔德的拒绝。他在许多以色列和国际报刊上都表达了自己的不理解。2007年，安杰伊曾与以色列犹太屠杀纪念馆馆长在华沙专门会面，为霍森费尔德鸣不平。随着社会对霍森费尔德的事迹越来越关注，提交的证明材料也越来越多，2008年，以色列犹太屠杀纪念馆第二次对霍森费尔德的事迹进行评估，并决定修改原先的判断——八年后，霍森费尔德终于被授予了"国际义人"荣誉。2009年1月，以色列犹太屠杀纪念馆正式颁发了证书。获得此次殊荣也要感谢很多社会知名人士为霍森费尔德声援：迪尔克·海因里希斯，沃尔弗拉姆·韦特，卡尔—彼得·冯·曼斯贝格，格特·魏斯基兴，维托尔德·库莱沙，玛丽亚·马利娜，还有莱昂·沃尔姆的妹妹，她和哥哥一样移民到了澳大利亚，但遗憾的是莱昂·沃尔姆已经去世……支持者的名单越来越长。

2004年，托马斯·沃格尔所编写的《维尔姆·霍森费尔德：我尽力拯救每一个可以救下的人——一位德国军官用日记与信件记录下的人生》一书出

版，所有重要的文件都得以问世，让读者对霍森费尔德的形象有了一个清晰、立体的认知。此书的出版得到了沃尔夫·比尔曼的大力推动。比尔曼曾向当时的德国国防部长福尔克尔·鲁厄强调，霍森费尔德不应被人们遗忘，他的事迹不能就这样淡出我们的记忆。他还提议将霍森费尔德树立为德国士兵的典范形象。鲁厄部长随后委托波茨坦的德国军事历史研究局收集霍森费尔德的生平事迹。沃格尔与赫尔穆特一起对原始文件进行了筛选和分类，并准备将其成书出版，整个过程长达四年。正是由于这些丰富翔实的史料，沃格尔的著作才得以完成。读完近1200页的叙述，人们清楚地认识到，什皮尔曼在华沙得以获救并不是霍森费尔德军事生涯中突然良心发现的偶然行为，而是因为他遵从了从战争伊始他就奉行善良这一原则，这样一位德国军官为了心中的道义多次以身犯险，甚至将自己的生命置于危险的境地。

《维尔姆·霍森费尔德：我尽力拯救每一个可以救下的人——一位德国军官用日记与信件记录下的人生》一书出版后，两位著名的以色列历史学家在知名报刊上发表评论，留下了真挚的文字。研究人员推测，这两位的评论可能是促使以色列犹太屠杀纪念馆再次评估霍森费尔德荣誉资质的决定性因素：2004年8月6日，本杰明·Z. 凯达尔在以色列的《国土报》上对这本书予以褒奖。凯达尔写道："这本书成功地展现了霍森费尔德的人生轨迹与人格魅力，他的人生绝对配得上一本传记。这本书内呈现的信件和日记也证明了霍森费尔德对时局的分析能力。"

另一位历史学家史蒂芬·E. 阿施海姆的评论发表在2005年3月11日的《泰晤士报文学副刊》上。阿施海姆的分析非常翔实，他谈到霍森费尔德在成长过程中是一个立体的矛盾形象。霍森费尔德曾是德国青年运动的热情支持者，那时的他常常宣传这些运动的思想，其中很多是本土性和进步性的结合。"他在第一次世界大战中为国受伤并获得了荣誉勋章。在二战伊始，他怀着澎湃的爱国主义精神积极投身战斗。但在这个过程中他意识到战争这种大屠杀完全是没有意义的。他同样还是一位敬业的教师，运用开明的教学方法指导学生，但大方向上仍立足于德国国情。第一次世界大战后，他与许多德国人一样为失败闷闷不乐,所以才会暂时抛却宗教上的虔诚追随充满诱惑的、让人'心潮澎湃'的纳粹主义。"在第二次世界大战期间,霍森费尔德就已经意识到了这些暗藏于表象之下的邪恶。渐渐地,霍森费尔德决心远离希特勒的"神话"。史蒂芬·E.阿施海姆建议以色列犹太屠杀纪念馆将荣誉颁发给霍森费尔德,"因为在霍森费尔德波澜壮阔的一生中,同谋之罪和人性良知都占据着中心位置。虽然他有着德国国防军的身份,但在所有决定性的时刻里,都是良知获胜了。"

以色列犹太屠杀纪念馆授予的"国际义人"证书

2008年,霍森费尔德被列入"国际义人"之列——这一非凡的荣誉与他非凡的一生相称。2009年6月19日在柏林犹太博物馆举行的追悼会上,他的孩子阿内蒙妮、德特勒夫和约林德上台接受了证书和奖章,奖章上面刻着《塔木德》中的警句:"拯救了一条生命,就如同拯救了整个世界。"由于身体原因,赫尔穆特未能出席追悼会。而令人唏嘘的是,此时最小的女儿乌塔已经去世三年了。

历史学家沃尔弗拉姆·韦特在2001年出版了《穿德军制服的救援者》一书,他在此次致辞中说:"霍森费尔德在极其困难的条件下展现了人性的勇气,他是我们民主社会的榜样。"

2007年,时任波兰总统的莱赫·卡钦斯基追授给霍森费尔德"波兰复兴勋章",这是波兰的最高奖项之一。2011年12月,一块铜质纪念牌挂在了什皮尔曼和霍森费尔德1944年11月首次相遇的建筑外墙上,以此铭记他们的缘分。此外,戈尔姆区青年会议中心的广场同样也以霍森费尔德的名字命名,它地处德波边境的乌泽多姆岛上。

华沙的前德国国防军体育学校现在已经改建成了一个文化宫，专门为经济困难的年轻人提供一个创造无限可能的聚集场地。体育、音乐、戏剧、绘画、视频艺术和手工艺……年轻人获得了广泛探索发展的机会。文化宫主管奥诺拉塔·瓦什凯维奇觉得自己有责任发扬霍森费尔德的思想和精神："作为一名教育工作者，我觉得传递价值观非常重要。霍森费尔德是一位正直、伟大的人。在战前，当他还是教师的时候，他就在践行他的价值体系。而在战争期间，他的信念也不曾改变，一直坚守着他的原则，尽管那时周围情况要扭曲、残酷得多。"这就是为什么她觉得自己有一种使命感，"我们正在重新发扬霍森费尔德在这座建筑里的初心。"

从2005年起，德国吕讷堡的卢法纳大学开始颁发霍森费尔德—什皮尔曼纪念奖。这个奖项以那次感人相遇中的两位主角命名，旨在重唤年青一代对纳粹受害者的记忆，并表彰代表人性之光的杰出榜样。在第一次颁奖仪式上，德特勒夫·霍森费尔德说："我们这些霍森费尔德的子女已经没有机会去凭吊父亲的坟墓了，因为很遗憾，它已经不复存在。但如果他的品格还有对和平的愿景能够得以延续，这才是对他最有意义的纪念。"

2015年霍森费尔德—什皮尔曼纪念奖颁发给了波兰教授维托尔德·库莱沙，他在罗兹大学教授法律。作为一名法学教授，库莱沙长期以来一直在揭露纳粹对波兰人民犯下的罪行。维托尔德·库莱沙教授的颁奖嘉宾作家迪特尔·申克在颁奖词中说："库莱沙作为波兰总检察长公开致歉说，现在看来，在战后波兰确实没尽一切的努力来拯救霍森费尔德，没有把他从苏联的关押中解救出来。"

作曲家迪特里希·洛夫偶然间读到法西斯主义受害者留存的文字，深受震撼，创作出了《一个波兰男孩的安魂曲》。他将这部作品献给霍森费尔德一家，还在乐谱上亲笔写下了几句话："有些人死后仍然熠熠生辉，未必是在天堂，而是在我们心中。我们需要他们来提醒我们，勇气和人性之爱是真实存在的最美好的品格。决定他们的生死和寿命是上帝的事，但让他们不要消失在我们的记忆里则是每个人应尽之事。"

直到老年，什皮尔曼的妻子哈利娜·什皮尔曼都一直奔走在路上，致力于宣传丈夫和霍森费尔德之间的故事。她与欧根纽什·切萨里·克鲁尔教授一起结伴而行，从一个地方赶往另一个地方，去不同的城市举办讲座活动。2014年2月，当笔者与哈利娜第二次见面时，她已经是一位87岁的老人了。她说，下雪了，道路特别湿滑，所以在这样的天气下驾驶汽车相当困难。电影《钢琴家》在波兰引起了极大的反响，所以哈利娜和克洛尔教授的每一场活动几乎都是座无虚席。有时在活动开始前会播放什皮尔曼创作的耳熟能详的歌曲。什皮尔曼的作品确实深入人心，尤其在老一辈人那里。他创作了300多首经典歌曲，还有香颂、交响乐作品、电影配乐等等。"现在我收到了很多邀请，都是某一条街道或某一处广场希望以我丈夫的名字命名。但对我来说，更重要的是他的作品，他的歌曲，那些人们喜欢的音乐，这些全都能保留下来。"因为哈利娜的讲座，霍森费尔德的名字也渐渐被波兰人熟知，甚至比在德国的知名度都要高。

哈利娜住在华沙吉姆纳斯蒂纳大街的一间公寓里，她和她的丈夫在那里生活了半个多世纪。家中墙上挂有很多照片——有朋友和家人的人像照，也有她和丈夫在欧洲、美国和南美巡演或旅游的照片。什皮尔曼发现自己手中连一张父母和兄弟姐妹的照片都没有，他经过多方打听，最后得知一位当时移民到阿根廷的姨妈手上还保留着一张他们的合照。经由她，什皮尔曼终于拿到了亲人们唯一的照片，他把它珍藏在家中，而他自己则不再存留任何其余那个时代的物件。哈利娜还展示了一张照片，上面是什皮尔曼和赫尔穆特两人于1944年重新探访什皮尔曼藏身之处的情景。照片中她丈夫再次爬上梯子，向恩人的大儿子展示了那个屋顶下的狭小空间。什皮尔曼练习和创作乐曲的三角钢琴也在客厅之中，这架钢琴放在房子的中央，其他一切家具都围绕着它进行排布。

哈利娜于20世纪30年代在拉多姆长大，她的父亲约瑟夫·格泽兹纳罗夫斯基是拉多姆的市长。作为波兰社会党的成员，她父亲是1939年波兰被入侵后第一批被德国秘密警察逮捕的人，并在几个月后就被送往了萨克森豪森集中营，并在那里一直被监禁到战争结束。他的妻子也一直生活在无尽的恐惧之中，担心自己和女儿被送往德国从事强制劳动。瓦迪斯瓦夫·什皮尔曼是在战后才认识了哈利娜。哈利娜回忆道："1948年夏天，我和一个朋友一起去了波兰南部的温泉镇克雷尼察，那里靠近斯洛伐克边境。瓦迪斯瓦夫也去了那里。我们目光相遇了，我意识到他想和我说话。但不知何故，我们没有聊上。第二年，1949年，我再次遇到了他，这次我们终于聊上了天。才仅仅过了三天，他就起了和我结婚的念头。但这太不现实了，当时我还在克拉科夫学习医学，而他住在华沙。"

什皮尔曼对于他之前在犹太人区的经历一直三缄其口，只与少数几人提过，而妻子哈利娜正是其中之一。而什皮尔曼之所以愿意向哈利娜揭开心里最深的梦魇，是因为她也是这段时期的亲历者，夫妻俩共享着同样的记忆。哈利娜说："1946年，瓦迪斯瓦夫写下了《一座城市的死亡》这本书。在这本回忆录的第一版中，当局要求把霍森费尔德描绘成一名奥地利军官，因为当时的波兰不允许文艺作品中有任何德国人以善良正面的形象出现。当时，报纸上刊登了这本书的节选片段。这本书出版后，此时的什皮尔曼不仅是一位极负盛名的钢琴大师，人们也发现了他的写作天赋。我母亲买回这本书，把它作为1947年的圣诞礼物送给了我，我经由这个契机读到了它，也加深了对他的了解。"

哈利娜说，在二战后他们刚认识的时候，什皮尔曼看上去状态很好，充满干劲。显然，此时的什皮尔曼想尽快调整自己，弥补失去的岁月。他全身心地投入到工作中，并很快得到了出国演出的机会。被封闭在犹太人区，没日没夜地逃亡，失去亲人——就像许多其他大屠杀的幸存者一样，他一直刻意地压抑这些回忆。好在他的事业生涯并没有被这些痛苦的回忆影响。

1946年，当他的回忆录得以出版时，他恰好在斯堪的纳维亚半岛出差几个月。哈利娜说道："他那时在丹麦、挪威、芬兰和瑞典举办音乐会，制作唱片并在当地的电台演出。他后来回到波兰后，又投身到了忙碌的音乐创作中，创作出了很多电影配乐和流行作品。这些作品经常在电台播放，就像战前一样。当我第一次见到他时，他充满活力。他也很有幽默感，喜欢社交，但当然对他来说最重要的还是他的音乐。很多人好奇，漫长的磨难是否改变了他的艺术表达和演奏方式——不，我认为没有。音乐带给了他很多，是他人生中浓墨重彩的一笔，让他可以沉浸于另一个世界。音乐是他灵魂的解药。"

作为一名医生，哈利娜在一家研究血液循环问题和血液病的研究所工作，她也长期从事风湿病课题。当被问及她的丈夫是否因这么长时间的战争经历而遭受创伤，是否精神压力和抑郁情绪会使他不堪重负时，她思考了一会儿："也许在他生命的最后阶段会有。那时的他不需要不停地弹琴了，有更多的闲暇时间，所以他会情不自禁地回忆起1945年之前的时光。那段时间里，他曾有一次对我说：'我现在算是闲下来了，可以做我想做的事了。但是战争的记忆——家人被紧锁的车厢带走我被迫与最亲近的他们分开的记忆紧紧裹挟着我，我无法挣脱。'那时他已经上了年纪了。在这之前，他一直都在踌躇满志地忙事业，他也由此认识了很多相熟的朋友。除了音乐，家庭在他心中也有着举足轻重的地位，特别是对两个儿子克里斯托夫和安杰伊。为了保持熟练度，什皮尔曼每天都要弹三个小时的钢琴，从早上8点到11点，这个习惯他雷打不动。我们的大儿子克里斯托夫有一段时间没在华沙生活，有一天他回来时，看到他父亲没有坐在钢琴旁，这让克里斯托夫非常惊讶，忙问我他的父亲没有出什么事吧。"

20世纪60年代，波兰的领导层开始了一场反犹太主义运动，许多犹太人在那时离开了波兰，移民到以色列。据哈利娜说，什皮尔曼基本上没有受到这场运动的影响，可能是由于他在波兰人民心中的崇高地位，所以那些对犹太人有敌意的音乐家同行们并没有明显地对他展露出排斥。"他一直都受到尊重，也从未抱怨过不被认可的问题"，然而他创作邀约的数量却明显下降了。"他偶尔会批评其他同行的作品，然后自己的作品也会被某些同行攻击，但都是一些小范围的'相互比试'。1963年，他自己也受到了一次程度较大的业内攻击：共有24名作曲家和音乐家向工人党中央委员会告发了他，声称什皮尔曼宣传西方思想，尤其对美国音乐从不吝啬赞美之词。自此，他在电台的工作也受到了一定的影响。"

什皮尔曼与从战前就开始合作的小提琴家布罗尼斯瓦夫·金佩尔等一起成立了"华沙钢琴五重奏"[1],这一音乐组合在成立之后饱受赞誉,蜚声世界。组合的音乐家们在世界各地举办了2000多场音乐会,每次都能收到热烈的反响。金佩尔由于他犹太人的身份,被自己的祖国禁止入境,因此他在美国生活了很长时间。什皮尔曼和金佩尔一直在艺术上有合作,也保持着友好亲密的关系,两人的友谊一直持续到金佩尔1979年在洛杉矶去世。哈利娜也强调说,华沙钢琴五重奏对她的丈夫来说意义非常重大。

在《钢琴家》中,著名演员阿德里安·布罗迪扮演什皮尔曼。当被问及她第一次在大银屏上看到《钢琴家》这部电影有何想法时,她说:"这部电影制作得非常好,太有意义了。我只想说:感谢上帝,波兰斯基做到了。斯皮尔伯格拍出了《辛德勒的名单》,而罗曼·波兰斯基拍出了《钢琴家》。波兰斯基在2000年拜访了我们一次,并与我丈夫交换了一下意见。波兰斯基曾偶然经朋友推荐读到我丈夫回忆录的英译本,他立刻被这个故事吸引了。真巧啊!或许,如果没有这次偶然,波兰斯基也就不会拍这部电影了。霍森费尔德和什皮尔曼的会面也是一场巧合。我们的生活就是充满了巧合,是吧(笑)!对于德国和波兰两国来说,霍森费尔德和什皮尔曼的故事更是弥足珍贵。'这是两国之间和解与和平的象征。'在整个战争年代,我都生活在恐惧之中,总是担心德国人会来抓我们。我们还得把书小心藏好,不能让他们发现。我们没办法去学校,只能自己学,而且甚至地点还不能在我们自己家里,因为房子一直被秘密警察监视。而今天这一切终于都过去了……如果一定要说我对电影有什么批评的话,那就是霍森费尔德在里面出现的时间太短了。哦,还有一件事。霍森费尔德从未像电影中那样称呼什皮尔曼的名字,他一直以'您'来称呼我丈夫。"

---

1 钢琴五重奏是指一架钢琴与第一小提琴、第二小提琴、中提琴和大提琴组成的室内乐重奏形式。——译注

参考文献

参考书目和资料来源

Władysław Bartoszewski: »Das Warschauer Ghetto – wie es wirklich war – Zeitzeugenbericht eines Christen«, Frankfurt /Mai in 1983

Hans-Jürgen Bömelburg, Eugeniusz Cesary Król, Michael Thomae (Hg.): »Der Warschauer Aufstand 1944 – Ereignis und Wahrnehmung in Polen und Deutschland«, Paderborn 2011

Włodzimierz Borodziej: »Der Warschauer Aufstand 1944«, Frankfurt a.M. 2001

›Es gibt keinen jüdischen Wohnbezirk in Warschau mehr‹ – Faksimile des sogenannten »Stroop-Berichts« über die Vernichtung des Warschauer Gettos, Neuwied 1960

Marek Drążewski: »Dzięki niemu żyjemy« – »Dank ihm leben wir«, Fernsehdokumentation, Warschau 2008

Helge Grabitz, Wolfgang Scheffler: »Letzte Spuren«, Berlin 1988

Dirk Heinrichs: »Was besagt Vergessen und Erinnern des Guten«, Bremen 2007

Wilm Hosenfeld – »›Ich versuche jeden zu retten‹ – Das Leben eines deutschen Offiziers in Briefen und Tagebüchern«; im Auftrag des Militärgeschichtlichen Forschungsamts herausgegeben von Thomas Vogel, München 2004

Gertrud Hosenfeld-Krummacher: »Damals in Worpswede ... Jugenderinnerungen«, Fischerhude 1988

Dietrich Lohff: »Requiem für einen polnischen Jungen«, CD, Bonn 1997

Arno Lustiger: »Rettungswiderstand – Über die Judenretter in Europa während der NS-Zeit«, Göttingen 2011

Winfried Mogge: »›Ihr Wandervögel in der Luft ...‹ – Fundstücke zur Wandlung eines romantischen Bildes und zur Selbstinszenierung einer Jugendbewegung«, Würzburg 2009

Gregor Papsch: »›Ich versuche jeden zu retten!‹ – Das Leben des Wehrmachtsoffiziers Wilm Hosenfeld«, SWR2 Wissen, 2012

Monika Pelz: »›Nicht mich will ich retten!‹ – Die Lebensgeschichte des Janusz Korczak«, Weinheim 1985

Roman Polański: »Der Pianist« – Spielfilm, GB / F / D / PL / NL 2002

Władysław Szpilman: »Der Pianist – Mein wunderbares Überleben«, Berlin 2012

Hermann Vinke: »Das Dritte Reich – Eine Dokumentation mit zahlreichen Biographien und Abbildungen«, Ravensburg 2005

Wolfram Wette (Hg.): »Retter in Uniform – Handlungsspielräume im Vernichtungskrieg der Wehrmacht«, Frankfurt / Main 2002

采访

Dr. Halina Szpilman, Lüneburg, 27. Januar 2013

Dr. Jorinde Krejci, geb. Hosenfeld, München, 13. April 2013

Dr. Detlev Hosenfeld, Kiel, 2. Februar 2014

Prof. Dr. Eugeniusz Cesary Król, 3. Februar 2014

Prof. Dr. Tomasz Szarota, Warschau, 3. Februar 2014

Jan Jagielski, Warschau, 4. Februar 2014

Dr. Halina Szpilman, Warschau, 4. Februar 2014

Honorata Waszkiewicz, Warschau, 4. Februar 2014

致谢

历史学家托马斯·沃格尔与赫尔穆特·霍森费尔德合作出版的《维尔姆·霍森费尔德：我尽力拯救每一个可以救下的人——一位德国军官用日记与信件记录下的人生》一书，是这位钢琴家拯救者传记的重要来源。另外，我在获取信息和历史编目方面同样得到了沃格尔博士的帮助。关于瓦迪斯瓦夫·什皮尔曼苦难经历的信息主要来自他的著作《钢琴家——活下来的奇迹》。我要感谢乌尔施泰因图书出版社允许我引述该书。

我特别感谢德特勒夫·霍森费尔德医生和约林德·克雷伊奇医生，尤其是德特勒夫·霍森费尔德，他从一开始就参与到传记的创作中。他提供了他父母的通信，以及笔记、随笔、重要的华沙日记等等。我发现我们近四年时间里的许多对话都极大地充实了这本书。我与约林德·克雷伊奇也进行了热烈的意见交流。书中的照片来自大量家庭档案。

我还要感谢编辑曼纽拉·伦格对维尔姆·霍森费尔德传记提出的建议、想法和特别的共情。